GROSSER
WISSENSTEST
DEUTSCHLAND

1000 Fragen und Antworten

Christa Pöppelmann

Compact Verlag

Geschichte
und Politik

 Naturwissenschaften
und Technik

 Wirtschaft
und Handel

 Religion und
Philosophie

 Kunst und Kultur

 Sport

 Bevölkerung

 Sehenswürdigkeiten

 Geografie

© 2009 Compact Verlag München
Alle Rechte vorbehalten. Nachdruck, auch auszugsweise,
nur mit ausdrücklicher Genehmigung des Verlages gestattet.
Chefredaktion: Dr. Angela Sendlinger
Redaktion: Alice Hassel, Anna Kalb
Produktion: Wolfram Friedrich
Abbildungen: Compact Verlag, München; dpa Picture-Alliance, Frankurt;
fotolia.de (Larzi); Gruppo Editoriale Fabbri, Mailand; Lidman Production, Stockholm;
pixelio.de, München (Bonsei, Claudia Hautumm, Dieter Haugk, Erich Kasten,
Hans-Jürgen Steglich, Klaus Rupp, kressWebdesign, Manuela Maar,
Marco Barnebeck, Maren, mic.ro, Peter Röhl, S. Perkiewicz, Susanne Kabitz,
Thomas Bode, www.JenaFoto24.de)
Titelabbildungen: mauritius images (Michael Weber) (1);
Compact Verlag, München (5); dpa Picture-Alliance, Frankurt (2);
fotolia.de (ALBALEX, AlexCher) (2); Gruppo Editoriale Fabbri, Mailand (2);
Lidman Production, Stockholm (3); pixelio.de (Marco Barnebeck) (1)
Umschlaggestaltung: Hartmut Baier

ISBN 978-3-8174-6763-1
5467632

Besuchen Sie uns im Internet: www.compactverlag.de

Inhalt

Frage 1
 Wer war Ludwig der Deutsche?

Deutsch
Das Wort „deutsch" leitet sich vom germanischen „theoda" (Volk) ab. In Dokumenten aus dem 8. Jahrhundert wird erstmals zwischen Latein und der „lingua theodisca", der Sprache des Volkes, unterschieden.

Frage 2
 Im September 911 starb der letzte ostfränkische König aus dem Geschlecht der Karolinger, Ludwig IV. „das Kind", im Alter von 18 Jahren. Die ostfränkischen Herzöge entschieden sich nun, keinen Karolinger aus der westfränkischen Linie zu wählen, sondern einen der Ihren, den Herzog Konrad von Franken, der als Konrad I. (um 881–918) deutscher König wurde.
Welche Bedeutung haben diese Ereignisse des Jahres 911?

Frage 3
 Wie sah Deutschland im Jahr 911 aus?

Frage 4
 Was verstand man im Mittelalter unter „gemein"?

Frage 5
 War ein Markgraf mehr als ein Graf?

Frage 6
 Welcher Kaiser ging 1077 nach Canossa?
- [ ] a) Otto I.
- [ ] b) Heinrich II.
- [ ] c) Otto III.
- [ ] d) Heinrich IV.

Der Bußgang nach Canossa

Frage 7
 Welchen Fluss befestigte Heinrich I. als Grenze gegen Einfälle der feindlichen Nachbarn?
- [ ] a) Rhein   - [ ] c) Elbe
- [ ] b) Donau   - [ ] d) Oder

Frage 8
 Sie verfasste die frühesten bekannten Dramen nach dem Ende der Antike. Ihre Stücke drehen sich um das Leiden heiliger Jungfrauen und sollten eine fromme Alternative zu den Werken der Antike sein, wobei sie sich trotzdem sowohl um Erotik wie um Komik bemühte, etwa wenn heidnische Soldaten sich zum Gespött machen, weil sie in ihrem Verlangen nach einer schönen Heiligen derart den Verstand verlieren, dass sie schmutzige Töpfe abküssen.
Wer war sie?

Frage 9
 Diesem Geschlecht gehörten die Könige Konrad II., Heinrich III., Heinrich IV. und Heinrich V. an. Wie es genau zu dem Namen kam, ist nicht geklärt. Ver-

mutlich geht er auf den Hauptstamm der Franken im vierten und fünften Jahrhundert zurück.

Wie heißt das Königsgeschlecht?

Heinrich V.

Frage 10

 Welcher Kaiser besiegte die Ungarn 955 auf dem Lechfeld?

☐ a) Heinrich I. ☐ c) Otto II.
☐ b) Otto I. ☐ d) Heinrich II.

Frage 11

Hatte Deutschland im Mittelalter eine Hauptstadt?

Frage 12

Was haben Hirsau, Lorsch, Paulinzella, Maulbronn, Jerichow und Lehnin gemeinsam?

Frage 13

Mit diesem Namen bezeichneten die Deutschen alle Slawen – speziell ihre Nachbarn, die Elbslawen zwischen Elbe und Oder. Vermutlich leitet sich der Name vom Stamm der Veneter ab, der während der Völkerwanderungszeit an der Weichsel gelebt hatte und von den Goten unterworfen worden war. **Wie lautet der Name?**

Frage 14

 Was verstand man unter dem „Reichskirchensystem" Ottos I.?

☐ a) Otto baute überall Kirchen.
☐ b) Er machte sich selbst zum Oberhaupt der Kirche im Kaiserreich.
☐ c) Er gab der Kirche eine einheitliche Verwaltungsstruktur.
☐ d) Er setzte Bischöfe als weltliche Fürsten ein.

Frage 15

Was verstand man im Mittelalter unter „munt"?

Namen

Nachnamen kamen im Mittelalter im 12. und 13. Jahrhundert auf. Auf dem Land wurden die meisten Menschen entweder nach ihrem Beruf oder ihrem Hof benannt. In der Stadt, wo es viele Menschen desselben Berufes gab, wurden oft auch Eigenschaften oder besondere Merkmale zum Nachnamen. Auch die Vornamen änderten sich. Ab dem 12. Jahrhundert setzten sich zunehmend Heiligennamen anstatt der alten deutschen Vornamen durch.

Frage 16

 Warum wird Otto I. auch „der Große" genannt?

Frage 17

 Die „Domspatzen" gehören nicht nur zu den berühmtesten, sondern auch zu den ältesten Kirchenchören Europas. Sie entstanden im Jahr 975, als Bischof Wolfgang eine Domschule gründete, in der auch die Sänger für die Gottesdienste ausgebildet wurden.

Die „Domspatzen"

In welcher Stadt werden die Sänger des Knabenchors „Domspatzen" genannt?

Frage 18

 Was war eine Allmende?

Frage 19

 Wer war mit der griechischen Prinzessin Theophanu verheiratet?

☐ a) Otto I.   ☐ c) Otto III.
☐ b) Otto II.   ☐ d) Philipp von Schwaben

Frage 20

 War das deutsche Königreich im Mittelalter dasselbe wie das „Heilige Römische Reich Deutscher Nation"?

Frage 21

🏛 **Welche Stadt ist durch zwei bedeutende frühromanische Kirchen, einen prächtigen mittelalterlichen Marktplatz und einen angeblich tausendjährigen Rosenstock bekannt?**

☐ a) Goslar   ☐ c) Quedlinburg
☐ b) Hildesheim   ☐ d) Mühlhausen

Hauptsache Mus

Das tägliche Brot war im frühen Mittelalter für die meisten Leute noch kein Begriff. Backwaren waren etwas für Reiche. Die Ärmeren aßen vor allem „Mus", einen Brei aus Wasser und Getreideschrot. Das Wort „Gemüse" kommt daher, dass Kraut und Rüben als Beilage zum Mus gereicht wurden. Ab dem 11. Jahrhundert setzte sich dann das Brot auch bei den Ärmeren durch. Dafür bekamen sie nun weniger Fleisch auf den Tisch, weil ihnen die Reichen die Jagd auch auf Kleinwild wie Hasen, Eichhörnchen oder Vögel verboten.

Frage 22

Im Winter des Jahres 1000 unternahm Kaiser Otto III. (980–1002) einen Gewaltritt in eine polnische Stadt, wo sein enger Freund, der Missionar Adalbert von Prag, war. Vermutlich war die winterliche Tortur als Buße gedacht, weil der Versuch, sich in Rom durchzusetzen, viel gewaltsamer ausgefallen war, als es mit dem Gewissen des sehr frommen, jungen Kaisers vereinbar war. Bei diesem Besuch erhob Otto die Stadt zum Erzbistum, gewährte dem polnischen Fürsten Boleslaw Chrobry königliche Rechte und erließ ihm Tribute. Das Gleiche tat er auch gegenüber dem ungarischen König Stephan. Viele Zeitgenossen und Historiker deuteten dies als Schwäche, da Otto wesentliche Rechte aufgab. Doch ihm schwebte ein freundschaftlicher Bund christlicher Fürsten vor. Er hielt es für aussichtslos, auf Dauer gegenüber den stärker werdenden Reichen Ost-

europas Herrscherrechte mit Gewalt durchzusetzen.
Wie nennt man dieses historische Ereignis?

Frage 23
 Was war ein Gottesurteil?

Frage 24
 Welchem Herrschergeschlecht gehörte Kaiser Heinrich II. an?

Frage 25
 Welcher deutsche König und römische Kaiser wurde überraschend heiliggesprochen?
❑ a) Otto I.
❑ b) Otto III.
❑ c) Heinrich II.
❑ d) Friedrich Barbarossa

> ## Die Bevölkerungsstruktur im Mittelalter
> Im frühen Mittelalter waren mehr als 90 Prozent der Menschen Bauern, die meisten davon Unfreie, die in Abhängigkeit von einem adligen Herren lebten. Der Rest setzte sich aus Adligen, Klerikern, deren Dienstboten, wenigen Städtern und den Randgruppen der Gesellschaft zusammen. Im Hochmittelalter (ab dem 13. Jahrhundert) lebten dann etwa 10 Prozent der Menschen in Städten. Entsprechend sank der Anteil der Bauern.

Frage 26
 Welche romanische Kirche ist die Grablege der salischen Könige?
❑ a) Dom von Worms
❑ b) Dom von Speyer
❑ c) Abteikirche Maria Laach
❑ d) Dom von Hildesheim

Frage 27
 Was waren Ministerialen?

Frage 28
 Wodurch wurde Uta von Ballenstedt, die Frau des Markgrafen Ekkehard II. von Meißen, bekannt?

Uta und Ekkehard

Frage 29
 Wofür benutzte man im Mittelalter das Wort „welsch"?

Frage 30
 Wo lag Vineta?

Frage 31
 Waren Leibeigene Sklaven?

Frage 32
 Wovon wurde Deutschland im Jahr 1096 heimgesucht?

Frage 33
Wie nannte man im Mittelalter die Handwerkerbünde?

Zeichen von Handwerkerbünden in Salzburg

Die Entführung von Kaiserwerth

Als Kaiser Heinrich III. im Jahr 1056 starb, war sein Sohn Heinrich IV. noch keine sechs Jahre alt, aber auf Betreiben seines Vaters schon zu dessen Nachfolger gewählt. Die Regierung führte die Kaiserinwitwe Agnes von Poitou, verprellte dabei jedoch die mächtigsten Reichsfürsten um den Erzbischof Anno von Köln. Also lockten diese im Jahr 1062 den Elfjährigen bei Kaiserwerth auf ein Schiff und entführten ihn kurzerhand. Damit bekam Anno die Herrschergewalt und auch die Verantwortung für Heinrichs Erziehung in die Hand. Allerdings führte das dazu, dass der junge König ihn erbittert hasste und zu einer recht problematischen Natur heranwuchs.

Frage 34
 Seit dem Jahr 1073 stritten sich die deutschen Könige mit den Päpsten über die Laieninvestitur, d. h. die Frage, ob der König als christlicher Laie Bischöfe ernennen darf. Im Jahr 1122 konnte Heinrich V. (1081–1125) endlich einen Kom-

promiss finden. Der Papst bestimmte zwar, wer in Deutschland Bischof wurde, aber der König behielt die Verfügungsgewalt über das Kirchengut. War er also mit der Wahl des Papstes nicht einverstanden, dann konnte er dem missliebigen Kandidaten den gesamten weltlichen Besitz eines Bistums verweigern und ihn damit zur Bedeutungslosigkeit verurteilen.
Wie nennt sich der Abschluss dieses Kompromisses?

Frage 35
 Wie kam es zum Streit zwischen Staufern und Welfen?

Frage 36
Was bedeutete das Schlagwort „Stadtluft macht frei"?

Frage 37
Welche beiden Städte in Mecklenburg-Vorpommern haben eine Altstadt, die zum UNESCO-Weltkulturerbe gehört?
- ❏ a) Schwerin und Rostock
- ❏ b) Greifswald und Neubrandenburg
- ❏ c) Stralsund und Wismar
- ❏ d) Binz und Heringsdorf

Frage 38
Im Laufe des Mittelalters kam – gemäß einer Bibelstelle aus dem Alten Testament – die Praxis auf, einen bestimmten Teil der Erträge an die Kirche abzugeben, damit

sie ihre Pfarrer besolden, die Kirchen unterhalten und die Armen ernähren konnte. Allerdings wurde auch viel Missbrauch mit dieser Abgabe getrieben. Die Kirche wurde sehr reich und vernachlässigte oft die Armenfürsorge.

Wie nannte sich diese Kirchensteuer?

Frage 39

 Welcher deutsche Herrscher trug den Beinamen Barbarossa?

☐ a) Friedrich I.
☐ b) Friedrich II.
☐ c) Friedrich III.
☐ d) Heinrich I.

Kaiser Barbarossa

Frage 40

 Wie heißt dieses Kunstwerk?

Bürger und Spießbürger

Nicht jeder Städter war im Mittelalter automatisch ein Bürger der Stadt. Das Bürgertum und damit das Stimmrecht erhielt meist nur, wer ein Haus besaß oder eine bestimmte Summe an Steuern zahlen konnte. Dafür mussten auch nur die Bürger ihre Stadt im Angriffsfall verteidigen – meist mit Spießen. Später waren die Spießbürger dann eine Art Polizeitruppe zur Aufrechterhaltung der Ordnung, was dann mit der Zeit die abfällige Bezeichnung „Spießbürger" für alle jene nach sich zog, die zu sehr auf der althergebrachten Ordnung bestehen.

Frage 41

 War Deutschland im Mittelalter eine Erb- oder eine Wahlmonarchie?

Frage 42

 Arbeiteten im Mittelalter auch Frauen?

Frage 43

 Was ist der *Sachsenspiegel*?

☐ a) eine mittelalterliche Abhandlung über Sachsen
☐ b) ein in Sachsen gefundener Bronzespiegel
☐ c) ein Buch über sächsisches Recht
☐ d) eine mittelalterliche Sprichwortsammlung

Frage 44

Dieser deutsche Heilige stammte aus dem schwäbischen Kleinadel, wurde Dominikanermönch und lehrte unter anderem an der Sorbonne in Paris. Dort war Thomas von Aquin (um 1225–74) sein Schüler. Danach gründete er in Köln eine Ordensschule, die Studierende aus ganz Europa anzog. Schließlich wurde er Bischof von Regensburg. Er galt als einer der gelehrtesten Männer der Zeit – nicht nur auf dem Gebiet der Theologie, sondern auch der Naturwissenschaften – und trägt den Beinamen „der Große".
Wie heißt der Kirchenlehrer?

Frage 45

 Woher stammten die Staufer?

 a) Sachsen
 b) Franken
 c) Rheinland
 d) Schwaben

Frage 46

 Warum zogen die deutschen Könige im Mittelalter immer wieder nach Italien?

Frage 47

 Was passierte während der Ostkolonisation?

Frage 48

 Wie funktionierte das Lehenssystem?

Frage 49

 **Welcher Minnesänger schuf das Epos *Parzival*?**
 a) Walther von der Vogelweide
 b) Wolfram von Eschenbach
 c) Hartmann von Aue
 d) Süßkind von Trimberg

Minnesang-Darstellung

Frage 50

 Welche Bedeutung hatte das Marktrecht?

Frage 51

 Im Gegensatz zu den meisten anderen mittelalterlichen Fürsten war er ein begnadeter Wirtschaftspolitiker. Skrupellos, aber erfolgreich baute er die Macht in seinen Herzogtümern aus und unterwarf das heutige Ostholstein und Mecklenburg. Im Jahr 1180 weigerte er sich jedoch, Kaiser Barbarossa auf einen Italienfeldzug zu begleiten. Barbarossa (um 1122–90) ging daraufhin militärisch gegen ihn vor – und hatte leichtes Spiel, weil die meisten sächsischen Adligen, die Heinrich schlecht behandelt hatte, schnell von ihm abfielen. Heinrich musste drei Jahre in die Verbannung gehen und bekam von seinem ganzen Besitz nur Braunschweig-Lüneburg zurück.
Wer war es?

Frage 52

 Welche heutigen Bundesländer im Mittelalter gehörten zum Herzogtum Sachsen? (Mehrfachnennungen möglich)
- ❏ a) Sachsen
- ❏ b) Niedersachsen
- ❏ c) Sachsen-Anhalt
- ❏ d) Schleswig-Holstein

Frage 53

 In welcher Stadt steht der Löwe Heinrichs des Löwen?

Frage 54

Turniere kamen im 12. Jahrhundert auf und wurden bis in die Renaissance hinein veranstaltet, als die Ritter militärisch gar keine Bedeutung mehr hatten. Bei der Königsdisziplin eines mittelalterlichen Ritterturniers ritten zwei Reiter aufeinander zu und versuchten, einander mit langen Holzlanzen aus dem Sattel zu heben.
Wie nannte sich dieser Wettkampf?

Frage 55

Welche Wirtschaftsorganisation entstand im 12. Jahrhundert in Lübeck?

Frage 56

Diese Stadt war die größte deutsche Stadt im Mittelalter. Sie war bereits in römischer Zeit ein bedeutender Stützpunkt gewesen. Später wurde sie Bischofssitz und gewann vor allem durch Erzbischof Brun (925–965), den jüngeren Bruder Ottos I., immens an Bedeutung. Mitte des 12. Jahrhunderts lebten hier etwa 20.000 Menschen. **Um welche Stadt handelt es sich?**

....

Frage 57

 Welche Kirche ist das?

Frage 58

 Welche Heilige beschäftigte sich intensiv mit den Naturwissenschaften, vor allem mit Medizin und Ernährungslehre?

Frage 59

 Welcher deutsche Herrscher starb auf einem Kreuzzug?
- ❏ a) Friedrich II.
- ❏ b) Heinrich VI.
- ❏ c) Friedrich Barbarossa
- ❏ d) Konrad III.

Frage 60

 Warum wuchs Friedrich II. in Sizilien auf?

Frage 61

Stimmt es, dass im Mittelalter nur die Juden Geld verleihen durften?

Frage 62

Welches Gebäude trägt den Namen „Eltz"?

☐ a) eine Brücke ☐ c) eine Königspfalz
☐ b) eine Burg ☐ d) ein Kloster

Frage 63

Wo soll sich der Nibelungenschatz befinden?

Frage 64

Wer wurde als „stupor mundi" (Staunen der Welt) bezeichnet?

☐ a) Friedrich I. Barbarossa
☐ b) Friedrich II.
☐ c) Maximilian I.
☐ d) Karl V.

Frage 65

Wodurch ist der Kyffhäuser bekannt?

☐ a) durch eine Schlacht
☐ b) durch eine Sage
☐ c) wegen seiner Größe
☐ d) wegen seiner bedeutenden Burg

Frage 66

Gehörte der Deutschordensstaat in Preußen zu Deutschland?

Frage 67

Welche Frau wurde 1135, nur vier Jahre nach ihrem Tod, heiliggesprochen?

☐ a) Gertrud von Helfta
☐ b) Elisabeth von Thüringen
☐ c) Hedwig von Andechs
☐ d) Mechthild von Magdeburg

Frage 68

Was ist die Backsteingotik?

Frage 69

Welche Stadt ist für ihre Steinerne Brücke aus dem 12. Jahrhundert bekannt?

☐ a) Regensburg ☐ c) Nürnberg
☐ b) Bamberg ☐ d) Köln

Frage 70

Warum wurde der letzte Staufer Konradin 1268 auf dem Marktplatz von Neapel enthauptet?

Manfred und Enzio

Von Friedrich II. sind 15 uneheliche Kinder bekannt. Seine Lieblingssöhne Manfred und Enzio machte er zum Vizekönig Italiens und zum König Sardiniens. Beide erkannte die päpstliche Partei nicht an. Manfred starb auf dem Schlachtfeld, aber Enzio wurde eingesperrt und starb nach 22 Jahren im Kerker. Auch Manfreds Witwe und seine drei Söhne kamen im Kerker um. Um diese mitleidlose Verfolgung der letzten Staufer ranken sich allerhand Legenden, die aber eigentlich Teil der italienischen, nicht der deutschen Geschichte sind.

Frage 71

 Welche Berufe bezeichnete man als „unehrlich"?

Jeder in seinem Stand

Im Spätmittelalter wurden die sozialen Schranken immer stärker. Während die Städte im Hochmittelalter nur durch gesellschaftliche Aufsteiger ihre Bedeutung erlangt hatten, sollte nun jeder „in seinem Stand bleiben" und möglichst den Beruf seines Vaters übernehmen.

Frage 72

 Was war ein Kurfürst?

- ❏ a) dasselbe wie ein Fürstbischof
- ❏ b) ein Fürst, der den König wählen durfte
- ❏ c) ein Fürst, der zum König gewählt werden durfte
- ❏ d) der Fürst eines Landes mit vielen Kurbädern

Frage 73

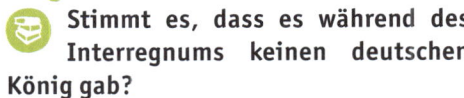 **Stimmt es, dass es während des Interregnums keinen deutschen König gab?**

Frage 74

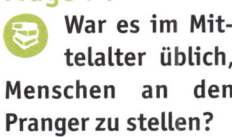 **War es im Mittelalter üblich, Menschen an den Pranger zu stellen?**

Pranger in London

Frage 75

 Wer gehörte nicht zu den sieben Kurfürsten des Mittelalters?

- ❏ a) Pfalzgraf bei Rhein
- ❏ b) Erzbischof von Mainz
- ❏ c) König von Böhmen
- ❏ d) Markgraf von Brandenburg
- ❏ e) Herzog von Bayern
- ❏ f) Erzbischof von Köln
- ❏ g) Herzog von Sachsen
- ❏ h) Erzbischof von Trier

Frage 76

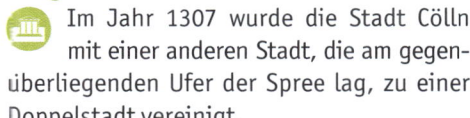 Im Jahr 1307 wurde die Stadt Cölln mit einer anderen Stadt, die am gegenüberliegenden Ufer der Spree lag, zu einer Doppelstadt vereinigt.
Welche Metropole entstand daraus?

Frage 77

 Im Mittelalter gab es Städte, die nur dem König unterstanden und keinem niedrigeren Fürsten, etwa einem Herzog oder Bischof.

Auch Lübeck gehörte zu den gesuchten Städten

Die Führung solcher Städte zählte zu den Reichsständen und hatte wie die Fürsten Sitz und Stimmrecht im Reichstag. In der Regel waren diese Städte im Mittelalter reicher und bedeutender als die Bischofs- oder Fürstenstädte, da sich hier die Wirtschaft ungehinderter entfalten konnte.
Wie nannten sie sich?

Frage 78

 Warum gibt es einen König Heinrich (VII.) und einen Heinrich VII.?

Frage 79

 Stimmt es, dass sich die Menschen früher nie gewaschen haben?

Frage 80

1314 sorgte die Uneinigkeit der Kurfürsten dafür, dass gleich zwei deutsche Könige gewählt und gekrönt wurden: ein König aus dem bayerischen Haus Wittelsbach und Friedrich der Schöne (1289–1330). Die Päpste unterstützten Friedrich und erklärten den anderen König zum Ketzer. **Wie hieß der König?**

Die Habsburger – ein deutsches Herrschergeschlecht?

Die Habsburger stammten aus dem Schweizer Aargau. 1273 wurde Rudolf von Habsburg dann deutscher König. In dieser Funktion führte er Krieg gegen den rebellischen König Ottokar von Böhmen und besiegte ihn. Daraufhin belehnte er seine Söhne mit Österreich, das er Ottokar abgenommen hatte. Da aber damals sowohl Aargau als auch Österreich zum deutschen Königreich gehörten, waren die Habsburger auch ein deutsches Herrschergeschlecht.

Frage 81

 Welchem Herrschergeschlecht gehörte Karl IV. (1316–78) an?

☐ a) Habsburger
☐ b) Wittelsbacher
☐ c) Luxemburger
☐ d) Přemysliden

Kaiser Karl IV.

Frage 82

 War Prag im 14. Jahrhundert deutsch?

Frage 83

 Stimmt es, dass Handwerksgesellen früher nicht heiraten durften?

Frage 84

 Wann suchte die Pest erstmals Europa heim?
☐ a) 1147 bis 1153
☐ b) 1347 bis 1353
☐ c) 1447 bis 1453
☐ d) 1647 bis 1653

Frage 85

 Von wem gingen die Judenpogrome während der Pest aus?

Frage 86

 Diese Sprache entwickelte sich bei den emigrierten deutschsprachigen Juden Osteuropas aus dem Mittelhochdeutschen. Dabei wurden Lehnwörter aus anderen Sprachen übernommen. **Welche Sprache ist gemeint?**

Bevölkerungswachstum

Ab dem 11. Jahrhundert ermöglichten bessere Werkzeuge und landwirtschaftliche Geräte den Menschen, mehr Waldgebiete urbar zu machen und einen größeren Ertrag aus ihren Äckern herauszuholen. Als Folge wuchs die Bevölkerung kontinuierlich. In Deutschland verdreifachte sie sich am Vorabend der Pest auf 15 Millionen.

Frage 87

 Wer hat angeblich das Schießpulver erfunden?

Frage 88

 Gab es viele Raubritter?

Frage 89

 Im Mittelalter waren sie die Betreiber der Badehäuser. Sie boten aber nicht nur Dienstleistungen rund um die Körperpflege an, sondern auch ärztliche Hilfe wie Aderlassen, Schröpfen, das

Blick in ein mittelalterliches Badehaus

Ziehen von Zähnen, Versorgen von Wunden und vieles mehr. Viele Leute, die sich studierte Ärzte nicht leisten konnten, gingen mit ihren Leiden hierher. Mancherorts fungierten die Stuben auch als Bordelle. **Wie nannte sich dieser Beruf?**

Frage 90

 Welche Bedeutung hat die Goldene Bulle?

Frage 91

 Wer waren die Beginen?

Frage 92

 Was macht das Ulmer Münster so besonders?

Frage 93

Seit wann leben „Zigeuner" in Deutschland?

- ❏ a) etwa seit 500
- ❏ b) etwa seit 1400
- ❏ c) etwa seit 1550
- ❏ d) etwa seit 1800

Frage 94

Welches Land bezeichnete man als „Streusandbüchse des Heiligen Römischen Reiches"?

- ❏ a) Preußen
- ❏ b) Mecklenburg
- ❏ c) Brandenburg
- ❏ d) Schleswig-Holstein

Frage 95

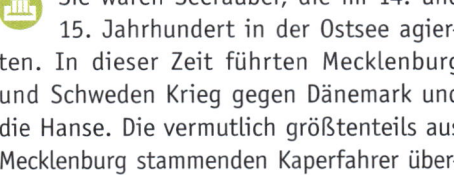 Sie waren Seeräuber, die im 14. und 15. Jahrhundert in der Ostsee agierten. In dieser Zeit führten Mecklenburg und Schweden Krieg gegen Dänemark und die Hanse. Die vermutlich größtenteils aus Mecklenburg stammenden Kaperfahrer überfielen, ausgestattet mit schwedischen Kaperbriefen, die Schiffe der Hanse. Ihr berühm-

tester Anführer war Klaus Störtebeker, um den sich viele Legenden ranken.
Wie nannte man diese Seefahrer?

Frage 96

 Auf dem Kirchenkonzil von Konstanz im Jahr 1415 wurde der tschechische Reformator Jan Hus als Ketzer verbrannt, obwohl Kaiser Sigismund ihm seinen Schutz zugesichert hatte. Daraufhin kam es in Böhmen zu heftigen Aufständen. Diese richteten sich nicht nur gegen den Kaiser, sondern gegen alles Deutsche in Böhmen, das von den Kaisern besonders gefördert worden war. Im Rahmen des Krieges wurden auch Teile des deutschen Ostens verwüstet. Erst 1436 konnte der Krieg durch Zugeständnisse des Kaisers beendet werden.
Wie nennt man diese Aufstände?

Frage 97

 Warum musste Agnes Bernauer sterben?

Frage 98

 Dieses palastartige Gebäude in Köln wurde zwischen 1441 und 1447 von einer Patrizier-familie erbaut. Es diente dem Abhalten sowohl privater Festlichkeiten der

Das gesuchte Bauwerk,
Anfang des 19. Jahrhunderts

reichen Kölner Kaufmannssippen als auch öffentlicher Festakte der Stadt und gilt als eines der bedeutendsten bürgerlichen Bauwerke des Mittelalters in Deutschland.
Wie wird es genannt?

Gotik und die Goten
Warum ist die Kunst des hohen und späten Mittelalters nach den Goten benannt? Dies liegt an dem italienischen Kunsttheoretiker Giorgio Vasari (1511–74). Der tat während der Renaissance den Stil des vergangenen Mittelalters als „barbarisch" ab. Und das hieß in Italien damals „gotico".

Frage 99

 Wann erfand Johannes Gutenberg den Buchdruck mit beweglichen Lettern?
❑ a) um 1250 ❑ c) um 1450
❑ b) um 1320 ❑ d) um 1600

Frage 100

 Welche Bedeutung hatte der Fall Konstantinopels 1453 für Deutschland?

Frage 101

 Dieser Nürnberger Künstler, der als einer der Ersten das Selbstporträt kultivierte, war früher auf dem 10-Mark-Schein zu sehen. Seine Werke stellen eine Perfektion der mittelalterlichen Handwerkskunst dar, aber das Dargestellte weist schon in die Neuzeit. Bei ihm steht – auch bei religiösen Werken – der einzelne Mensch im

Selbstporträt von …?

Mittelpunkt. Oder ein einfacher Feldhase, verblüffend naturalistisch gezeichnet. Auch an neuen Techniken versuchte der Künstler sich, vor allem am Kupferstich. **Wie hieß der Maler?**

Frage 102

 Konnte früher der König bzw. Kaiser alleine entscheiden?

Frage 103

 Wer war der Pfeifer von Niklashausen?

Frage 104

Diese Burg wurde Ende des 15. Jahrhunderts von den sächsischen Kurfürsten aus dem Haus Wettin erbaut. Der Architektur nach ist sie aber keine typisch mittelalterliche Burg mehr, sondern gilt als erster Schlossbau Deutschlands. Wegen ihrer Lage auf einem Felsplateau inmitten der Stadt wird sie auch als sächsische Akropolis bezeichnet.
Wie heißt die Burg?

Frage 105

In welcher Stadt fanden im Mittelalter die meisten deutschen Königskrönungen statt und in welcher zwischen 1562 und 1792?

Der Hexenglaube
Der Glaube an Hexerei und Schadzauber stammt aus dem alten heidnischen Volksglauben. Im Mittelalter bekämpfte die Kirche diesen Glauben noch und verurteilte nicht vermeintliche Hexen, sondern Menschen, die an Hexerei glaubten. Erst im ausgehenden Mittelalter und der Frühen Neuzeit setzte sich auch innerhalb der Kirche die Überzeugung durch, dass Hexerei real und ein Werk des Teufels sei. Nun wurde die Kirche vielerorts zur treibenden Kraft bei der Hexenverfolgung. Hexenprozesse fanden noch bis ins 18. Jahrhundert statt.

Frage 106

 Mitglieder der aus Bergamo stammenden Familie standen zunächst als Kuriere im Dienst des Papstes. Ende des 15. Jahrhunderts beauftragte Kaiser Maximilian I. sie mit dem Aufbau eines Kurierdienstes im Kaiserreich. Daraus entstand mit der Zeit das allgemeine Postwesen.
Wie heißt diese Familie?

Frage 107

Wer war Mathias Grünewald?

Frage 108

Im Jahr 1486 verfasste der Dominikanermönch Heinrich Institor eines der berüchtigtsten Bücher der Weltgeschichte.
Welches?

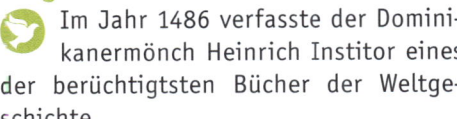

Nicht nur ein Schelm

Teilweise führt Till Eulenspiegel den Menschen ihre Dummheit und Leichtgläubigkeit vor Augen und bestraft solche, die ihre Mitmenschen ebenfalls schlecht behandeln. Aber viele seiner Streiche geschehen auch ohne besondere Motivation, etwa, wenn er einem Bauern, der ihn in die Stadt mitnimmt, auf seine Pflaumen sch..., sodass der

arme Bauer die ganze Ladung wegkippen muss. In Nacherzählungen, vor allem für Kinder, fällt dieser Aspekt oft weg.

Till Eulenspiegel

Frage 109

 In welcher Stadt befindet sich die Alte Mainbrücke mit zwölf Statuen, die Heilige, Könige und Kaiser darstellen?
- ❑ a) Frankfurt
- ❑ b) Würzburg
- ❑ c) Dresden
- ❑ d) Bayreuth

Frage 110

Welchen Herrscher nannte man den „letzten Ritter"?

Frage 111

Worauf spielt der Satz „Mögen andere Kriege führen, du, glückliches Österreich, heirate" an?

Frage 112

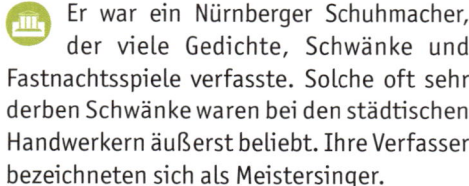 Welcher Bildhauer war vor allem im Würzburger Raum aktiv?
- ❑ a) Veit Stoß
- ❑ b) Tilman Riemenschneider
- ❑ c) Balthasar Ableithner
- ❑ d) Hans Backoffen

Frage 113

Er war ein Nürnberger Schuhmacher, der viele Gedichte, Schwänke und Fastnachtsspiele verfasste. Solche oft sehr derben Schwänke waren bei den städtischen Handwerkern äußerst beliebt. Ihre Verfasser bezeichneten sich als Meistersinger.
Wie hieß der berühmte Nürnberger Meistersinger?

Frage 114

 Wo steht das Holstentor?

Frage 115

 Was war das Narrenschiff?

- ❑ a) ein Kupferstich
- ❑ b) eine satirische Erzählung
- ❑ c) ein Element des alemannischen Karnevals
- ❑ d) ein spektakulär untergegangenes Segelschiff

Frage 116

 Seit wann gehört die Schweiz nicht mehr zu Deutschland?

Frage 117

 Wodurch wurde Martin Behaim berühmt?

❏ a) durch den ersten Atlas
❏ b) durch den ersten Globus
❏ c) durch die erste Taschenuhr
❏ d) als Entdecker

Martin Behaim

Frage 118

 So wurden die führenden Familien einer Stadt bezeichnet. Die Sippen waren durch den lukrativen Fernhandel zu Geld gekommen. Im Spätmittelalter waren viele weit reicher als der Adel. In vielen Städten konnten nur Angehörige dieser Schicht in den Stadtrat gewählt werden.
Wie nannte man diese städtische Oberschicht?

Frage 119

Um 1510 erschien ein Buch über einen Schelm, der den Leuten hintersinnige Streiche spielte.
Wie hieß er?

Frage 120

 Was war im Mittelalter das „weiße Gold"?

Frage 121

 Was war das „Nürnberger Ei"?

Frage 122

 Aus welchem Jahr stammt das bayerische Reinheitsgebot für Bier?

❏ a) 1113 ❏ c) 1513
❏ b) 1313 ❏ d) 1717

Frage 123

Bereits im 15. Jahrhundert wurde in Frankfurt am Main eine Messe gegründet, die es noch immer gibt und die die weltgrößte ihrer Art ist.
Was wird dort ausgestellt?

Modische Exzesse

Seit dem frühen Mittelalter schrieben Kleiderordnungen den Menschen vor, was jeder Stand tragen durfte. Im 15. Jahrhundert aber kamen die Gesetzgeber der Mode gar nicht mehr nach. Die Menschen trugen so lange Schnabelschuhe, dass sie die Spitzen an den Knien festbinden mussten, Hauben, mit denen sie nur seitlich durch die Tür kamen, skandalös enge Hosen und schreiend bunte, „gezaddelte" Tracht. Die neueste Mode, dazu möglichst kostbare Stoffe und Accessoires, war Prestigesache.

Frage 124

Diese geistige Bewegung des 16. Jahrhunderts ist eng mit der Kunst der Renaissance verwandt. Beide sahen den Menschen nicht mehr in erster Linie als Teil weltlicher und göttlicher Ordnungen, sondern stellten ihn in den Mittelpunkt. Damit einher ging eine Rückbesinnung auf die Antike. So schuf etwa Erasmus von Rotterdam (1466–1539) eine textkritische griechische Ausgabe des Neuen Testaments, die später Luther für seine Bibelübersetzung benutzte. **Wie nennt man diese Bewegung?**

Frage 125

Was hatten Johann Tetzel und Albrecht von Brandenburg mit der Reformation zu tun?

Frage 126

Er regierte große Teile von Europa (römisch-deutsches Kaiserreich, Ungarn, Kroatien, Slowenien, die Niederlande und Spanien). Als spanischer König erhob er aber auch Anspruch auf große Teile Mittel- und Südamerikas, da Kolumbus seine Entdeckungsfahrt 1492 für die spanische Krone gemacht hatte. **Wer regierte das Reich, in dem „die Sonne nicht untergeht"?**

Frage 127

Welcher deutsche Weihnachtsmarkt wird durch ein blond gelocktes, weibliches Christkind eröffnet?

Bildersturm

Immer wieder hört man davon, dass im Zuge der Reformation unzählige Kunstgegenstände zerstört wurden. Zwar gab es Kritik an der Bilderverehrung (Luther: „Ölgötzen"), doch eine Bilderstürmerei kam nur vereinzelt und meist spontan vor. Oft richtete sich der Zorn weniger gegen die religiösen Symbole als vielmehr die reichen Familien, die diese gestiftet hatten, sich aber wenig um soziale Probleme scherten.

Frage 128

Welche Stadt spielte welche Rolle in Luthers Leben?

☐ a) Geburts- und Sterbeort
☐ b) Luther wurde hier vor den Kaiser zitiert.
☐ c) Luther versteckte sich hier vor dem Kaiser.
☐ d) Luthers Wohnort von 1511 bis zu seinem Tod

1) Worms
2) Wartburg bei Eisenach
3) Wittenberg
4) Eisleben

Frage 129

Was war Luther, bevor er seine Thesen veröffentlichte?

☐ a) Theologieprofessor ohne geistliche Weihen
☐ b) katholischer Priester

Frage 130

Was war das „Turmerlebnis"?

Frage 131

Welcher Kaiser war der Gegenspieler von Martin Luther?

☐ a) Sigismund   ☐ c) Karl V.
☐ b) Maximilian I.   ☐ d) Ferdinand I.

Frage 132

Unter welchem Decknamen lebte Martin Luther auf der Wartburg?

Frage 133

Welche drei waren die theologischen Hauptschriften Martin Luthers?

☐ a) *Wider die mörderischen Rotten der Bauern*
☐ b) *An den christlichen Adel deutscher Nation*
☐ c) *Von der babylonischen Gefangenschaft der Kirche*
☐ d) *Von der Freiheit eines Christenmenschen*

Frage 134
Sein Großvater war 1367 als Leinenweber nach Augsburg gekommen. Er ließ sich von den Machthabern für seine Kredite statt Zinsen Bergbaurechte (u. a. Salz, Kupfer und Gold) zusichern und verfügte schließlich über das europäische Kupfermonopol. Außerdem wagte er als einer der Ersten, in den ostindischen Gewürzhandel zu investieren.

Wer war dieser zu Beginn des 16. Jahrhunderts reichste Bankier Europas?

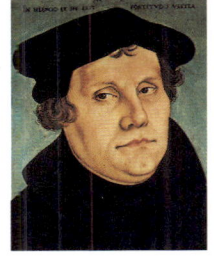

Frage 135
Fast alle Bilder Martin Luthers stammen vom selben Maler. Wie hieß er?

Martin Luther,
porträtiert von …?

Frage 136

Wie hieß Luthers Mitstreiter?

☐ a) Philipp Melanchthon
☐ b) Thomas Müntzer

Frage 137

Welches Ereignis fand 1525 in Deutschland statt?

Keine mörderischen Rotten
Im Gegensatz zur landläufigen Meinung wurden zwar einige Burgen im Bauernkrieg eingenommen und zerstört, es gab jedoch nur ein einziges bekanntes Massaker der Bauern, nämlich am 16. April in Weinsberg.

Frage 138
Ist Götz von Berlichingen nur eine literarische Erfindung Johann Wolfgang von Goethes oder hat er wirklich gelebt?

Frage 139

 Wann veröffentlichte Martin Luther seine 95 Thesen?

- ☐ a) 1499
- ☐ b) 1517
- ☐ c) 1525
- ☐ d) 1602

Frage 140

 Was ist die Fuggerei?

Der Kaiser als Schuldner

Kaiser Karl V. lieh sich von Jakob Fugger über 500.000 Gulden, um vor seiner Kaiserwahl 1519 die Kurfürsten zu bestechen. Einer – auch im Bild festgehaltenen – Legende nach soll Fugger die Schuldscheine verbrannt haben. In Wahrheit tilgte der Kaiser alles, indem er Fugger Minen überschrieb.

Jakob Fugger der Reiche

Frage 141

 Wie konnte sich der Protestantismus in Deutschland so schnell etablieren?

Frage 142

 War die Anwendung der Folter in Deutschland Regeln unterworfen?

Frage 143

 Sie stammte aus dem Landadel und war von ihrer Familie ins Kloster gesteckt worden. Nach der Lektüre von Luthers Schriften floh sie mit neun Mitschwestern aus dem Kloster. Luther suchte Ehemänner für die zehn ehemaligen Nonnen, was schließlich damit endete, dass er eine von ihnen selbst heiratete. Die beiden hatten drei Söhne und drei Töchter. **Wie hieß Luthers Ehefrau?**

Frage 144

 Dieses Bekenntnis wurde von Philipp Melanchthon formuliert und 1530 auf dem Reichstag von fünf protestantischen Fürsten und den Vertretern von 14 protestantisch gewordenen Reichsstädten vorgetragen. Sie wandten sich damit gegen die Absicht Kaiser Karls V., den protestantischen Glauben in Deutschland zu bekämpfen. Das Bekenntnis ist auch deshalb von Bedeutung, weil es erstmals die zentralen Glaubensgrundsätze der Reformation formulierte. **Wie wird es genannt?**

Frage 145

 Wer waren die Wiedertäufer?

Frage 146

 Der Augsburger Baumeister (1573–1646) aus der Zeit des Übergangs von der Renaissance zum Barock studierte in Italien und brachte den italienischen Stil nach Süddeutschland. Sein Meisterwerk ist das Rathaus von Augsburg mit seinem Goldenen Saal. Es gilt als bedeutendster nicht kirchlicher Renaissancebau jenseits der Alpen. **Wie hieß der Baumeister?**

Frage 147

 Wo wurde der Grundsatz „Cuius regio, eius religio" aufgestellt und was bedeutet er?

☐ a) Albrecht Altdorfer
☐ b) Albrecht Dürer
☐ c) Martin Schongauer
☐ d) Hans Holbein der Jüngere

Frage 148

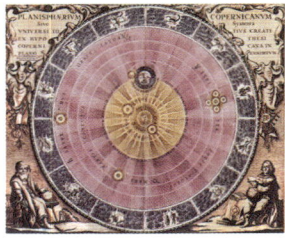 Welcher Astronom der Neuzeit postulierte als Erster ein heliozentrisches Weltbild?

☐ a) Nikolaus Kopernikus
☐ b) Galileo Galilei
☐ c) Joseph Fraunhofer
☐ d) Johannes Kepler

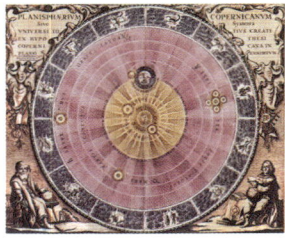

Heliozentrisches Weltbild nach ...?

Frage 149

 Nach wem ist der Berliner Stadtteil Kohlhasenbrück benannt?

Frage 150

Was ist ein Schildbürgerstreich?

Frage 151

Welcher deutsche Maler wurde Hofmaler Heinrichs VIII. von England und schuf die berühmten Porträts des Königs und mehrerer seiner sechs Ehefrauen?

Frage 152

 Mit diesen Bestrebungen der katholischen Kirche sollten Gläubige, die zum Protestantismus gewechselt waren, wiedergewonnen werden. Damit beauftragt wurde vor allem der 1534 gegründete Orden der Jesuiten. Dieser setzte im Gegensatz zur protestantischen Nüchternheit auf die Sinnlichkeit des katholischen Glaubens und ließ z. B. viele Barockkirchen errichten. Besonders aktiv wurde die Bewegung in Bayern betrieben.

Wie nennt man die Reaktion der katholischen Kirche?

Frage 153

Hat Goethe den Faust erfunden?

Goethe in der Campagna, *J. H. W. Tischbein*

Frage 154

 Im Vorfeld des Dreißigjährigen Krieges bildeten sich zwei Bündnisse in Deutschland. Welches war die „Liga"?

Frage 155

Wo wurde der böhmische „Winterkönig" Friedrich V. von der Pfalz vernichtend geschlagen?

❏ a) in der Schlacht an der Konzer Brücke
❏ b) in der Schlacht am Barenberge
❏ c) in der Schlacht auf der Kolberger Heide
❏ d) in der Schlacht am Weißen Berg

Frage 156

Wie wurde aus dem böhmischen Konflikt der Dreißigjährige Krieg?

Frage 157

Dieser Graf stand in den Diensten des bayerischen Herzogs Maximilian I. und wurde beim Beginn des Dreißigjährigen Krieges zum Feldmarschall der Katholischen Liga ernannt. Er war ein fanatischer Katholik, der die ersten Erfolge der Liga errang, aber später im Schatten Wallensteins stand. 1631 eroberte er Magdeburg, was in einem Blutbad endete. Er starb schließlich infolge einer Verwundung an Tetanus.
Wie war sein Name?

Frage 158

Von welchem Barockdichter soll das Gedicht *Ännchen von Tharau* stammen?

❏ a) Andreas Gryphius
❏ b) Simon Dach
❏ c) Angelus Silesius
❏ d) Christian Hoffmann von Hoffmannswaldau

Frage 159

Er war Wallensteins Hofastrologe, aber vor allem der Mann, der die Planeten-

bahnen errechnete. Bevor er in die Dienste des Feldherrn Wallenstein trat und ihm regelmäßig Horoskope erstellen musste, entdeckte er, dass die Umlaufbahnen der Planeten die Form einer Ellipse haben müssen und dass sich die Planeten umso schneller bewegen, je mehr sie sich der Sonne annähern. Durch seine drei Gesetze trug er viel zur Akzeptanz des heliozentrischen Weltbildes bei.
Wie hieß der Astrologe?

Die Hexenverfolgung

Schon im Mittelalter gab es teilweise Hexenverfolgungen, doch zur Hysterie wurde der Hexenwahn erst ab 1560. Deutschland gehörte zu den Ländern, in denen er am Schlimmsten wütete. Besonders extrem war es während des Dreißigjährigen Krieges. In Würzburg, Bamberg, Mainz und Fulda gab es Bischöfe, die innerhalb weniger Jahre Hunderte von angeblichen Hexen bis hin zum Kleinkind verbrennen ließen. Den Opfern wurden unter der Folter immer neue Namen abgepresst. Allerdings waren die Zustände nicht immer und überall so schlimm. Deshalb gehen neuere Forschungen davon aus, dass in Deutschland nicht 100.000 Menschen als Hexen verbrannt wurden, wie man früher glaubte, sondern „nur" etwa ein Viertel davon.

Frage 160

 Von wann bis wann dauerte der Dreißigjährige Krieg?

☐ a) 1496–1526   ☐ c) 1618–48
☐ b) 1530–60   ☐ d) 1759–89

Frage 161
Wodurch wurde der Theologe Paul Gerhardt berühmt?

Frage 162
Wie kam es zum sogenannten Prager Fenstersturz?

Frage 163
Wie hieß dieser Feldherr?

Frage 164
Wer war Friedrich Spee?

Frage 165
Nach ihm macht eins und eins zwei. Von welchem Mathematiker ist die Rede?

Frage 166
Warum wurde Wallenstein ermordet?

Frage 167
Die deutschen Protestanten nannten ihn „Löwe aus Mitternacht". Er griff 1630 in den Dreißigjährigen Krieg ein, da er befürchtete, Kaiser Ferdinand II. und Wallenstein strebten eine Hegemonie über die Ostsee an. Für die Protestanten aber war der tapfere und zunächst erfolgreiche König, der schließlich südwestlich von Leipzig in der Schlacht bei Lützen fiel, ein Heilsbringer, da ihre Lage 1630 ziemlich aussichtslos schien. Wer war wer?

Frage 168
Was war der „Schwedentrunk"?

☐ a) Buttermilch
☐ b) Bauern wurden gezwungen, Jauche zu trinken.
☐ c) Bürgermeister konnten ihre Stadt vor den Schweden retten, indem sie einen Stiefel voll Wein in einem Zug leerten.
☐ d) ein Siegesritual der Schweden

Frage 169
Warum mischten sich auch ausländische Mächte in den Dreißigjährigen Krieg ein?

Frage 170
Wer gewann den Dreißigjährigen Krieg?

Frage 171
In welcher Stadt tagte ab 1663 der „immerwährende Reichstag"?
☐ a) Frankfurt am Main   ☐ c) Regensburg
☐ b) Nürnberg   ☐ d) Augsburg

Frage 172

Warum wurde das Meißener Porzellan so berühmt?

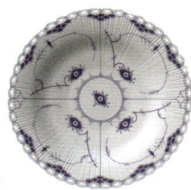

Meißener Porzellan

....

Frage 173

Wo regierte welche Herrscherfamilie?

☐ a) Habsburger ☐ c) Welfen
☐ b) Hohenzollern ☐ d) Wittelsbacher

1) Bayern 3) Hannover
2) Brandenburg-Preußen 4) Österreich

....

Frage 174

Wer schrieb den Roman *Der abentheuerliche Simplicissimus Teutsch*?

....

Frage 175

Dieser Kurfürst, der seine Jugend in den wirtschaftlich und technisch fortschrittlichen Niederlanden verbracht hatte, legte in dem bis dahin ziemlich unbedeutenden und vom Dreißigjährigen Krieg völlig zerstörten Brandenburg den Grundstein für den Aufstieg zur Großmacht Preußen.
Wer war der „Große Kurfürst"?

....

Frage 176

 Welche Naturforscherin und Künstlerin wurde durch Bücher über Raupen und die Insekten Surinams berühmt?

Der Rothenburger Meistertrunk

1631 versprach angeblich der katholische Feldherr Tilly, die Stadt Rothenburg zu verschonen, wenn jemand ein über drei Liter fassendes Weingefäß in einem Zug austrinken würde. Der Sage nach gelang Altbürgermeister Nusch das Kunststück und Rothenburg wurde verschont. Ähnliche Geschichten über eine wundersame Errettung im Dreißigjährigen Krieg gibt es in vielen Städten. Der reale Hintergrund ist – wie in Rothenburg – oft zweifelhaft.

Frage 177

Ab 1661 flohen sie vor den Verfolgungen durch Ludwig XIV. Man schätzt, dass bis zu 50.000 nach Deutschland kamen. Sie wurden meist bereitwillig aufgenommen, weil Frankreich damals das wirtschaftlich und technisch modernste Land war und sie größtenteils Angehörige der gut ausgebildeten, leistungsfähigen Mittelschicht waren. Vor allem in Brandenburg trugen sie zum Aufschwung des Landes bei. Heute noch können sich viele Deutsche mit französisch klingenden Nachnamen auf sie zurückführen.
Wie nannte man die französischen Protestanten?

....

Frage 178

Im Jahr 1683 schlossen sich mehrere europäische Staaten zur Abwehr eines gemeinsamen Feindes zusammen.
Gegen wen?

Frage 179

 August der Starke war …?
(Mehrfachnennungen möglich)

- ☐ a) König von Preußen
- ☐ b) Kurfürst von Sachsen
- ☐ c) König von Polen
- ☐ d) Großherzog von Litauen

Frage 180

 Was waren die Magdeburger Halb-kugeln?

Frage 181

War Deutschland am Sklavenhandel von Afrika nach Amerika beteiligt?

Die Schlacht bei Fehrbellin

Prinz Friedrich von Homburg (1810) ist eines der berühmtesten Dramen von Heinrich von Kleist. Der Titelheld entscheidet durch eine Eigenmächtigkeit die Schlacht von Fehrbellin, wird aber wegen militärischen Ungehorsams zum Tode verurteilt. Als er selbst zu der Einsicht gelangt ist, dass das Todesurteil rechtens sei, wird er begnadigt. Den Prinzen gab es tatsächlich – Friedrich II. von Hessen-Homburg (1633–1708) –, den Prozess jedoch nicht. Die Schlacht von Fehrbellin fand am 18. Juni 1675 im Rahmen des Französisch-Niederländischen Krieges statt. Die Schweden waren auf Druck Frankreichs in das mit den Niederlanden verbündete Brandenburg eingefallen, wurden bei Fehrbellin aber vernichtend geschlagen.

Frage 182

Wodurch wurde Liselotte von der Pfalz berühmt?

- ☐ a) durch ihre Schönheit
- ☐ b) als Gemahlin des französischen Sonnenkönigs
- ☐ c) durch ihren Reichtum
- ☐ d) durch ihre Briefe

Frage 183

Diese norddeutsche Spezialität, ursprünglich ein Brei aus Pökelfleisch und Kartoffeln, bekamen Seeleute auf ihren Fahrten serviert. Der Name kommt vermutlich von einem englischen Slang-Wort, das „Essen für Kerle" bedeutet. Später gab man in den Brei oft auch durchgedrehte Salzheringe, Speck, Rote Beete oder Gewürzgurken und garnierte das Ganze mit einem Spiegelei.
Wie heißt das Gericht?

Frage 184

 Wo wurden die preußischen Könige gekrönt?

- ☐ a) Berlin
- ☐ c) Tilsit
- ☐ b) Potsdam
- ☐ d) Königsberg

Frage 185

Welcher antike Held ist das Wahrzeichen von Kassel?

Frage 186

 **Wer ist kein Komponist des Barock?**

- ☐ a) Georg Philipp Telemann
- ☐ b) Georg Friedrich Händel
- ☐ c) Dietrich Buxtehude
- ☐ d) Ludwig van Beethoven

Frage 187

 Welcher deutsche Fürst wurde 1714 König von England?

- ☐ a) Karl II. von der Pfalz
- ☐ b) Albert von Sachsen-Coburg-Gotha
- ☐ c) Georg Ludwig von Braunschweig-Lüneburg (später Hannover)
- ☐ d) Johann Georg III. von Sachsen

Frage 188

 **Welcher künstlerischen Epoche wird der Komponist Johann Sebastian Bach zugerechnet?**

Johann Sebastian Bach

Frage 189

Er ist Namensgeber eines Kekses, der Erfinder des Binärcodes für den Computer und war der größte Universalgelehrte seiner Zeit.
Wer ist es?

Schwierige Zählung

König Friedrich I. von Preußen war als brandenburgischer Kurfürst Friedrich III. Meist benutzt man aber nur die preußische Zählung, da ein König mehr als ein Kurfürst ist. Aus demselben Grund wurde später der ganze Besitz als Preußen bezeichnet, obwohl Brandenburg wesentlich mehr Bedeutung hatte als die Gegend um Königsberg. Leicht zu verwechseln sind Friedrichs Vater, der Kurfürst Friedrich Wilhelm I. von Brandenburg-Preußen, und Friedrichs Sohn, der König Friedrich Wilhelm I. von Brandenburg-Preußen.

Frage 190

 **Welche Temperaturskala ist nach einem Deutschen benannt?**

- ☐ a) Celsius
- ☐ b) Kelvin
- ☐ c) Fahrenheit
- ☐ d) Réaumur

Frage 191

Johann Sebastian Bach (1685–1750) gilt heute als einer der wichtigsten Komponisten der ganzen Musikgeschichte, der die Entwicklung der europäischen Musik entscheidend beeinflusst hatte. Seine Zeitgenossen schätzten aber andere Musiker, etwa Georg Friedrich Händel, mehr und sahen in Bach vor allem einen grandiosen Orgelspieler. 1723 wurde Johann Sebastian Bach Kantor des Thomanerchors. Der Thomanerchor ist ein Knabenchor, der bereits 1212 gegründet wurde und heute noch existiert.
In welcher Stadt?

Frage 192

 Welches Werk ist nicht von Bach?

- ☐ a) Die *Matthäus-Passion*
- ☐ b) Oratorium *Der Messias*
- ☐ c) *Brandenburgische Konzerte*
- ☐ d) *Das Wohltemperierte Klavier*

Frage 193

 In welcher Stadt wurde welcher deutsche Dichter geboren?

- ☐ a) Johann Wolfgang von Goethe
- ☐ b) Friedrich Schiller
- ☐ c) Heinrich Heine
- ☐ d) Theodor Fontane

1) Marbach am Neckar
2) Düsseldorf
3) Neuruppin
4) Frankfurt am Main

Keinen deutschen Namen mehr

Bis 1837 waren die britischen Könige als Könige von Hannover gleichzeitig deutsche Fürsten. Dann kam in Großbritannien Queen Victoria auf den Thron. In Hannover jedoch war die weibliche Erbfolge ausgeschlossen und so wurde ihr Onkel Ernst August von Cumberland (1771–1851) – recht unbeliebter, da autoritärer – König von Hannover. Nach Victorias Tod änderte sich der Name des britischen Königshauses dann nach dem ihres Mannes in Sachsen-Coburg-Gotha. Im Ersten Weltkrieg klang dieser zu deutsch und wurde in Windsor umgeändert.

Frage 194

 Was schuf Hermann von Pückler-Muskau in Bad Muskau, Branitz, Altenstein und Babelsberg?

Frage 195

 Welcher Baumeister schuf welches Dresdner Gebäude?

- ☐ a) Zwinger   ☐ c) Frauenkirche
- ☐ b) Oper   ☐ d) Brühlsche Terrasse

1) George Bähr (1666–1738)
2) Matthäus Daniel Pöppelmann (1662–1736)
3) Johann Christoph Knöffel (1686–1752)
4) Gottfried Semper (1803–79)

Frage 196

 Warum gilt Lessings *Miss Sara Sampson* als erstes „bürgerliches" Trauerspiel?

Frage 197

 Diese Herzogin und ihr Sohn machten Weimar zum kulturellen Mittelpunkt Deutschlands, indem sie viele Künstler an ihren Hof holten, allen voran Goethe und Schiller. **Wie hießen die Regenten?**

Frage 198

 Wer wird als „Soldatenkönig" bezeichnet?

- ☐ a) Friedrich Wilhelm I. von Brandenburg
- ☐ b) Friedrich I. von Preußen
- ☐ c) Friedrich Wilhelm I. von Preußen
- ☐ d) Friedrich II. von Preußen

Frage 199

 Wo findet der alljährliche Münchner Starkbieranstich mit dem „Politiker-Derblecken" statt?

❏ a) im Hofbräuhaus
❏ b) auf dem Oktoberfest
❏ c) in der Paulanerbrauerei auf dem Nockherberg
❏ d) im Löwenbräukeller

Frage 200

 Hat der „Lügenbaron" Münchhausen wirklich gelebt?

Frage 201

 Dieser Fürst bezeichnete sich als „Erster Diener des Staates". Er regierte zwar so absolut wie andere Herrscher seiner Zeit auch, doch er war der Meinung, dass er diese Macht im Rahmen eines aufgeklärten Absolutismus zum Wohl seines Landes einsetzen

 müsse. Tatsächlich machte er Preußen außenpolitisch zur Großmacht und innenpolitisch zu einem der modernsten Staaten Europas. **Wer war der Herrscher?**

Frage 202

 Was meinte der Archäologe Johann Joachim Winckelmann, als er von „edler Einfalt und stiller Größe" schwärmte?

Frage 203

 Von wann bis wann war Schlesien Teil Deutschlands?

❏ a) vom Mittelalter bis 1945
❏ b) von 1348 bis 1918
❏ c) von 1526 bis 1920
❏ d) von 1742 bis 1945

Frage 204

 Welches UNESCO-Weltkulturerbe ließ Fürst Leopold III. von Anhalt-Dessau ab 1769 anlegen?

Frage 205

 Herrschte Maria Theresia als Kaiserin über Deutschland?

Frage 206

 Wie heißt dieses Schloss?

Frage 207

 Dieses Konzertgebäude wurde 1743 als wahrscheinlich ältestes bürgerliches

Orchester der Welt gegründet. 1781 bekam es in einem Messegebäude, das vor allem Woll- und Tuchhändler nutzten, einen repräsentativen Saal für seine Aufführungen. Ab 1835 wurde es mit dem Kapellmeister Felix Mendelssohn Bartholdy richtig berühmt und auch heute ist es eines der größten Orchester der Welt. Die heutige Spielstätte wurde 1981 eröffnet.
Um welches Konzerthaus geht es?

Frage 208

 Wann herrschte welche Epoche in der Literatur?

☐ a) um 1720–80   ☐ c) um 1785–1805
☐ b) um 1765–85   ☐ d) um 1800–50

1) Romantik   3) Aufklärung
2) Klassik   4) Sturm und Drang

Frage 209

 **Wie kamen Westpreußen und das Ermland zu Deutschland?**

Frage 210

 1774 veröffentlichte der 25-jährige Johann Wolfgang Goethe ein Skandalbuch, das sogar eine Selbstmordwelle ausgelöst haben soll.
Wie heißt der Roman?

Frage 211

Dieser Philosoph der Aufklärung machte sich vor allem um eine Re-

form des Judentums in Europa verdient. Sein Freund Gotthold Ephraim Lessing setzte ihm mit *Nathan der Weise* ein literarisches Denkmal.
Wie hieß er?

Frage 212

 1782 wurde Friedrich Schillers erstes Drama aufgeführt. Das Publikum jubelte, aber sein Landesherr warf den Dichter ins Gefängnis.
Welches Stück war es?
☐ a) *Wallenstein*   ☐ c) *Don Carlos*
☐ b) *Wilhelm Tell*   ☐ d) *Die Räuber*

Frage 213

Warum sprach man von deutscher Kleinstaaterei?

Klopstock
Friedrich Gottlieb Klopstock (1724–1803) wurde schon zu Lebzeiten zum Inbegriff eines Dichters, der als „wichtig" gilt und dessen Namen jeder kennt, den aber keiner liest. „Wer wird nicht einen Klopstock loben. Doch wird ihn jeder lesen? – Nein! Wir wollen weniger erhoben und fleißiger gelesen sein", dichtete Lessing über ihn. Klopstock inspirierte sowohl die Dichter des Sturm und Drang wie auch die späteren Romantiker, indem er Formen und Ideen aus der griechischen und lateinischen Dichtung der Antike in die damals sehr streng geregelte und „vernünftige" deutsche Dichtung brachte.

Frage 214

 Wann wurde in Deutschland die letzte Frau wegen Hexerei zum Tode verurteilt?

- ❑ a) 1349
- ❑ b) 1555
- ❑ c) 1775
- ❑ d) 1863

Hexenverbrennung

Frage 215

 Welches Werk ist nicht von Goethe?

- ❑ a) *Iphigenie auf Tauris* (Drama)
- ❑ b) *Wilhelm Meisters Lehr- und Wanderjahre* (Roman)
- ❑ c) *Geschichte des Agathon* (Roman)
- ❑ d) *Zur Farbenlehre* (naturwissenschaftliche Schrift)

Frage 216

 Wo findet sich die Ringparabel?

Frage 217

 Immanuel Kant forderte den „Austritt des Menschen aus seiner selbst verschuldeten Unmündigkeit". **Damit charakterisierte er welche geistige Strömung?**

Immanuel Kant

Frage 218

 Wie hieß Goethes Frau?

- ❑ a) Friederike Brion
- ❑ b) Christiane Vulpius
- ❑ c) Charlotte Buff
- ❑ d) Charlotte von Stein

Das Viergestirn von Weimar

Der Name Weimar ist heute vor allem mit Goethe und Schiller verbunden, obwohl Schiller nur sechs Jahre dort lebte. Früher sprach man vom Weimarer Viergestirn und zählte auch noch Wieland, der einer der bedeutendsten Dichter der Aufklärung war und ab 1772 in Weimar lebte, und den Philosophen Johann Gottfried Herder (1744–1803) dazu.

Frage 219

 Von wem stammt der Text der Europahymne (*Ode an die Freude*)?

- ❑ a) Johann Wolfgang von Goethe
- ❑ b) Ludwig van Beethoven
- ❑ c) Novalis
- ❑ d) Friedrich Schiller

Frage 220

 Welcher deutsche Adlige schrieb 1788 den Ratgeber *Über den Umgang mit Menschen*?

Frage 221

 Wer baute die Würzburger Residenz und die Kirche Vierzehnheiligen?

☐ a) die Brüder Johann Baptist und
Dominikus Zimmermann
☐ b) die Brüder Cosmas Damian und
Egid Quirin Asam
☐ c) Balthasar Neumann
☐ d) François de Cuvilliés

Frage 222

1790 stellte der sächsische Arzt Hahnemann (1755–1843) fest, dass das Malariaheilmittel Chinarinde malariaähnliche Symptome hervorruft, wenn ein Gesunder sie einnimmt. Er kam daraufhin zur Überzeugung, dass eine Krankheit am besten mit dem Mittel geheilt wird, das bei einem Gesunden die gleichen Symptome wie die der Krankheit hervorruft. Außerdem glaubte er, die „Information" des Mittels durch Verdünnen und Schütteln noch verstärken zu können, obwohl der tatsächliche stoffliche Gehalt in der Arznei damit immer geringer wird.
Welches Heilverfahren erfand Samuel Hahnemann?

Frage 223

 **Welches dieser Gedichte ist nicht von Goethe?**
☐ a) *Der Erlkönig*
☐ b) *Prometheus*
☐ c) *Der Zauberlehrling*
☐ d) *Die Glocke*

Frage 224

 Welche Karriere machte Sophie von Anhalt-Zerbst?

Frage 225

 Wie lautet Kants „kategorischer Imperativ"?
☐ a) Was du nicht willst, das man dir tu', das füge auch keinem anderen zu.
☐ b) Handle so, dass die Maxime deines Willens jederzeit zugleich als Prinzip einer allgemeinen Gesetzgebung gelten könnte.
☐ c) Üb' immer Treu und Redlichkeit.
☐ d) Wage zu denken.

Frage 226

 Wo befindet sich der Chinesische Turm?

Die schöne Luise

Sie war die Lady Di des späten 18. Jahrhunderts. Um Luise von Mecklenburg-Strelitz (1776–1810), die Frau des preußischen Königs Friedrich Wilhelm III., herrschte schon zu Lebzeiten ein regelrechter Personenkult. Der Künstler Gottfried Schadow verewigte sie zusammen mit ihrer Schwester Friederike in einer berühmten Plastik, der *Prinzessinnengruppe*. Nach der Niederlage Preußens gegen Napoleon 1807 wurde sie zur Märtyrerin stilisiert, da sie Napoleon um milde Friedensbedingungen gebeten hatte, der Korse sie aber abblitzen ließ. In den Befreiungskriegen kursierte unter den Preußen dann teilweise die Parole: „Rache für Luise!" Dass die schöne Königin vor 1806 zu den Kriegstreibern gegen Preußen gehört hatte, war in Vergessenheit geraten.

Frage 227

 Was veröffentlichte Goethe in den *Marienbader Elegien*, den *Xenien* und im *West-östlichen Diwan*?

Frage 228

 In welchem Stil wurde von 1788 bis 1791 das Brandenburger Tor erbaut?

- ☐ a) Renaissance
- ☐ b) Barock
- ☐ c) Rokoko
- ☐ d) Klassizismus

Das Brandenburger Tor in Berlin

Frage 229

 Welche Berliner Kunstwerke stammen von welchem Künstler?

- ☐ a) Brandenburger Tor
- ☐ b) Neue Wache
- ☐ c) Stadtschloss
- ☐ d) Quadriga auf dem Brandenburger Tor

1) Karl Friedrich Schinkel (1781–1841)
2) Johann Gottfried Schadow (1764–1850)
3) Carl Gotthard Langhans (1732–1808)
4) Andreas Schlüter (um 1662–1714)

Frage 230

 Wer waren die Vertreter der Jenaer Romantik?

Frage 231

Welches der folgenden Musikwerke stammt nicht von Ludwig van Beethoven?

- ☐ a) Europahymne
    (Schlusschor der 9. Symphonie)
- ☐ b) *Cosí fan tutte*
- ☐ c) *Fidelio*
- ☐ d) Das Klavierstück *Für Elise*

Frage 232

Welcher Dichter nannte sich Novalis?

- ☐ a) Johann Paul Friedrich Richter
- ☐ b) Friedrich Hölderlin
- ☐ c) Friedrich von Hardenberg
- ☐ d) Joseph von Eichendorff

Rokoko

Der Stil des Rokoko (um 1720–75) ist eine Weiterentwicklung bzw. eine Übersteigerung des Barock. Die Dekors wurden noch verspielter, aber auch leichter und heiterer. Diesen Stil gibt es in der Architektur eigentlich nur in Frankreich und Deutschland. In Frankreich wurden vor allem Schlösschen gebaut, in Deutschland eher Kirchen. Deutsche Rokokoschlösser sind Sanssouci in Potsdam und Schloss Solitude in Stuttgart.

Frage 233

 Welches Stück von Kleist gehört welche Gattung an?

❑ a) *Der zerbrochene Krug*
❑ b) *Das Erdbeben von Chili*
❑ c) *Der Prinz von Homburg*
❑ d) *Über die allmähliche Verfertigung der Gedanken beim Reden*

1) Essay
2) Drama
3) Komödie
4) Novelle

Frage 234

Wer wurde mit Bildern wie dem *Mönch am Meer* oder den *Kreidefelsen auf Rügen* zum bedeutendsten Maler der deutschen Romantik?

Der Mönch am Meer

Frage 235

Der Philosoph befasste sich vor allem mit der Wechselwirkung zwischen Denken und Sprache und mit der kulturellen Überlieferung verschiedener Völker. Er war beispielsweise überzeugt, dass jedes Volk seinen eigenen Weg des kulturellen Fortschritts finden müsse und nicht einfach die Kultur scheinbar zivilisierterer Völker übernehmen dürfe. Seinen Freund Goethe inspirierte er dazu, Volkslieder zu sammeln und Griechisch zu lernen.
Wer war er?

Wider die Fremdwörter

Der Patriotismus, der im 19. Jahrhundert aufkam, führte auch dazu, dass so mancher die deutsche Sprache von Fremdwörtern reinigen wollte. Führend war Heinrich Campe (1746–1818), der über 10.000 Eindeutschungen erfand, etwa das Erdgeschoss (statt Parterre), das Stelldichein (statt Rendezvous) oder das Streitgespräch (statt Debatte). Durchgefallen sind z. B. der Gesichtserker (Nase), der Meuchelpuffer (Pistole) oder die Blitzfeuererregung (Elektrizität).

Frage 236

 Wodurch wurde Alexander von Humboldt berühmt? (Mehrfachnennungen möglich)

❑ a) durch abenteuerliche Forschungsreisen wie die Befahrung des Orinoko
❑ b) durch bahnbrechende geografische Forschungen
❑ c) durch die Reform des preußischen Bildungswesens
❑ d) durch seine universale Bildung

Frage 237

 Was war der Reichsdeputationshauptschluss?

Frage 238

Er war einer der bedeutendsten Mathematiker, der sich darüber hinaus mit Astronomie, Physik und Geodäsie (Erdvermessung) beschäftigte. Er fiel schon an

der Grundschule als mathematisches Wunderkind auf und wurde später Professor in Göttingen. Nach ihm ist eine Vielzahl von Formeln benannt, in der breiten Öffentlichkeit am bekanntesten ist die Formel zur Berechnung des Osterdatums.
Wie hieß der Wissenschaftler?

Frage 239

 **Wann wurden Bayern und Baden-Württemberg zu Königreichen?**
- [ ] a) im 11. Jahrhundert
- [ ] b) 1648
- [ ] c) 1805
- [ ] d) 1905

Frage 240

 **Wer schloss 1805 den Rheinbund?**

Frage 241

 **Welches Reich fand im Jahr 1806 sein Ende?**

Frage 242

 **In welcher Schlacht wurde Preußen von Napoleon vernichtend geschlagen?**
- [ ] a) Seeschlacht bei Trafalgar
- [ ] b) Dreikaiserschlacht bei Austerlitz
- [ ] c) Doppelschlacht bei Jena und Auerstedt
- [ ] d) Schlacht von Marengo

Frage 243

 **Aus welchem Drama stammt der Satz „Ich bin ein Teil jener Kraft, die stets das Böse will und stets das Gute schafft"?**

Frage 244

 **Worum wetten Faust und Mephisto in Goethes _Faust_?**

Faust und Mephisto

Frage 245

 **Wie lautet die berühmte Gretchenfrage?**

Frage 246

 Wann wurde in Preußen die Leibeigenschaft vollständig aufgehoben?
- [ ] a) 1534
- [ ] b) 1781
- [ ] c) 1807
- [ ] d) 1864

Die deutschen Kleinkönige

1807 wurde auch Sachsen zum Königreich und 1815 schließlich Hannover. Alle Monarchien existierten bis 1918, seit 1871 allerdings innerhalb des Deutschen Kaiserreichs, was bedeutete, dass ihre Könige nicht mehr viel zu sagen hatten. Am meisten machten noch die Bayern von sich reden, aber weniger aus politischen Gründen als vielmehr durch die Kapriolen ihres „Märchenkönigs" Ludwig II.

Frage 247

 Da durch Napoleons Kontinentalsperre kein englischer Stahl mehr in Europa zu bekommen war, hoffte ein deutscher Industrieller, in diese Marktlücke zu stoßen, und gründete eine Gussstahlfabrik. Sein Sohn Alfred (1812–87) machte die Firma dank dem Aufschwung der Eisenbahn ab 1830, der Erfindung des nahtlosen Radreifens 1852 und dem Einstieg in die Waffenproduktion zum größten Unternehmen Europas.
Welche Fabrik in Essen wurde zu einer der größten Waffenschmieden der Welt?

Frage 248

In welcher Beziehung standen Clemens Brentano und Achim von Arnim?

Frage 249

Wer errichtete 1811 in der Berliner Hasenheide den ersten deutschen Turnplatz?

Frage 250

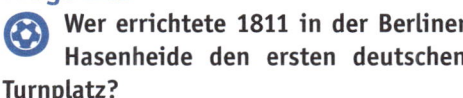

1812 erschien der erste Band von Grimms Märchen. Das erste Märchen dreht sich um die „Königstochter jüngste". Welches ist es?
- [ ] a) *Dornröschen*
- [ ] b) *Schneewittchen*
- [ ] c) *Rapunzel*
- [ ] d) *Der Froschkönig*

Die Brüder Jacob und Wilhelm Grimm

Frage 251

Welcher Teil Deutschlands wurde von 1807 bis 1814 von einem Bonaparte regiert?
- [ ] a) Württemberg
- [ ] c) Westphalen
- [ ] b) Rheinprovinz
- [ ] d) Pfalz

Glückliche Zweckehen

Napoleon sicherte die Bündnisse mit den Rheinbundstaaten auch dynastisch ab. Katharina, die Tochter des Königs von Württemberg, musste seinen Bruder Jérôme heiraten, die bayerische Prinzessin Augusta seinen Stiefsohn Eugène de Beauharnais und der badische Erbprinz Karl seine Adoptivtochter Stéphanie. Nach Napoleons Sturz weigerte sich Karl, sich von seiner Frau zu trennen, Katharina folgte Jérôme sogar gegen den Willen ihres Vaters ins Exil und Eugène und Augusta lebten glücklich in Bayern.

Frage 252

Wer kämpfte gegen wen in der Völkerschlacht bei Leipzig?
- [ ] a) Deutschland gegen Russland
- [ ] b) Deutschland gegen Frankreich
- [ ] c) Deutschland und Österreich gegen Frankreich und Russland
- [ ] d) eine antinapoleonische Koalition gegen Napoleon und seine Verbündeten mit Deutschen auf beiden Seiten

Frage 253

 Wer war „Marschall Vorwärts"?

Frage 254

In welchem der grimmschen Märchen heißt die Heldin Marie?

☐ a) *König Drosselbart* ☐ c) *Rotkäppchen*
☐ b) *Frau Holle* ☐ d) *Aschenputtel*

Frage 255

Wer regierte Deutschland nach 1815?

Frage 256

Er war Jurist im preußischen Staatsdienst, was ihm überhaupt nicht zusagte. Seine eigenwilligen literarischen Werke, Karikaturen und Kompositionen stellten deshalb ein Ventil für ihn dar, was ihm auch des Öfteren Ärger einbrachte. Die Ironie in seinen Werken, die oft düstere Atmosphäre und das verschroben Individuelle inspirierten Literaten in ganz Europa.

Wer schrieb skurrile Märchen wie *Der goldene Topf*, *Die Elixiere des Teufels*, *Klein Zaches genannt Zinnober* oder *Lebensansichten des Kater Murr*?

Frage 257

In welcher romantischen Oper verschreibt ein Schütze seine Seele dem Teufel und bekommt dafür Kugeln, die immer treffen?

Frage 258

Vom 18. September 1814 bis 9. Juni 1815 fand ein Treffen fast aller europäischer Staaten zur Regelung der Neuordnung Europas nach Napoleons Sturz statt. Als Nachfolgeorganisation des Heiligen Römischen Reiches wurde der Deutsche Bund ins Leben gerufen. Für viele Deutsche, die auf einen deutschen Nationalstaat gehofft hatten, war das eine große Enttäuschung. Außerdem fand ein großes Geschacher um Ländereien statt. Preußen war mit Gebietszuwächsen bis zum Rheinland einer der großen Gewinner. Bayern musste zwar Gebiete an Österreich abgeben, erhielt dafür aber große Teile der aufgelösten fränkischen Erzbistümer. Außerdem einigten sich die Fürsten, das monarchische System wieder zu restaurieren und liberale Bestrebungen und Modernisierungen nach Möglichkeit zu unterdrücken.

Wie nennt man dieses Treffen?

Frage 259

Wie heißt diese Dichterin?

Frage 260

Welche Philosophie vertrat Arthur Schopenhauer?

Frage 261

Wer erlegt „Sieben auf einen Streich"?

☐ a) *Der Hase und der Igel*
☐ b) *Hans im Glück*
☐ c) *Das tapfere Schneiderlein*
☐ d) *Rumpelstilzchen*

Der Mord am Spötter

Am 23. März 1819 ermordete der radikale Burschenschafter Karl Sand (1795–1820) den 58-jährigen Schriftsteller August von Kotzebue. Dieser war damals sehr beliebt. In Theaterstücken wie *Die deutschen Kleinstädter* machte er sich etwa über das Spießbürgertum lustig, aber auch über die Burschenschaften und die Turnbewegung, vor allem deren „Guru", den Turnvater Jahn. Seine Ermordung diente Metternich dann zum Vorwand für die Karlsbader Beschlüsse. Sand wurde zum Tode verurteilt und hingerichtet.

Frage 262

 Am 18. Oktober 1817 – vier Jahre nach der Völkerschlacht bei Leipzig und 300 Jahre nach der Veröffentlichung von Luthers Thesen – feierten rund 500 Burschenschafter und einige Professoren ein Fest, bei dem sie für einen Nationalstaat und eine liberale Verfassung demonstrierten. Dabei wurden als reaktionär empfundene Schriften, aber auch der Code Napoléon, ein Perückenzopf, ein Offizierstock und ein Schnürleib verbrannt. Allerdings gab es neben dem Ruf nach Freiheit in dieser Bewegung auch stark nationalistische Tendenzen.
Wie heißt das berühmte Fest?

Frage 263

 Was erfand der badische Forstmeister Karl Drais?

Frage 264

 In welchem der grimmschen Märchen wird jemand in ein Reh verwandelt?

❏ a) *Schneeweißchen und Rosenrot*
❏ b) *Brüderchen und Schwesterchen*
❏ c) *Hänsel und Gretel*
❏ d) *Jorinde und Joringel*

Frage 265

 Wo befindet sich das Senckenbergmuseum und was bekommt man dort zu sehen?

Frage 266

Wie heißt dieser Philosoph?

Frage 267

Er war ein Glasschneider aus einfachen Verhältnissen, der bei dem Versuch, bessere optische Gläser herzustellen, wegweisende Gesetze der optischen Physik entdeckte und eine Vielzahl von Geräten und Verfahren entwickelte, darunter sensationelle neue Fernrohre. Wegen dieser Verbindung von Wissenschaft und praktischem Nutzen wurde er zum Namensgeber einer 1949 von Staat, Industrie und Wissenschaft gegründeten Gesellschaft. Mit 80 Instituten ist sie die größte derartige Einrichtung in Europa.
Nach wem ist sie benannt?

Frage 268

Wo wurde Karl Marx geboren?

☐ a) Trier   ☐ c) Berlin
☐ b) Barmen   ☐ d) London

Frage 269

Wer fällte die Karlsbader Beschlüsse und gegen wen richteten sie sich?

Frage 270

Welches Märchen ist nicht von den Brüdern Grimm?

☐ a) *Der Wolf und die sieben Geißlein*
☐ b) *Der Teufel mit den drei goldenen Haaren*
☐ c) *Der Fischer und seine Frau*
☐ d) *Kalif Storch*

Frage 271

Wie hieß die Schwester von Felix Mendelssohn Bartholdy?

☐ a) Dorothea Schlegel
☐ b) Fanny Hensel
☐ c) Luise Hensel
☐ d) Rahel Varnhagen von Ense

Frage 272

Welche Zwergenrasse soll in Köln gelebt haben und dort den Bewohnern äußerst hilfreich gewesen sein?

Frage 273

Diese philosophische Richtung geht davon aus, dass objektive Wahrheiten irrelevant oder gar nicht möglich sind, sondern die menschliche Wahrnehmung nur subjektive, von den eigenen Ideen geformte Wahrheiten erkennen kann. Hauptvertreter waren Johann Gottlieb Fichte (1762–1814), Friedrich Schelling (1755–1854) und Georg Wilhelm Friedrich Hegel (1770–1831). **Um welche philosophische Strömung handelt es sich?**

Frage 274

Wann wurde die schwarz-rot-goldene Fahne erstmals verwendet?

☐ a) im Kaiserreich
☐ b) in den Befreiungskriegen
☐ c) auf dem Hambacher Fest
☐ d) bei der Märzrevolution

Frage 275

Er war ein Maler des Biedermeier. Auf seinen Bildern stellte er idyllische Landschaften und Szenen des bürgerlichen Lebens dar. Diese sind oft humorvoll, aber im Kern harmlos. Insgesamt schuf er rund 1500 Bilder, die sich schon zu seinen Lebzeiten gut verkauften, aber auch in der Wirtschaftswunderzeit nach dem Zweiten Weltkrieg wurde der Künstler noch einmal immens populär. **Wer malte den *Armen Poeten*, der sich in seinem Dachkämmerchen mit einem Regenschirm trocken halten muss?**

Frage 276

 1828 tauchte in Nürnberg ein Findel-kind auf, das bald internationale Aufmerksamkeit erregte. Wie hieß es?

Frage 277

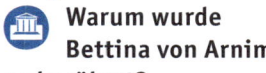 Welcher bayerische König musste wegen Lola Montez abdanken?

☐ a) Ludwig I.   ☐ c) Otto I.
☐ b) Ludwig II.   ☐ d) Ludwig III.

Frage 278

 Warum wurde Bettina von Arnim so berühmt?

Bettina von Arnim

Frage 279

1832 wurde der bayerische Prinz Otto König von Griechenland. Übernahm Bayern die weiß-blauen griechischen Landesfarben oder war es umgekehrt?

Frage 280

 Wann war in Deutschland die Bieder-meierzeit?

☐ a) 1752–89   ☐ c) 1815–48
☐ b) 1789–1815   ☐ d) 1848–71

Frage 281

Dieser Philosoph vertrat die These, dass der menschliche Geist, das Reich der Ideen, sich in einem dialogartigen („dialektischen") Prozess immer weiter entwickle

und dabei an Qualität gewinne. Sein Haupt-werk ist die *Phänomenologie des Geistes*. Von 1818 bis zu seinem Tod lehrte er in Berlin und galt als Kapazität ersten Ranges. Zu seinen Schülern gehörte auch Karl Marx (1818–83), der dessen Dialektik jedoch nicht auf ideelle, sondern materielle Dinge anwandte und so die Entstehung des Kapitalismus erklärte.
Welcher Philosoph war es, der durch seine Dialektik Karl Marx beeinflusste?

Frage 282

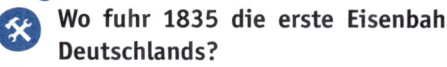 Wo fuhr 1835 die erste Eisenbahn Deutschlands?

☐ a) zwischen Bonn und Köln
☐ b) in Berlin-Lichterfelde
☐ c) zwischen Nürnberg und Fürth
☐ d) zwischen Lathen und Dörpen

Frage 283

 Wer waren die „Göttinger Sieben"?

Frage 284

 Wer verfasste 1841 auf Helgoland die deutsche Nationalhymne?

☐ a) Joseph Haydn
☐ b) Friedrich Schiller
☐ c) Joseph Görres
☐ d) August Hoffmann von Fallersleben

Frage 285

 „Einigkeit und Recht und Freiheit für das deutsche Vaterland", beginnt die Hymne. Und wie geht sie weiter?

a) Danach sollen wir immer streben.
b) Dafür will ich ewig streben.
c) Danach lasst uns alle streben.
d) Darum lasst uns treulich streben.

Frage 286

Dieser Wissenschaftler gilt als Begründer der organischen Chemie. Sein Hauptinteresse galt der menschlichen Ernährung, die damals noch durch viele Hungersnöte bedroht war. 1841 erfand er den ersten Kunstdünger, der zu spürbar besseren Ernten beitrug. Daneben entwickelte er seinen berühmten Fleischextrakt, das Backpulver und einen Vorläufer der Babynahrung.

Welcher Chemiker machte diese bahnbrechenden Entdeckungen?

Frage 287

Welchen Komponisten der Romantik heiratete die Pianistin Clara Wieck?

a) Franz Liszt
b) Johannes Brahms
c) Robert Schumann
d) Richard Strauss

Frage 288

In welcher Stadt wurde welcher Schriftsteller geboren?

a) Thomas Mann   c) Bertolt Brecht
b) Karl May   d) Günter Grass

1) Augsburg   3) Lübeck
2) Danzig   4) Hohenstein-Ernstthal

Frage 289

Wie heißt diese gotische Kirche, die erst 1880 vollendet wurde?

Frage 290

Wann war die deutsche Nationalflagge schwarz-rot-golden?

(Mehrfachnennungen möglich)
a) im Deutschen Bund
b) im Kaiserreich
c) in der Weimarer Republik
d) im Nationalsozialismus

Frage 291

Der Aufruf „Friede den Hütten! Krieg den Palästen!" stammt von einem Dichter, der auch durch die Dramen *Dantons Tod*, *Woyzeck* und *Leonce und Lena* bekannt wurde. Der Medizinstudent rief 1834 in einem Flugblatt mit dem Titel *Hessischer Landbote* die hessische Bevölkerung zur Revolution gegen die Schikanen der Obrigkeit auf. Danach musste er nach Straßburg und Zürich fliehen, wo er an Typhus starb. Außer den drei Dramen schrieb er noch die Erzählung *Lenz* über einen Dichter, der dem Wahnsinn verfällt.
Wie hieß er?

Frage 292

Welches Bauwerk stammt nicht von Leo von Klenze?

a) Königsplatz, München
b) Ludwigsstraße, München

❏ c) Walhalla, Regensburg
❏ d) Museumsinsel, Berlin

Frage 293
🏛 **Wer war Peter Joseph Lenné?**

Frage 294
📚 1844 gab es in Schlesien einen Aufstand, der später sogar zu literarischem Ruhm kam.
Welche Berufsgruppe rebellierte gegen Armut und Ausbeutung?
❏ a) Bauern   ❏ c) Bergarbeiter
❏ b) Weber   ❏ d) Soldaten

Bis in die Puppen
Puppen, so nannten die Berliner die Statuen am Großen Stern im Tiergarten. Von etwa 1750 bis 1829 standen dort antike Gottheiten, ab 1895 preußische Herrscher. Auf jeden Fall war ein Spaziergang „bis in die Puppen" eine ausgedehnte Runde, sodass sich die Redensart später nicht nur auf lange Wege, sondern auch auf fortgeschrittene Zeit übertrug.

Frage 295
🏛 Dieser Kanal fließt durch Berlin, vor allem durch den Stadtteil Kreuzberg. Er wurde zwischen 1845 und 1850 als innerstädtischer Transportweg gebaut. Bekannt ist er u. a. dadurch, dass 1919 die Leichen der ermordeten Kommunisten Liebknecht und Luxemburg hineingeworfen wurden. Heute ist eine etwa dreistündige Bootsfahrt durch die Berliner Innenstadt eine gefragte Touristenattraktion.
Wie heißt der Kanal?

Frage 296
▦ **Welche 1847 gegründete heutige Aktiengesellschaft wurde mit dem Bau von Telegrafensystemen groß?**
❏ a) AEG   ❏ c) Siemens
❏ b) Krupp   ❏ d) BASF

Frage 297
📚 **In welchem Jahr fand in Deutschland die Märzrevolution statt?**
❏ a) 1648   ❏ c) 1830
❏ b) 1789   ❏ d) 1848

Die Märzrevolution

Frage 298
🏛 „Ein Gespenst geht um in Europa ..."
So beginnt eine der wichtigsten Schriften der Weltgeschichte, die zwei deutsche Emigranten am 21. Februar 1848 in London veröffentlichten.
Wovon ist die Rede?

Frage 299
🏛 **Wer sind die Bremer Stadtmusikanten?**

Frage 300
📚 **Wofür kämpften die Revolutionäre 1848?**

Frage 301

 Von 1848 bis 1849 tagten die Abgeordneten der deutschen Nationalversammlung, um eine Verfassung für ein neu zu gründendes Deutschland auszuarbeiten. Dieses sollte zwar eine Monarchie sein, aber mit mehr Rechten des Parlaments als in den bisherigen deutschen Monarchien. Außerdem wurden erstmals allgemeine, unverletzliche Menschenrechte ausgearbeitet. Doch ein Teil der deutschen Fürsten, darunter der preußische König Friedrich Wilhelm IV., welcher der künftige deutsche König hatte werden sollen, lehnte den Plan ab. Damit war nicht nur die Demokratisierung, sondern auch die Einigung Deutschlands gescheitert.

Wo fand diese Versammlung statt?

Frage 302

 Was verstand man unter „großdeutscher Lösung"?

Die Forty-Eighters

Nach der gescheiterten Revolution von 1848 ergriffen viele Deutsche die Flucht. Allein aus Baden emigrierten rund 80.000 Menschen bzw. fünf Prozent der Bevölkerung. In den USA wurden sie als Forty-Eighters bezeichnet. Viele von ihnen engagierten sich in den USA weiter politisch und machten Karriere, vor allem Carl Schurz, der 1877 Senator von Missouri wurde.

Frage 303

 Wie viele Museen befinden sich auf der Berliner Museumsinsel?

Frage 304

 Wann fand die Badische Revolution statt?

Frage 305

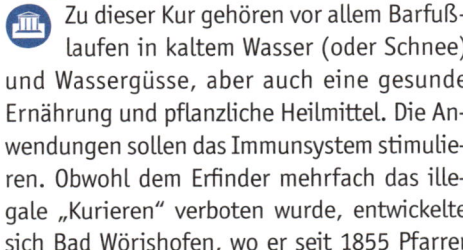 Zu dieser Kur gehören vor allem Barfußlaufen in kaltem Wasser (oder Schnee) und Wassergüsse, aber auch eine gesunde Ernährung und pflanzliche Heilmittel. Die Anwendungen sollen das Immunsystem stimulieren. Obwohl dem Erfinder mehrfach das illegale „Kurieren" verboten wurde, entwickelte sich Bad Wörishofen, wo er seit 1855 Pfarrer war, bereits zu seinen Lebzeiten zum europaweit bekannten Kurort.

Wie heißen die Kur und ihr Erfinder?

Frage 306

 Im 19. Jahrhundert gründete eine Schaustellerfamilie in Köln ein Theater, das es noch heute gibt. Bekanntester Theaterleiter war Willy ...?

Frage 307

 Welche Bücher schufen die Brüder Grimm außer ihren Märchen noch?
(Mehrfachnennungen möglich)

❑ a) Lexikon ❑ c) Reiseführer
❑ b) Sagensammlung ❑ d) Wörterbuch

Frage 308

 Alle zehn Jahre findet in Oberammergau ein besonderes Theaterspiel statt. Welches?

Frage 309

Der katholische Priester stammte aus armen Verhältnissen und wurde zunächst Schuhmacher. Nach seiner Priesterweihe widmete er sich dann vor allem der weitverbreiteten Not, Ausbeutung und Perspektivlosigkeit unter den Handwerksgesellen, indem er Gesellenvereine gründete, die ihren Mitgliedern die Chance zu Weiterbildung, Hilfe in Notlagen und Gemeinschaft boten. Daraus entstand das nach ihm benannte Werk, das heute ein weltweit vor allem in der Jugend- und Erwachsenenbildung agierender Verein ist.

Wie hieß der Begründer dieses Sozialverbands?

Fantasy im 19. Jahrhundert

Fabelwesen waren im romantischen 19. Jahrhundert ein beliebter Gegenstand der Kunst. Vor allem Nixen und Wassermänner eigneten sich gut für traurige Liebesgeschichten, standen sie doch im Ruf, Menschen in ihr dunkles Reich zu ziehen. Manchmal wurde dafür auf alte Sagen zurückgegriffen, oft aber auch eine scheinbar alte Sage einfach neu erfunden.

Frage 313

 Wo fliegen einem die gebratenen Tauben in den Mund?

Frage 310

 Welcher deutsche Dichter wurde wegen seiner jüdischen Herkunft und seiner liberalen Ansichten stark angefeindet und starb im Pariser Exil?

Frage 314

 Was fand Jochen Fuhlrott im Jahr 1856 in einem Tal bei Düsseldorf?

Frage 315

An wen erinnert das Hermannsdenkmal im Teutoburger Wald?

Frage 311

„Ich weiß nicht, was soll es bedeuten …", beginnt ein Gedicht von Heine über eine Sagenfigur am Rhein.
Welche?

Frage 316

Wer schrieb die Novelle von Hauke Haien, der zum Deichgraf aufsteigt, aber auch vom Deich besessen ist und nach seinem Tod nicht davon loskommt?

Frage 312

 Wer ist das?

Frage 317

Wer war mit dem österreichischen Kaiser Franz Joseph I. verheiratet?

Mann der Arbeit, aufgewacht!

„... Und erkenne deine Macht! Alle Räder stehen still, wenn dein starker Arm es will!" So beginnt das *Bundeslied*, das der Schriftsteller und badische Revolutionär Georg Herwegh (1817–75) 1863 schrieb. Es wurde eines der bekanntesten Arbeiterlieder und im Laufe seiner Geschichte immer wieder verboten.

Frage 318

 Bei welcher Erfindung spielte der Satz „Das Pferd frisst keinen Gurkensalat" eine Rolle?

Frage 319

 Wer war der „Eiserne Kanzler"?

Frage 320

 Wer war kein Opfer von Max und Moritz?

☐ a) Witwe Bolte
☐ b) Fromme Helene
☐ c) Lehrer Lämpel
☐ d) Schneider Böck

Frage 321

 Der Schriftsteller und Politiker gründete 1863 den Allgemeinen Deutschen Arbeiterverein (ADAV), die erste deutsche Arbeiterpartei. Im Gegensatz zu Karl Marx wollte er keinen gesellschaftlichen Umsturz. Eine seiner Hauptforderungen war das allgemeine Wahlrecht und die Förderung von Produktionsgenossenschaften durch den Staat. Durch das Wahlrecht, glaubte er, könnten die Arbeiter, da sie die Mehrheit im Staat bildeten, auf friedlichem Wege die politische Macht erlangen.
Wer ist gemeint?

Frage 322

 Bismarck führte die deutsche Einigung mit drei Kriegen herbei.
Wann kämpfte er gegen wen?
☐ a) 1864
☐ b) 1866
☐ c) 1870/71

1) Dänemark
2) Frankreich
3) Österreich

Frage 323

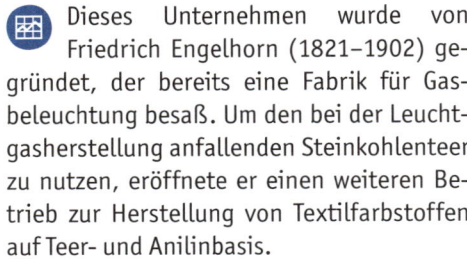 Dieses Unternehmen wurde von Friedrich Engelhorn (1821–1902) gegründet, der bereits eine Fabrik für Gasbeleuchtung besaß. Um den bei der Leuchtgasherstellung anfallenden Steinkohlenteer zu nutzen, eröffnete er einen weiteren Betrieb zur Herstellung von Textilfarbstoffen auf Teer- und Anilinbasis.
Was wurde aus dieser 1865 gegründeten Fabrik?

Frage 324

 Wer war wer im Leben von Cosima Wagner?

a) Richard Wagner
b) Franz Liszt
c) Hans von Bülow
d) Friedrich Nietzsche

1) Vater
2) erster Ehemann
3) zweiter Ehemann
4) Freund (platonisch)

Frage 325
 Welche Rolle spielte der „Norddeutsche Bund"?

Frage 326
 Welches Kinderbuch verfasste der Frankfurter Arzt Heinrich Hoffmann 1844 für seinen kleinen Sohn?

Frage 327
 Welche Partei wurde von August Bebel mitbegründet?

August Bebel

Frage 328
 Im 19. Jahrhundert begannen bayerische Tierpräparatoren, Reststücke verschiedener Beutetiere zusammenzusetzen. Ob sie damit einer älteren Sage des bayerischen Fabelwesens folgten oder die Wesen erst erfanden, um sie naiven Touristen anzudrehen, ist unbekannt. **Wie heißen die Fabeltiere?**

Frage 329
 Was hatte es mit der „Emser Depesche" auf sich?

Frage 330
 In dieser Schlacht besiegte das deutsche Heer im Krieg gegen Frankreich am 2. September 1870 die französische Armee und nahm Kaiser Napoleon III. und 100.000 seiner Soldaten gefangen. Dieser Sieg machte den Weg zur deutschen Reichseinigung frei, weshalb zu Ehren dieses Anlasses im wilhelminischen Kaiserreich ein Festtag mit allem militärischen Pomp gefeiert wurde.
Welche Schlacht ist gesucht?

Frage 331
 Wer war der Schinderhannes?

Frage 332
 Was passiert wem im *Struwwelpeter*?
a) Paulinchen: _____
b) Konrad: _____
c) Kaspar: _____
d) Philipp: _____
e) Hans: _____
f) Ludwig, Kaspar, Friedrich: _____
_____

Frage 333

 Wo wurde das Deutsche Kaiserreich gegründet?

Der Kartätschenprinz

Der erste deutsche Kaiser Wilhelm I. (1797–1888) hatte sich als preußischer Prinz 1848/49 einen schlechten Ruf erworben, weil er die Berliner Demonstranten einfach mit Kartätschen niederschießen wollte und später an der Niederschlagung des badischen Aufstands beteiligt war. Als Kaiser wurde er aber mit zunehmendem Alter immer beliebter. Politisch tat er allerdings fast gar nichts, sondern überließ Bismarck die Politik.

Kaiser Wilhelm I.

Frage 334

 **In welchem Werk erzählt Theodor Fontane von der unglücklichen Ehe zwischen einem jungen Mädchen und einem älteren Mann?**

- ❏ a) *Irrungen, Wirrungen*
- ❏ b) *Der Stechlin*
- ❏ c) *Wanderungen durch die Mark Brandenburg*
- ❏ d) *Effi Briest*

Frage 335

 Die Region war nach der Teilung des Karolingerreiches zum späteren

Deutschland gekommen, wurde aber im 18. Jahrhundert von Ludwig XIV. (1638–1715) nach und nach annektiert. Nach dem Sieg von 1871 forderte Deutschland das Gebiet zurück. Nach dem Ersten Weltkrieg wurde es wieder französisch, während des Zweiten Weltkriegs deutsch und an dessen Ende wieder französisch. Jeder Wechsel ging mit einer Unterdrückung des Bevölkerungsteiles einher, der die Änderung nicht begrüßte. **Um welche Region handelt es sich?**

Frage 336

 Gegen wen führte Bismarck einen Kulturkampf?

- ❏ a) gegen die Sozialisten
- ❏ b) gegen die katholische Kirche

Frage 337

 Welche Bedeutung hat Friedrich von Bodelschwingh?

Frage 338

Was erfand Carl von Linde?

- ❏ a) Gabelstapler
- ❏ b) Erdölraffinerie
- ❏ c) Kühlschrank
- ❏ d) Verfahren zur Gewinnung von Wasserstoff

Frage 339

 1876 erschien eine zehnbändige Enzyklopädie, die lange Zeit das zoologische

Standardwerk bleiben sollte. Der Autor war über seine Tätigkeit als Sekretär eines bekannten Ornithologen selbst zum Forschungsreisenden in Sachen Tiere geworden. Darüber verfasste er Artikel, die bald begeisterte Aufnahme fanden. Das brachte ihm 1860 das Angebot ein, ein mehrbändiges Nachschlagewerk über das Tierreich zu verfassen. Obwohl er nicht alle Bände selbst schrieb und die Illustrationen nicht von ihm stammten, wurde das Werk schnell unter seinem Namen bekannt. **Wie heißt es?**

Preußische Pickelhaube

Als Sinnbild des deutschen Militarismus gilt vielerorts bis heute die Pickelhaube. Der Helm mit der charakteristischen Metallspitze, an der Säbelhiebe abgleiten sollten, wurde 1842 in der preußischen Armee eingeführt, dann aber von den meisten anderen Armeen kopiert. Es ist nicht einmal sicher, ob die Preußen ihn als Erste trugen. 1916 wurde die unzeitgemäß gewordene Kopfbedeckung durch den Stahlhelm ersetzt. Nur Polizei und Feuerwehr trugen noch eine Weile Pickelhauben.

Otto von Bismarck mit preußischer Pickelhaube

Frage 340

Seit 1876 gibt es die Bayreuther Festspiele. Was wird dort gespielt?

☐ a) verschiedene Opern, vor allem von Richard Wagner

☐ b) es gibt keine Vorgaben

☐ c) der *Ring des Nibelungen* von Wagner

☐ d) zehn der 13 Wagner-Opern

Frage 341

Dieser Viertaktmotor war der erste wirklich einsatzfähige Verbrennungsmotor. Ein Vorgängermodell des Franzosen Etienne Lenoir aus dem Jahr 1862 war zu laut, zu schwer und extrem unzuverlässig gewesen. Außerdem hatte es enorm viel Energie verbraucht. Mit dem neuen Motor dagegen konnten auch kleinere Unternehmen und Handwerker, die sich keine teure Dampfmaschine leisten konnten, die Maschinenkraft nutzen und wieder konkurrenzfähig werden. Später kam dann die Nutzung als Antriebsmotor für Autos dazu. **Wie heißt der Motor und von wem wurde er entwickelt?**

Frage 342

Warum betätigte sich Bismarck auf dem Berliner Kongress 1878 als „ehrlicher Makler"?

Frage 343

Welche Bedeutung hatte der Rückversicherungsvertrag?

Frage 344

1880 gab ein Hersfelder Gymnasialdirektor erstmals ein vollständiges orthografisches Wörterbuch der deutschen Sprache heraus. Wie hieß er?

Frage 345

Wie heißt dieser Schriftsteller und Philosoph?

Frage 346

Welche dieser Schlösser wurde nicht von Bayerns „Märchenkönig" Ludwig II. gebaut? (Mehrfachnennungen möglich)
- ❏ a) Linderhof
- ❏ b) Hohenschwangau
- ❏ c) Herrenchiemsee
- ❏ d) Schloss Berg

Frage 347

 Wer baute das erste Auto?

- ❏ a) Gottlieb Daimler ❏ c) Wilhelm Maybach
- ❏ b) Carl Benz ❏ d) Rudolf Diesel

Frage 348

1883 erwarb Emil Rathenau die Patente an Edisons Glühlampen. Welches Unternehmen gründete er?
- ❏ a) Osram ❏ c) AEG
- ❏ b) Electrolux ❏ d) Sony

Frage 349

Wer führte in Deutschland die Sozialversicherung ein?
- ❏ a) August Bebel ❏ c) Otto von Bismarck
- ❏ b) DGB ❏ d) Leo von Caprivi

Der Untertan

Die bissigste Kritik am Deutschen Kaiserreich stellt vermutlich Heinrich Manns Roman *Der Untertan* (1914) dar. Das Buch wurde 1951 von der DEFA verfilmt. Im Westen sah man in dem Meisterwerk von Wolfgang Staudte jedoch anfangs einen versteckten Seitenhieb auf die Bundesrepublik und gab den Film erst 1957 frei.

Frage 350

 Wer war der 99-Tage-Kaiser?

Frage 351

 Wer ist das?

Frage 352

1886 wurde in Stuttgart ein Unternehmen gegründet, dessen Name vor allem für Haushaltsgeräte steht, das aber derzeit der größte Automobilzulieferer weltweit ist. Wie heißt es?

Frage 353

In München gibt es die Prinzregentenstraße, das Prinzregententheater und die Prinzregententorte. Nach wem sind sie benannt?

Frage 354

 Wie endete Bismarcks Karriere?

Frage 355

 Wer war wer im Leben von Wilhelm II.?

- ❏ a) Victoria von Großbritannien und Irland
- ❏ b) Auguste Viktoria von Schleswig-Holstein-Sonderburg-Augustenburg
- ❏ c) Augusta von Sachsen-Weimar-Eisenach
- ❏ d) Hermine von Schönaich-Carolath

Die Pazifistin

Kaiserin Augusta (1811–90), die Frau von Kaiser Wilhelm I., war eine hochgebildete Frau, die im liberalen und kunstsinnigen Weimar aufgewachsen und u. a. von Goethe unterrichtet worden war. Kriege lehnte sie ab, auch jene, die sie schließlich zur Kaiserin machten. All ihre Versuche, ihren Gatten politisch zu beeinflussen, waren jedoch vergebens. Auch sonst machte sich Augusta wegen ihrer oft arroganten Art ziemlich unbeliebt. Ihr blieb letztlich nur, sich karitativen Werken und der Gründung von Krankenhäusern zu widmen.

Frage 356

 Im Mittelalter war diese Insel teils deutsch, teils dänisch gewesen. 1807 übernahm Großbritannien sie im Rahmen der Napoleonischen Kriege. 1890 verzichtete Deutschland gegenüber Großbritannien auf Ansprüche im afrikanischen Sansibar und erhielt zum Ausgleich die gesuchte Insel zugesprochen. Viele nationalistische Kreise sahen das damals als äußerst schlechtes Geschäft an, obwohl die Ansprüche in Sansibar mehr als vage waren. **Welche Insel kam erst 1890 zu Deutschland?**

Frage 357

 Welche Vorteile hat ein Dieselmotor gegenüber einem Ottomotor?

Frage 358

 Was eint Helene Lange, Gertrud Bäumer, Anita Augspurg, Louise Otto-Peters, Clara Zetkin, Lily Braun und Hedwig Dohm?

Frage 359

 1895 experimentierte ein Würzburger Physiker mit einer Röhre und einem lenkbaren Lichtstrahl. Beim Abbremsen des Lichtstrahls wurden Elektronen gelöst, die Strahlung verursachten. Er unterbrach sein eigentliches Experiment, als er ein durch die Strahlung erzeugtes, merkwürdiges grünes Leuchten wahrnahm, und widmete sich ganz der Erforschung dieses Phänomens. Seine Entdeckung nannte er X-Strahlen. Heute heißen sie nach ihm. **Wie?**

Frage 360

 1895 wurde der Kaiser-Wilhelm-Kanal zwischen Hamburg und Kiel eingeweiht. Wie heißt er heute?

Frage 361

 Welcher Erfinder verunglückte 1896 durch einen Flugzeugabsturz?

Wer unternahm einen solchen Flugversuch?

Frage 362

 Die Caritas ist das Hilfswerk der ...?

☐ a) katholischen Kirche
☐ b) evangelischen Kirche

Frage 363

 Er stammte aus einer bitterarmen Weberfamilie, saß in seiner Jugend wegen Diebstahl und Betrug im Gefängnis, wurde aber mit abenteuerlichen Reiseerzählungen einer der am meisten gelesene Schriftsteller der Welt.
Wer war es?

Frage 364

 Diese Halbinsel in Koblenz an der Mündung der Mosel in den Rhein bekam ihren Namen, weil dort im Mittelalter der Deutsche Orden ein Krankenhaus unterhielt. 1897 wurde hier auf Initiative von Kaiser Wilhelm II., aber auch von national gesinnten Bürgern ein bombastisches, 37 Meter hohes Denkmal für Wilhelms Großvater Wilhelm I.

errichtet, das den Kaiser als Bringer der deutschen Einigung feierte. Kurt Tucholsky bezeichnete es als einen „Faustschlag aus Stein" und „gigantischen Tortenaufsatz", der jenes Deutschland repräsentiere, das am Krieg schuld gewesen sei. Nach dem Zweiten Weltkrieg wurde das beschädigte Reiterstandbild abgebaut, aber 1993 – trotz heftiger Kritik – auf private Initiative hin rekonstruiert.
Wie heißt die Halbinsel?

Frage 365

 Wer war Alfred von Tirpitz?

Frage 366

 Welche Entwicklung ermöglichte die von Karl Ferdinand Braun erfundene Kathodenstrahlröhre?

Frage 367

 Wodurch wurde Mercedes Jellinek bekannt?

Frage 368

Welcher Flugpionier machte welche Erfindung?

- ☐ a) Ferdinand Graf Zeppelin (1838–1917)
- ☐ b) Heinrich Focke (1890–1979)
- ☐ c) Ernst Heinrich Heinkel (1888–1958)
- ☐ d) Willy Messerschmitt (1898–1978)

1) Düsenflugzeug
2) Hubschrauber
3) Flugzeug in damals revolutionärer Leichtbauweise
4) Starrluftschiff

Frage 369

Wo verkehrt die älteste deutsche Hängebahn?

Frage 370

Was erfand Richard Steiff im Jahr 1902?

Frage 371

Welcher dieser Mediziner war Chirurg?

- ☐ a) Ferdinand Sauerbruch
- ☐ b) Robert Koch
- ☐ c) Emil Adolf von Behring
- ☐ d) Rudolf Virchow

Frage 372

Was ist im Berliner Brücke-Museum zu sehen?

- ☐ a) expressionistische Malerei
- ☐ b) eine Dokumentation der deutschen Teilung
- ☐ c) eine Ausstellung über Ingenieurs-baukunst
- ☐ d) eine Ausstellung zur Völkerverbin-dung

Frage 373

Das Gebiet dieses Bundeslandes war territorial während der Kaiserzeit besonders zersplittert. Es gab das Groß-herzogtum Sachsen-Weimar-Eisenach, die Herzogtümer Sachsen-Altenburg, Sachsen-Coburg und Gotha und Sachsen-Meiningen sowie die Fürstentümer Reuß ältere Linie, Reuß jüngere Linie, Schwarzburg-Rudol-stadt und Schwarzburg-Sondershausen. Die Territorien dieser acht Staaten waren wie-derum in mehrere einzelne Teile aufgeteilt. Außerdem gab es etliche größere und klei-nere Territorien, die zu Preußen oder dem Königreich Sachsen gehörten. Nach dem Ers-ten Weltkrieg dauerte es bis 1920, bis das Land in seiner heutigen Form gegründet werden konnte.
Um welches Bundesland geht es?

Frage 374

Warum hatte Deutschland vergleichs-weise wenige Kolonien?

Frage 375

In welchem Land fand der Herero-krieg statt?

❏ a) Togo
❏ b) Namibia (Deutsch-Südwestafrika)
❏ c) Kamerun
❏ d) Tansania (Deutsch-Ostafrika)

Frage 376

Wann verlor Deutschland seine Kolonien?

Frage 377

Bereits am 5. August 1914, vier Tage nach Kriegsausbruch, rief eine Frau die Gruppe „Internationale" ins Leben, die sich gegen den „Burgfrieden" mit der Regierung aussprach. 1916 wurde diese Gruppe in Spartakusbund unbenannt, nach dem römischen Gladiator, der im Jahr 71 v. Chr. einen großen Sklavenaufstand angeführt hatte. Am 31. Dezember 1918 wurde aus dem Spartakusbund die Kommunistische Partei Deutschlands (KPD) gegründet.
Wie hieß die Gründerin?

Frage 378

Welcher bayerische Schriftsteller wurde durch seine *Lausbubengeschichten* bekannt?
❏ a) Ludwig Anzengruber
❏ b) Ludwig Ganghofer

Die deutschen Medizin-Nobelpreisträger

1901	Emil Adolf von Behring	Bekämpfung der Diphtherie
1905	Robert Koch	Bekämpfung der Tuberkulose
1908	Paul Ehrlich	Forschung zum Immunsystem
1910	Albrecht Kossel	Erforschung der Zellchemie
1922	Otto Fritz Meyerhof	Erforschung des Stoffwechsels in den Muskeln
1931	Otto Heinrich Warburg	Entdeckung des Atmungsferments in der Stoffwechselkette
1935	Hans Spemann	Erforschung der embryonalen Zellteilung
1939	Gerhard Domagk	Entdeckung der antibakteriellen Wirkung des Farbstoffs Prontosil
1956	Werner Forßmann	Entwicklung des Herzkatheters
1964	Feodor Lynen	Erforschung des Cholesterin- und Fettsäurestoffwechsels
1973	Karl von Frisch	Erforschung von Verhaltensmustern
1984	Georges J. F. Köhler	Bildung von Antikörpern durch Zellfusion
1991	Erwin Neher und Bert Sakmann	Erforschung der Signalübertragung zwischen Zellen
1995	Christiane Nüsslein-Volhard	Erforschung der genetischen Steuerung der Embryonalentwicklung
2008	Harald zur Hausen	Entdeckung der Papillomviren als Auslöser von Gebärmutterhalskrebs

☐ c) Oskar Maria Graf
☐ d) Ludwig Thoma

Frage 379

 Wer ist das?

Frage 380

Das größte Technikmuseum der Welt wurde 1906 auf Initiative von Oskar von Miller gebaut. Wie heißt es und wo befindet es sich?

Frage 381

 Hat der Hauptmann von Köpenick wirklich gelebt?

Frage 382

 Warum haben manche Fußballvereine das Wort „Borussia" im Namen?

Frage 383

 Welcher Automobilhersteller wurde 1910 von August Horch gegründet?

Frage 384

 Ab 1910 gab es im Berliner Polizeipräsidium eine „Sammelstelle für Nachrichten über Führer von Kraftfahrzeugen". **Wo sitzt die Nachfolgeorganisation?**

Frage 385

 **Womit löste Kaiser Wilhelm II. die Zweite Marokkokrise aus?**

☐ a) Krügerdepesche
☐ b) Daily-Telegraph-Affäre
☐ c) Hunnenrede
☐ d) Panthersprung nach Agadir

Frage 386

 1911 wurde in München ein Zusammenschluss expressionistischer Künstler von Wassily Kandinsky und Franz Marc gegründet. Weitere Mitglieder waren August Macke, Gabriele Münter, Marianne von Werefkin, Alexej von Jawlensky, Alfred Kubin und der Komponist Arnold Schönberg. Ihre Werke sind vor allem im Münchner Lenbachhaus und im Gabriele-Münter-Haus in Murnau zu sehen. **Wie hieß die Gruppe?**

August Macke, Dame in grüner Jacke

Nur Säbelgerassel

Die Militärausgaben des Kaiserreichs umfassten 36 Prozent des Staatshaushaltes. Das klingt gewaltig, war aber in etwa das Niveau, das andere Großmächte wie Frankreich und Russland damals auch hatten. Führend in Sachen Rüstung war das britische Empire, das es auf fast 50 Prozent brachte. Trotzdem wurde Deutschland durch sein Säbelgerassel und den zur Schau getragenen Chauvinismus von den anderen Nationen als besonders militaristisch wahrgenommen.

Frage 387

 Was war Sütterlin?

Frage 388

 Was war der Schlieffenplan?

Frage 389

 Welcher Arzt schrieb Gedichte über Tote im Leichenschauhaus?
- ❑ a) Gottfried Benn
- ❑ b) Klabund
- ❑ c) Walter Hasenclever
- ❑ d) Georg Heym

Frage 390

Der gebürtige Elsässer gründete 1913 ein Urwaldhospital in Lambaréné in Gabun, wo er unter schwierigsten Bedingungen arbeitete. Nach dem Ersten Weltkrieg hielt er, nun französischer Staatsbürger, in Europa Vorträge über die „Ehrfurcht vor dem Leben" und sammelte Geld für den Ausbau seines Hospitals. 1952 erhielt er den Friedensnobelpreis.
Wer war der Urwalddoktor von Lambaréné?

Frage 391

 Warum führte die Ermordung des österreichischen Thronfolgers in Sarajewo zum Weltkrieg?

Frage 392

Er war Offizier im Ruhestand, der im Ersten Weltkrieg reaktiviert wurde. Am 30. August 1914 errang seine Armee bei Tannenberg einen großen Sieg, für den aber weniger er als sein Stabschef Erich Ludendorff verantwortlich war. Er wurde zum Kriegshelden und zusammen mit Ludendorff 1916 Chef der Obersten Heeresleitung (OHL). Nach dem Krieg wirkte er entscheidend an der „Dolchstoßlüge" mit. 1925 wurde er von den rechten Kräften gedrängt, Reichspräsident zu werden. Obwohl er eigentlich Monarchist war, übte er sein Amt etwa fünf Jahre lang pflichtbewusst aus und achtete die Verfassung. Als die politischen Verhältnisse immer schwieriger wurden, regierte er ab 1930 praktisch nur noch mit Notstandsgesetzen, ohne eine Besserung zu erreichen. Schließlich ließ er sich von seinen konservativen Freunden dazu drängen, Hitler, den er persönlich verabscheute, zum Reichskanzler zu machen.
Welcher deutsche Militär und Politiker ist gemeint?

Frage 393

 Welchem der folgenden Länder erklärte Deutschland 1914 den Krieg?
(Mehrfachnennungen möglich)
- ☐ a) Russland
- ☐ b) Großbritannien
- ☐ c) Frankreich
- ☐ d) Belgien

Frage 394

 Was verstand man unter der „Burgfriedenspolitik"?

Frage 395

 Wo starben im Ersten Weltkrieg besonders viele junge Kriegsfreiwillige?
- ☐ a) Marneschlacht
- ☐ b) Ypern und Langemarck
- ☐ c) Verdun
- ☐ d) Schlacht an der Somme

Frage 396

Wer schrieb die Opern *Elektra*, *Salome*, *Der Rosenkavalier* und *Ariadne auf Naxos*?

Frage 397

 **Was hatte es mit der Versenkung der Lusitania auf sich?**

Frage 398

Wo findet sich die Inschrift „Dem deutschen Volke"?

Frage 399

 Welche Gruppe spaltete sich 1917 von der SPD ab?
- ☐ a) Kommunistische Partei Deutschlands
- ☐ b) Unabhängige Sozialdemokratische Partei Deutschlands
- ☐ c) Jusos
- ☐ d) Linke

Frage 400

 Welches war der „Kohlrübenwinter"?
- ☐ a) 1912/13
- ☐ b) 1914/15
- ☐ c) 1916/17
- ☐ d) 1919/20

Frage 401

 Was bedeutet DIN?

Frage 402

 Was bedeutet es, dass Bayern Freistaat ist?
- ☐ a) Es handelt sich um ein mittelalterliches Privileg.
- ☐ b) Der Name geht auf die Befreiung von Napoleon zurück.
- ☐ c) Gemeint ist die Freiheit von Königsherrschaft.
- ☐ d) Damit wird die Sonderrolle Bayerns im Bund unterstrichen.

Frage 403

 Er flog meist rote Maschinen und gewann viele Luftgefechte im Ersten Weltkrieg, wurde aber am 21. April 1918

selbst tödlich getroffen. Er stürzte über Australien ab und wurde dort mit militärischen Ehren bestattet. Ob er wirklich der „faire Ritter der Lüfte" war, als den ihn die Legende hinstellt, ist nicht zweifelsfrei bewiesen, wohl aber, dass er als Fliegerass auch den Respekt seiner Feinde genoss.
Wer war der sogenannte Rote Baron?

Männerspielzeug

Der Wunsch der deutschen Marineleitung nach einem „Entscheidungsgefecht" mit England rührte auch daher, dass die Kriegsschiffe kaum zum Einsatz gekommen waren – während die U-Boot-Besatzungen zu Helden geworden waren. Kaiser Wilhelms Prestigeprojekt war einerseits zu schwach, um gegen England zu bestehen, andererseits zu wertvoll, um die Schiffe leichtfertig aufs Spiel zu setzen. Auch Hermann Görings Luftwaffe erwies sich im Zweiten Weltkrieg als nicht besonders geeignet für die tatsächlichen Anforderungen.

Frage 404
 Unter welchem Namen wurde Valentin Fey bekannt?

....

Frage 405
 Warum kapitulierte Deutschland 1918?
☐ a) wegen der Novemberrevolution
☐ b) weil die Oberste Heeresleitung auf Waffenstillstandsverhandlungen drängte

Frage 406
 Welches Mitglied des Hochadels wurde im Oktober 1918 deutscher Kanzler?

....

Frage 407
 Wo begann die Novemberrevolution?

☐ a) Berlin   ☐ c) Wilhelmshaven
☐ b) München   ☐ d) Dresden

....

Frage 408
 Welcher Buchverlag verkaufte seine Bücher Anfang des 20. Jahrhunderts an Bahnhöfen in Automaten?
☐ a) Bertelsmann   ☐ c) Rowohlt
☐ b) Suhrkamp   ☐ d) Reclam

....

Frage 409
 Was tat Hitler während des Ersten Weltkriegs?

....

Frage 410
 Wer schloss den Frieden von Brest-Litowsk?

Friedenskonferenz von Brest-Litowsk

Frage 411

 Wann, wo, von wem und warum wurde die Republik ausgerufen?

....

Frage 412

 Welcher deutsche Fürst verlor im November 1918 als Erster seinen Thron?
- ❏ a) König Ludwig III. von Bayern
- ❏ b) Kaiser Wilhelm II.
- ❏ c) Günther Victor von Schwarzburg-Rudolstadt
- ❏ d) Friedrich August III. von Sachsen

....

Frage 413

 Wann endete der Erste Weltkrieg?

Der Dolchstoß des Paul Hindenburg

Dass die Alliierten in Compiègne eine bedingungslose Kapitulation forderten, war eine herbe Enttäuschung für die Deutschen, die gehofft hatten, dank ihrer neuen, „unbelasteten" Regierung einen Waffenstillstand zu milderen Bedingungen zu erreichen. Der verunsicherte Matthias Erzberger suchte Rückendeckung und erhielt vom OHL-Chef Paul Hindenburg die Anweisung, zu unterschreiben. Später war Hindenburg einer von denen, die am eifrigsten an der Dolchstoßlegende strickten, nach der die demokratischen und sozialistischen Kräfte, nicht aber das Heer an der deutschen Niederlage schuld seien.

Frage 414

 Wer entschied darüber, dass Deutschland nach dem Ersten Weltkrieg eine parlamentarische Demokratie wurde?
- ❏ a) der Kaiser
- ❏ b) die Regierung
- ❏ c) die Siegermächte
- ❏ d) die Arbeiter- und Soldatenräte

....

Frage 415

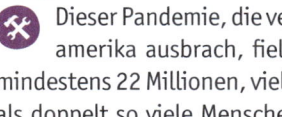 Dieser Pandemie, die vermutlich in Nordamerika ausbrach, fielen weltweit wohl mindestens 22 Millionen, vielleicht sogar mehr als doppelt so viele Menschen zum Opfer. Für Deutschland werden mindestens 300.000 Tote angenommen, die vor allem im Herbst 1918 und im ersten Quartal 1919 starben.
Welche Seuche suchte Europa direkt nach dem Ersten Weltkrieg heim?

....

Frage 416

 Wann durften Frauen in Deutschland das erste Mal wählen?
- ❏ a) bei der Wahl zum Rat der Volksbeauftragten 1918
- ❏ b) bei der Wahl zur Nationalversammlung 1919
- ❏ c) bei den Reichstagswahlen 1924
- ❏ d) bei der ersten Bundestagswahl 1949

Frauenidol Marlene Dietrich um 1925

....

Frage 417

 Wann wurden die ersten Frauen als Abgeordnete gewählt?

Frage 418

Was war das Bauhaus?

- ☐ a) eine Kunstschule
- ☐ b) eine Akademie für Architekten
- ☐ c) ein herausragendes Gebäude im Stil der Neuen Sachlichkeit in Dessau
- ☐ d) eine Architektenvereinigung

> ## „Wer hat uns verraten? Sozialdemokraten!"
> Die Ereignisse im Januar 1919 führten zu einer tiefen Feindschaft zwischen Sozialdemokraten und Sozialisten in Deutschland. Die Kommunisten verziehen der SPD den Pakt mit den rechten Kräften und die Ermordung von Luxemburg und Liebknecht nie. Die SPD-Führung um Ebert dagegen wollte damals einen kommunistischen Umsturz um jeden Preis verhindern.

Frage 419

1927 erschien ein Buch über einen zerrissenen Menschen, das 40 Jahre später bei der Jugend Kultstatus erlangte. Welches?

- ☐ a) *Kleiner Mann, was nun?* von Hans Fallada
- ☐ b) *Der Steppenwolf* von Hermann Hesse
- ☐ c) *Der Untertan* von Heinrich Mann
- ☐ d) *Im Westen nichts Neues* von Erich Maria Remarque

Frage 420

 Wie hieß der erste deutsche Reichspräsident?

- ☐ a) Friedrich Ebert
- ☐ b) Otto von Bismarck
- ☐ c) Philipp Scheidemann
- ☐ d) Paul von Hindenburg

Frage 421

Was verstand man unter Arbeiterräten und einer Räterepublik?

Frage 422

Die Berliner Arztgattin wurde berühmt durch ihre sozialkritischen Kunstwerke. Ihr Mann war Armenarzt im Bezirk Prenzlauer Berg. Vor allem der Tod eines Sohnes im Ersten Weltkrieg machte sie zur Pazifistin und überzeugten Sozialistin. Obwohl ihre Plastiken und Grafiken noch von Kaiser Wilhelm II. als „Rinnsteinkunst" abgelehnt worden waren, schaffte sie es 1919, als erste Frau in die Preußische Akademie der Künste aufgenommen zu werden. 1933 wurde sie jedoch von den Nationalsozialisten mit Ausstellungsverbot belegt.
Wie hieß die Künstlerin?

Frage 423

Wie hieß der sozialkritische Kunststil, dem u. a. George Grosz und Otto Dix angehörten?

- ☐ a) Dadaismus
- ☐ c) Expressionismus
- ☐ b) Kubismus
- ☐ d) Neue Sachlichkeit

Frage 424

 Der Vertrag, der am 28. Juni 1919 unterzeichnet wurde, verpflichtete Deutschland zu hohen Reparationsleistungen und der Abtretung vieler Gebiete (u. a. Elsass-Lothringen, Westpreußen, die Kolonien). Außerdem mussten Deutschland und Österreich die volle Kriegsschuld auf sich nehmen. Historisch ist das zwar korrekt, doch die deutsche Bevölkerung glaubte damals immer noch, 1914 von Russland und Frankreich überfallen worden zu sein. Deswegen galt der Vertrag allgemein als „Diktat der Sieger" und spielte den Rechten in die Hände.

Um welchen Vertrag geht es?

Frage 425
 Warum wurden Rosa Luxemburg und Karl Liebknecht ermordet?

Frage 426
 Wurde die NSDAP von Adolf Hitler gegründet?

Frage 427
 Gegen wen richtete sich der Kapp-Putsch?

Frage 428
 Welcher Film stammt nicht von Fritz Lang?

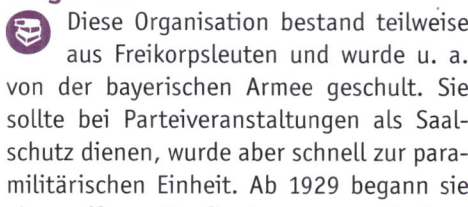
Fritz Lang

☐ a) *Nosferatu, eine Symphonie des Grauens*
☐ b) *Dr. Mabuse, der Spieler*
☐ c) *Metropolis*
☐ d) *M – Eine Stadt sucht einen Mörder*

Frage 429
 Diese Organisation bestand teilweise aus Freikorpsleuten und wurde u. a. von der bayerischen Armee geschult. Sie sollte bei Parteiveranstaltungen als Saalschutz dienen, wurde aber schnell zur paramilitärischen Einheit. Ab 1929 begann sie einen offenen Straßenterror gegen Andersdenkende.

Wie hieß der 1921 gegründete „Ordnungsdienst" der NSDAP?

Frage 430
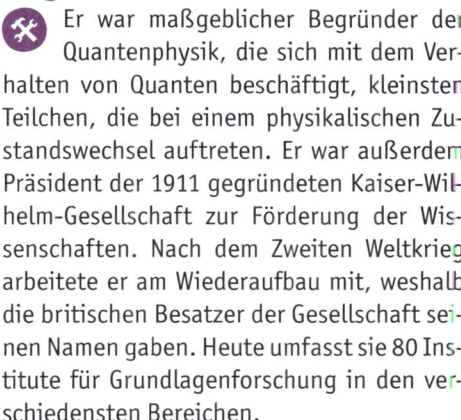 **Was war das Zentrum?**

Frage 431
Er war maßgeblicher Begründer der Quantenphysik, die sich mit dem Verhalten von Quanten beschäftigt, kleinsten Teilchen, die bei einem physikalischen Zustandswechsel auftreten. Er war außerdem Präsident der 1911 gegründeten Kaiser-Wilhelm-Gesellschaft zur Förderung der Wissenschaften. Nach dem Zweiten Weltkrieg arbeitete er am Wiederaufbau mit, weshalb die britischen Besatzer der Gesellschaft seinen Namen gaben. Heute umfasst sie 80 Institute für Grundlagenforschung in den verschiedensten Bereichen.

Nach wem ist die Gesellschaft benannt?

Frage 432
 Welche Politiker der Weimarer Republik wurden von Rechtsradikalen ermordet? (Mehrfachnennungen möglich)

❑ a) Friedrich Ebert
❑ b) Gustav Stresemann
❑ c) Matthias Erzberger
❑ d) Walther Rathenau

Frage 433

 1923 begann der „Ruhrkampf", der Deutschland täglich 40 Millionen Mark kostete. Was hatte das zur Folge?

Frage 434

 Was ist der Unterschied von Reichswehr und Wehrmacht?

Die Goldenen Zwanziger

Diese viel beschworene Epoche dauerte nur fünf Jahre und war auch nur für eine Minderheit golden. Zwischen 1924 und 1929, dem Ende der Inflation und dem Beginn der Weltwirtschaftskrise, kam es in Deutschland dank amerikanischer Milliardenkredite zu einer wirtschaftlichen Konsolidierung. Manchem gelang es, ein Vermögen zu machen und ein rauschendes Luxusleben zu führen. Auch viele deutsche Künstler und Wissen-

schaftler schufen damals Werke von Weltgeltung. Doch für den Großteil der Menschen blieb das Leben hart.

Titelblatt einer Zeitschrift in den „Goldenen Zwanzigern"

Frage 435

 Im November 1923 putschte der ehemalige Chef der OHL, General Ludendorff. Mit wem?

Frage 436

 Wann schrieb Hitler *Mein Kampf*?

Frage 437

Wer ist dieser Dramatiker?

Frage 438

Woher hatte die Weimarer Republik ihren Namen?
❑ a) Sie wurde in Weimar gegründet.
❑ b) Die Regierung saß in Weimar.
❑ c) Die Weimarer Republik erstreckte sich nur auf das Land Sachsen-Weimar.
❑ d) Die Verfassung wurde in Weimar erarbeitet.

Frage 439

Wo wurde eine Räterepublik gegründet?
❑ a) Baden   ❑ c) Berlin
❑ b) Bayern   ❑ d) Sachsen

Frage 440

 Welcher Politiker der Weimarer Republik erhielt den Friedensnobelpreis?

☐ a) Walther Rathenau
☐ b) Matthias Erzberger
☐ c) Gustav Stresemann
☐ d) Paul von Hindenburg

Frage 441

Er spielte in rund 100 Filmen meistens die Rolle des kleinen Mannes. Seine bekanntesten Werke sind *Die Feuerzangenbowle* und *Der Hauptmann von Köpenick*. Allerdings wurde er auch für seine fehlende Nähe zum Nationalsozialismus und Filme wie *Quax der Bruchpilot* kritisiert. 1930 wurde er mit *Die drei von der Tankstelle* bekannt und 2006 in der ZDF-Sendung *Unsere Besten* zum beliebtesten deutschen Schauspieler gewählt.
Wer ist es?

Frage 442

1928 wurde in Berlin ein Stück von Brecht und dem Komponisten Kurt Weill uraufgeführt, das zum größten Theatererfolg der Weimarer Republik wurde. Auch heute sind seine Lieder noch sehr populär.
Wie heißt es?

Frage 443

Die Krise begann mit einem Börsencrash am „Schwarzen Freitag", dem 25. Oktober. Deutschland wurde besonders hart getroffen, da es noch keine wirkliche Konsolidierung der Wirtschaft gegeben hatte und die zerstrittenen politischen Parteien sich nicht auf eine Lösung einigen konnten. Die Krise führte deshalb zu einer weiteren Radikalisierung. Vor allem die Deutschnationale Volkspartei und die bis dato unbedeutende NSDAP fanden nun großen Zulauf. Aber auch die KPD arbeitete auf eine weitere Schwächung der politischen Strukturen hin.
In welchem Jahr kam es zur Weltwirtschaftskrise?

Frage 444

Er war ein einflussreicher Großindustrieller. Zu seinem Konzern gehörte ein Medienimperium, das die Hälfte der Presse beherrschte. Dies nutzte er für eine nationalistische Politik, deren Ziel die Wiedereinführung der Monarchie war. Außerdem gründete er die Deutschnationale Volkspartei (DNVP). Diese schloss nach 1929 Bündnisse mit allen anderen rechtsextremen Kräften. Er wurde zum Steigbügelhalter der NSDAP, der er durch seine Presseorgane, aber auch seine gesellschaftlichen Verbindungen massiv half. 1933 wurde er Landwirtschaftsminister, musste aber schon im Juni alle Ämter aufgeben und verfiel der Bedeutungslosigkeit.
Wie hieß der Unternehmer?

Frage 445

Er gilt als einer der bedeutendsten Architekten der Moderne, der das Prinzip „Weniger ist mehr" vertrat und äußerst schlichte, geradlinige Bauten schuf, die jedoch durch edle Materialien und genau inszenierte Effekte große Eleganz ausstrahlen. 1937 emigrierte er wegen der Nazis, die seinen Stil als „undeutsch" empfanden, in die USA, wo er großen Erfolg hatte und wegweisende Wolkenkratzer, wie das Seagram Building in New York, baute.

Welcher deutsche Architekt schuf die Neue Nationalgalerie in Berlin, die Villa Tugendhat in Brünn und den deutschen Pavillon für die Weltausstellung in Barcelona 1929?

Frage 446

Der Held in welchem Roman ist Franz Biberkopf?

- a) *Wer einmal aus dem Blechnapf frisst*, Hans Fallada
- b) *Das kunstseidene Mädchen*, Irmgard Keun
- c) *Der Zauberberg*, Thomas Mann
- d) *Berlin Alexanderplatz*, Alfred Döblin

Frage 447

Welche NS-Größe war Mitglied der Unternehmerfamilie Quandt?

Frage 448

In welchem seiner Romane schilderte Thomas Mann den Verfall einer Lübecker Kaufmannsfamilie?

- a) *Joseph und seine Brüder*
- b) *Die Buddenbrooks*
- c) *Bekenntnisse des Hochstaplers Felix Krull*
- d) *Doktor Faustus*

Frage 449

Nicht nur Thomas Mann, sondern auch mehrere seiner Verwandten wurden berühmt. Wie hießen sie?

- a) _____ Mann, Bruder, Schriftsteller (*Der Untertan*, *Professor Unrat*)
- b) _____ Mann, Tochter, Kabarettistin („Die Pfeffermühle" in München)
- c) _____ Mann, Sohn, Schriftsteller (*Mephisto*, *Der Vulkan*)
- d) _____ Mann, Sohn, Historiker (*Wallenstein*)

Frage 450

Welches Unternehmen gründete Gustav Schickedanz?

Frage 451

Wer schuf die Plastik *Lesender Klosterschüler*?

Frage 452

1930 machte der Film *Der blaue Engel* Furore. Gedreht wurde er von Josef von Sternberg (1894–1969) mit Emil Jannings und Marlene Dietrich in den Hauptrollen. Für Aufsehen sorgte vor allem die Dietrich mit ihrem Lied *Ich bin von Kopf bis Fuß auf Liebe eingestellt*, das der Revuekomponist Friedrich Hollaender (1896–1976) schrieb. **Wer schuf die literarische Vorlage?**

Frage 453

Schrieb Erich Kästner nur Kinderbücher?

Erich Kästner

Frage 454

 Er war Herausgeber der Wochenzeit-schrift *Die Weltbühne*, die nicht nur ein bedeutendes künstlerisches Forum war, sondern auch als linkes, politisches Blatt eine große Rolle spielte. Außerdem war er eine der Führungsfiguren der Friedensbewegung. 1933 nahmen ihn die Nazis fest und internierten ihn in mehreren Konzentrationslagern, obwohl seine ins Ausland geflohenen Kollegen sich in einer großen öffentlichen Kampagne für seine Freilassung einsetzten. 1936 erhielt er den Friedensnobelpreis, durfte aber nicht aus Deutschland ausreisen und starb schließlich an gesundheitlichen Folgen der KZs.
Wie hieß der Journalist und Pazifist?

Frage 455

 Von wem stammt der Satz „Soldaten sind Mörder"?

Frage 456

 1932 waren über sechs Millionen Menschen arbeitslos. Wie hoch war die Arbeitslosenquote?

☐ a) rund 12 Prozent ☐ c) rund 30 Prozent
☐ b) rund 20 Prozent ☐ d) rund 42 Prozent

Frage 457

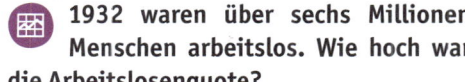 **Wer ist Tante Ju?**

Frage 458

 Welcher Roman ist nicht von Hermann Hesse?

☐ a) *Narziss und Goldmund* (1930)
☐ b) *Das Beil von Wandsbek* (1947)
☐ c) *Das Glasperlenspiel* (1943)
☐ d) *Siddhartha* (1922)

Die Wahlergebnisse

Am 14. September 1930 bekam die SPD 24,5 Prozent (–5,3), die NSDAP 18,2 (+15,7) und die KPD 13,1 (+2,5). Bei den nächsten Wahlen am 21. Juli 1932 wurde die NSDAP mit 37,3 Prozent stärkste Kraft, die SPD erhielt 21,6 Prozent, die KPD 14,3. Als sich Hindenburg, da sich keine Mehrheiten für einen politischen Kurs fanden, am 6. November 1932 schon wieder wählen ließ, verlor die NSDAP leicht (33,1 Prozent). Die SPD bekam 20,4 Prozent und die KPD 16,9. Daneben gab es das Zentrum mit relativ stabilen 12 Prozent und diverse kleinere Parteien.

Frage 459

 Wer war Heinrich Brüning?

Frage 460

 Welche Rolle spielten
Franz von Papen und Kurt von Schleicher?

Franz von Papen

Frage 461
 Wie kamen die Nationalsozialisten 1933 an die Macht?
- ❑ a) Sie gewannen Wahlen.
- ❑ b) Adolf Hitler wurde zum Reichskanzler ernannt.
- ❑ c) Sie führten einen Staatsstreich durch.
- ❑ d) Es gab eine Volkserhebung.

Das Kabinett Hitler
Formal wurde am 30. Januar 1933 eine Koalitionsregierung eingesetzt, die zwar von Hitler geführt wurde, in der aber nur zwei von zehn Ministern der NSDAP angehörten. Die anderen waren entweder parteilose Konservative oder Mitglieder von Hugenbergs DNVP. Allerdings hatten NS-Innenminister Wilhelm Frick und Hermann Göring als Reichskommissar für das preußische Innenministerium die Polizei unter sich und konnten so verhindern, dass diese gegen den SA-Terror und die anderen illegalen NS-Aktionen einschritt.

Frage 462
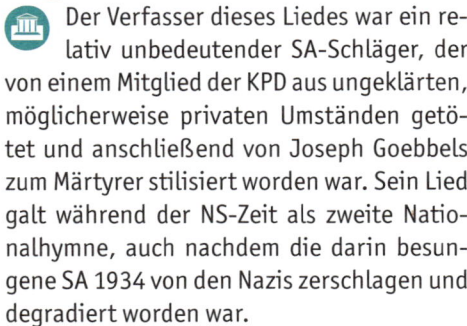 Der Verfasser dieses Liedes war ein relativ unbedeutender SA-Schläger, der von einem Mitglied der KPD aus ungeklärten, möglicherweise privaten Umständen getötet und anschließend von Joseph Goebbels zum Märtyrer stilisiert worden war. Sein Lied galt während der NS-Zeit als zweite Nationalhymne, auch nachdem die darin besungene SA 1934 von den Nazis zerschlagen und degradiert worden war.
Welches Nazilied begann mit den Zeilen „Die Fahne hoch! Die Reihen fest geschlossen"?

Frage 463
 Welche Rolle spielte die Reichswehr im NS-Regime?

Frage 464
 Was geschah am 27. Februar 1933?

Frage 465
 Wann entstand das erste KZ?

Frage 466
 Wann begann die Verfolgung der Juden?

Frage 467
 Wann wurde die Gestapo gegründet?
- ❑ a) 1923
- ❑ b) 1933
- ❑ c) 1936
- ❑ d) 1939

Frage 468
 Kam es unter Hitler zu einem wirtschaftlichen Aufschwung?

Frage 469

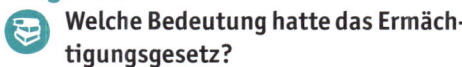 **Welche Bedeutung hatte das Ermächtigungsgesetz?**

❑ a) Hitler ermächtigte damit alle Staatsorgane, gegen die Juden vorzugehen.

❑ b) Die SA und SS bekamen besondere Rechte.

❑ c) Der Reichstag trat seine Gesetzgebungskompetenz an Hitler ab.

❑ d) Es war der Beginn der deutschen Kriegsvorbereitungen.

Frage 470

 Was war ein Pimpf?

Frage 471

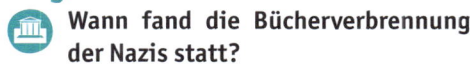 **Wann fand die Bücherverbrennung der Nazis statt?**

❑ a) 1929

❑ b) 1933

❑ c) 1935

❑ d) 1941

Frage 472

 Was war das Winterhilfswerk?

Frage 473

 Was hatte es mit Hitlers Autobahnprogramm auf sich?

Frage 474

 Gab es unter den Nazis Reichstagswahlen?

Frage 475

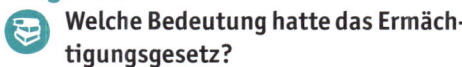 Diesen Putsch gab es nie und es war vermutlich auch nie einer geplant. Am 1. Juli 1934 ließ Adolf Hitler den homosexuellen und politisch unzuverlässigen Führer der SA unter dem Vorwand, er habe einen Putsch geplant, ermorden. Außerdem wurden in der „Nacht der langen Messer" über 200 weitere missliebige Personen umgebracht, darunter viele SA-Führer, aber auch konservative Politiker der Weimarer Republik wie der Ex-Kanzler Kurt von Schleicher und seine Frau, der ehemalige bayerische Ministerpräsident Gustav Ritter von Kahr oder der katholische Publizist Fritz Gerlich.

Wie hieß der Putsch und wer hatte ihn angeblich geplant?

Die Gestapo

Im Frühjahr 1934 wurde die Gestapo Heinrich Himmler unterstellt und von dessen Stellvertreter Reinhard Heydrich zur gefürchteten Terrororganisation ausgebaut, die Regimegegner festnehmen, ohne Einschaltung der Justiz bestrafen und sogar exekutieren konnte. Mit nur rund 32.000 Mitarbeitern war sie im Vergleich zu anderen geheimen Polizeiorganisationen relativ klein. Doch sie verstand es, sich mit einer solch schrecklichen Aura zu umgeben, dass die Menschen sich auf Schritt und Tritt überwacht wähnten und etwa oppositionelle Flugblätter sofort abgaben oder regimefeindliche Aussagen anzeigten, weil sie Angst hatten, sonst wegen Unterlassung belangt zu werden.

Frage 476

 Welcher deutsche Satiriker starb 1935 im schwedischen Exil an einer Überdosis Schlaftabletten?

Frage 477

 Drängten die Nazis zum Eintritt in die NSDAP?

Frage 478

 Mit diesen Gesetzen vom 15. September 1935 verboten die Nazis sowohl Ehe als auch Geschlechtsverkehr zwischen Juden und Nichtjuden. Außerdem verloren die Juden das Bürger- und das Wahlrecht. Die Gesetze waren der Auftakt zu immer rigideren Repressalien, die anfangs noch das Ziel hatten, alle deutschen Juden zur Auswanderung zu bewegen. Viele taten das auch. Doch dieser Weg stand nur jenen offen, die über genügend Vermögen verfügten und ein Land fanden, das sie aufnahm.
Unter welchen Namen gingen die Gesetze in die Geschichte ein?

Missbrauchte Arier

Als „Arier" haben die NS-Rassenideologen ihre erfundene, blonde „Herrenrasse" bezeichnet. Wissenschaftlich gesehen stellen die Arier jedoch den indisch-iranischen Zweig der indoeuropäischen Sprachfamilie dar. Die einzige Gruppe, die in Nazi-Deutschland zu diesem Zweig gehörte, waren die verfolgten Roma.

Frage 479

 Wo marschierte Hitler am 7. März 1936 ein?
☐ a) Österreich   ☐ c) Rheinland
☐ b) Sudetenland   ☐ d) Saarland

Frage 480

 Wer besiegte am 19. Juni 1936 den Boxer Joe Louis?

Frage 481

 Die Olympischen Sommerspiele von 1936 in Berlin wurden zu einem Propagandaspektakel der Nationalsozialisten. Das zeigen auch zwei Filme. Wer drehte sie?

Frage 482

 Wer war mit vier Goldmedaillen der Held der Olympischen Spiele von Berlin?

Frage 483

 Dieser Industrielle pflegte ab 1931 enge Kontakte zu den Nationalsozialisten, wurde wichtigster Rüstungslieferant des Regimes und beschäftigte in großem Umfang Zwangsarbeiter. Deshalb wurde er in den Nürnberger Prozessen 1947 wegen Sklavenarbeit und Plünderung von Wirtschaftsgütern zu zwölf Jahren Haft verurteilt. Allerdings begnadigten die US-Besatzungsmächte ihn schon 1951 und erstatteten ihm sogar sein Vermögen unter Auflagen zurück.
Um welchen Unternehmer geht es?

Frage 484

 Am 6. Mai 1937 verunglückte die Hindenburg. Was war sie?

☐ a) ein Schiff ☐ c) ein Flugzeug
☐ b) eine Lokomotive ☐ d) ein Zeppelin

Frage 485

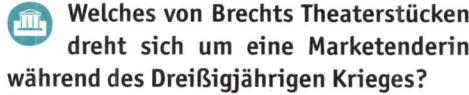 **Was war die Legion Condor?**

Frage 486

 Welches von Brechts Theaterstücken dreht sich um eine Marketenderin während des Dreißigjährigen Krieges?

☐ a) *Der gute Mensch von Sezuan*
☐ b) *Der kaukasische Kreidekreis*
☐ c) *Die heilige Johanna der Schlachthöfe*
☐ d) *Mutter Courage*

Frage 487

 Was bezeichnete man als „Arisierung"?

Frage 488

 Welcher von Hitlers Handlangern nannte sich Reichsmarschall?

☐ a) Heinrich Himmler
☐ b) Rudolf Heß
☐ c) Hermann Göring
☐ d) Reinhard Heydrich

Frage 489

Dieser umstrittene Autor schrieb u. a. *In Stahlgewittern*, das auf seinen Kriegstagebüchern aus dem Ersten Weltkrieg beruht. Darin beschreibt er die Erlebnisse in aller Brutalität, aber auch als faszinierendes Erlebnis. In der Weimarer Republik stellte er sich gegen die Demokratie, nach 1933 entzog er sich aber einer Vereinnahmung durch die Nazis, deren Totalitarismus der sehr elitär denkende Schriftsteller ablehnte. Sein Roman *Auf den Marmorklippen* (1939) schildert

die Machtergreifung der Nazis im Rahmen eines Fantasy-Romans. Später hatte er als Offizier im Zweiten Weltkrieg Kontakt zum Widerstand. **Wie hieß der Schriftsteller?**

Mephisto

1936 veröffentlichte Klaus Mann (1906–49) in Amsterdam *Mephisto – Roman einer Karriere*. Dieser wurde lange Zeit verboten, weil die Hauptfigur große Ähnlichkeiten mit Manns ehemaligem Schwager Gustaf Gründgens (1900–63) aufwies. Über der Gründgensdebatte gerät oft in den Hintergrund, wie hellsichtig Mann bereits 1936 und noch dazu aus der Ferne das Nazisystem in all seiner abgrundtiefen Verworfenheit und seiner verlogenen Inszenierung darstellte.

Frage 490

 Welche Stadt wurde unter dem Namen „Stadt des KdF-Wagens bei Fallersleben" gegründet?

Frage 491

 Wem gelang die erste Atomspaltung?

- ☐ a) Marie Curie
- ☐ b) Albert Einstein
- ☐ c) Lise Meitner
- ☐ d) Otto Hahn und Fritz Straßmann

Frage 492

 Wann fand die Reichspogromnacht statt?

Frage 493

 Was versteht man unter den Sudeten?

- ☐ a) ein Gebirge, das sich über Tschechien, Polen und Deutschland erstreckt
- ☐ b) das tschechische Gebiet, in dem vor dem Zweiten Weltkrieg Deutsche lebten
- ☐ c) Deutsche, die früher in Tschechien lebten
- ☐ d) eine Region, die im Mittelalter zu Deutschland, später zu Böhmen gehörte

Frage 494

 Wie hängen die Autohersteller VW und Porsche zusammen?

Frage 495

 Was bedeutete die Abkürzung „SS" und wer leitete diese NS-Organisation?

Frage 496

 In welcher Reihenfolge griff Nazi-Deutschland die folgenden Länder an?
Frankreich, Tschechoslowakei, Dänemark und Norwegen, Sowjetunion, Polen, Griechenland und Jugoslawien, Großbritannien

Frage 497

 Hinter welchem Codenamen verbirgt sich welches Kriegsereignis?

- ☐ a) Operation Overlord
- ☐ b) Unternehmen Barbarossa
- ☐ c) Unternehmen Weserübung
- ☐ d) Unternehmen Zitadelle

1) deutscher Angriff auf die russische Stadt Kursk im Juli 1943, der zur größten Panzerschlacht aller Zeiten wurde
2) Überfall auf Dänemark und Norwegen
3) Landung der Alliierten in der Normandie
4) deutscher Angriff auf die Sowjetunion

Frage 498

 Wer war Georg Elser?

Frage 499

Die „Lieder aus Beuern", eine Sammlung mittelalterlicher Vagantenlieder, wurden im 14. Jahrhundert im Kloster Benediktbeuern aufgeschrieben. 1935 verarbeitete der Komponist Carl Orff (1895–1982) 24 der Lieder zu einem in sich geschlossenen Stück. **Wie heißt sein Werk?**

Frage 500

Wie wurden Deutschland und seine Verbündeten im Zweiten Weltkrieg genannt?

❏ a) Dreibund ❏ c) Achsenmächte
❏ b) Triple Entente ❏ d) Alliierte

Frage 501

Welche Widerstandsgruppe rief Helmuth James Graf von Moltke ins Leben?

❏ a) Rote Kapelle
❏ b) Gruppe um die
    Attentäter des
    20. Juli 1944
❏ c) Kreisauer Kreis
❏ d) Weiße Rose

Graf von Moltke

Frage 502

Vordergründig spielt das Stück unter Gangstern im Chicago der Prohibitionszeit, doch die Parallelen zur Machtergreifung der Nazis sind unübersehbar. Geschrieben wurde das Stück 1941 im finnischen Exil, erstmalig aufgeführt erst 1958.

Wer persiflierte in dem Drama *Der unaufhaltsame Aufstieg des Arturo Ui* das Nazireich?

Operation Walküre

Unter diesem Titel wurde 2008 das Stauffenberg-Attentat verfilmt. Tatsächlich war „Operation Walküre" ein geheimer Plan der Nazis für den Fall eines Umsturzversuchs. Die Verschwörer des 20. Juli arbeiteten diesen Plan für ihre Zwecke um. Sie wollten nach dem Attentat weitere führende Nazis unter dem Vorwand außer Gefecht setzen, Hitler sei von Leuten aus den eigenen Reihen ermordet worden.

Frage 503

Ab wann mussten Juden in Deutschland einen gelben Stern tragen?

❏ a) ab 1933 ❏ c) ab 1941
❏ b) ab 1935 ❏ d) ab 1944

Frage 504

Welcher Vertraute Hitlers flog 1941 nach Großbritannien?

Frage 505

In dem Exilroman *Das siebte Kreuz* fliehen sieben Häftlinge aus dem KZ Westhofen. Der Kommandant lässt im Lager sieben Kreuze errichten und schwört, die Flüchtigen bis zum Wochenende dort hinzurichten. Doch ein Kreuz bleibt leer, weil der Kommunist Georg Heisler dank der Hilfe

vieler anderer Menschen entkommen kann. Der Roman wurde 1944 verfilmt und machte die Autorin weltweit berühmt. Andere bedeutende Werke von ihr sind *Der Aufstand der Fischer von St. Barbara*, *Der Ausflug der toten Mädchen* und *Transit*. **Wer schrieb *Das siebte Kreuz*?**

Frage 506
 Was war die „Aktion Reinhardt"?

❑ a) Ermordung aller Juden und Roma im deutsch besetzten Polen
❑ b) Angriff auf die Sowjetunion
❑ c) Tötung der geistig Behinderten
❑ d) Vergeltungsaktion nach der Ermordung von Reinhard Heydrich

Die Zwangsarbeiter
Nach Schätzungen der Historiker wurden während des Zweiten Weltkriegs zwischen sieben und zwölf Millionen Menschen als Zwangsarbeiter nach Deutschland deportiert, davon mindestens die Hälfte Frauen, viele in erst jugendlichem Alter. Besonders „Ostarbeiter" waren völlig rechtlos und wurden oft gezwungen, sich zu Tode zu arbeiten. Wie viele umkamen, weiß man nicht. Schwangere Frauen wurden oft zur Abtreibung gezwungen oder man steckte die Kinder in ein Heim, in dem fast alle starben.

Frage 507
 Wer war Edith Stein?

Frage 508
 Was war die Rote Kapelle?

Frage 509
 Was war Z3?

❑ a) eine Rakete
❑ b) der erste Computer
❑ c) eine Dienststelle der Gestapo
❑ d) eine Verfügung gegen die Juden

Konrad Zuse

Frage 510
 Dieser Priester führte einen erbitterten Kampf gegen die Einmischung der Nationalsozialisten in kirchliche Belange. Berühmt wurde er durch drei vehemente Predigten im Sommer 1941, in denen er das Euthanasieprogramm der Nazis geißelte. Da die Nazis ihn nicht zum Märtyrer machen wollten und Unruhen im traditionell sehr katholischen Münsterland befürchteten, stoppten sie das Programm zumindest öffentlich und beschlossen, erst nach Kriegsende mit dem Kirchenmann abzurechnen. **Wer war der „Löwe von Münster"?**

Frage 511
Wo plante Hitler seine „Welthauptstadt Germania"?

Holocaust

Holocaust ist ein alter griechischer Begriff für Brandopfer. Er wurde im angelsächsischen Raum erst für die Ermordung der Armenier durch die Türken und dann für den Völkermord der Nazis an den Juden verwendet. 1979 wurde er durch eine viel beachtete US-Fernsehserie gleichen Namens auch in Deutschland verbreitet.

Frage 512

 Wer war Hitlers persönlicher Sekretär?

- ❏ a) Reinhard Heydrich
- ❏ b) Martin Bormann
- ❏ c) Heinrich Himmler
- ❏ d) Traudl Junge

Frage 513

 Wer war „Des Teufels General"?

Frage 514

Was wurde auf der Wannseekonferenz besprochen?

Frage 515

 Er gilt als der fanatischste und unerbittlichste aller NS-Richter. Seine Verfahren waren fast ausnahmslos Schauprozesse, deren Urteil von vornherein feststand. Er nutzte die Verhandlungen, um die Angeklagten auf das Möglichste zu demütigen und mit gebrüllten Beleidigungen einzudecken.

Während seiner Präsidentschaft wurden etwa 5000 Todesurteile verhängt, davon mehr als die Hälfte von ihm persönlich. Zu den Opfern gehörten u. a. die Mitglieder der Weißen Rose und die Attentäter vom 20. Juli 1944. Er starb bei einem Bombenangriff.
Wer war von 1942 bis 1945 Präsident des NS-Volksgerichtshofes?

Frage 516

 Über wen machte sich Ernst Lubitsch mit seiner Filmklamotte *Sein oder Nichtsein* lustig?

Frage 517

 Wer war der „Wüstenfuchs"?

Frage 518

Welches Kriegsereignis dauerte vom August 1942 bis zum Februar 1943?
- ❏ a) Schlacht um die Seelower Höhen
- ❏ b) Schlacht um Stalingrad
- ❏ c) Ardennenoffensive
- ❏ d) Luftkrieg gegen England

Frage 519

Als Jugendlicher las er begeistert Jules Verne und träumte von der bemannten Raumfahrt. Während der Nazizeit führten seine Forschungen zunächst zum Bau der V2-Rakete. Diese kam erst gegen Kriegsende zum Einsatz und hatte keine große militärische Bedeutung mehr, aber bei ihrer Herstellung kamen vermutlich über 10.000 KZ-

Häftlinge um. Nach dem Krieg rekrutierten ihn die Amerikaner. Als Entwickler der Saturn-V-Rakete legte er den Grundstein für die US-Raumfahrt und wurde trotz seiner NS-Vergangenheit in den Vereinigten Staaten äußerst populär.
Wie hieß der Raketentechniker?

Frage 520

 Wer war der „Todesarzt von Auschwitz"?

Frage 521

 Wann forderte Joseph Goebbels den „totalen Krieg"?
- ❑ a) anlässlich des Münchner Abkommens 1938
- ❑ b) vor dem Einmarsch in die Sowjetunion 1941
- ❑ c) nach der Niederlage bei Stalingrad 1943
- ❑ d) nach der Landung der Alliierten in der Normandie 1944

Frage 522

 Was versteht man unter „Schoah"?

Frage 523

 Wer starb mit Hans und Sophie Scholl?
- ❑ a) Alexander Schmorell
- ❑ b) Willi Graf
- ❑ c) Kurt Huber
- ❑ d) Christoph Probst

Frage 524

 Wann versuchte Claus Schenk von Stauffenberg, Hitler umzubringen?

Claus Schenk von Stauffenberg

Frage 525

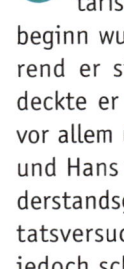 **Wer inszenierte den Warschauer Aufstand im August 1944?**
- ❑ a) die Jüdische Kampforganisation (ZOB)
- ❑ b) die polnische Heimatarmee

Frage 526

Dieser Admiral war der Chef der militärischen Spionageabwehr. Bei Kriegsbeginn wurde er zum Gegner Hitlers. Während er sich nach außen hin loyal gab, deckte er Gegner des Regimes, knüpfte – vor allem über seine Mitarbeiter Hans Oster und Hans von Dohnanyi – Kontakte zu Widerstandsgruppen und war sogar an Attentatsversuchen gegen Hitler beteiligt, die jedoch scheiterten. Er soll auch Kontakte zum britischen Geheimdienst gehabt haben. Wie weit sein Einfluss aber wirklich reichte, ist Gegenstand vieler Spekulationen. Im Februar 1944 ließ ihn Himmler, der misstrauisch geworden war, ablösen. Nach dem 20. Juli wurde er dann festgenommen und im April gehängt, ebenso wie Oster und Dohnanyi.
Wie hieß der Abwehrchef?

Frage 527

 Welche deutsche Stadt wurde als Erste durch die Alliierten von den Nazis befreit?

- ☐ a) Remagen
- ☐ b) Berlin
- ☐ c) Aachen
- ☐ d) Oppenheim

Frage 528

 Was war der Volkssturm?

Frage 529

 In welchem Konzentrationslager wurden die meisten Menschen umgebracht?

- ☐ a) Dachau
- ☐ b) Treblinka
- ☐ c) Auschwitz
- ☐ d) Bergen-Belsen

Lichtenberg und Leisner

1996 sprach Papst Johannes Paul II. den Berliner Dompropst Bernhard Lichtenberg (1875–1943) und Karl Leisner (1915–45) selig, die beide infolge ihrer KZ-Haft starben. Lichtenberg wurde wegen seines Einsatzes für die Verfolgten des NS-Regimes – als einer von derzeit 455 Deutschen – auch als „Gerechter unter den Völkern" geehrt. Leisner war wegen verbotener Jugendarbeit ins KZ Dachau gekommen und im Lager heimlich zum Priester geweiht worden.

Frage 530

 Welcher dieser Pfarrer überlebte den Nationalsozialismus?

- ☐ a) Alfred Delp
- ☐ b) Martin Niemöller
- ☐ c) Dietrich Bonhoeffer
- ☐ d) Paul Schneider

Frage 531

 Was passierte in der Nacht vom 13. auf den 14. Februar 1945 in Dresden?

Dresden

Frage 532

 Sie starb im März 1945 im KZ von Bergen-Belsen, aber ihr später veröffentlichtes Tagebuch machte sie weltberühmt.
Wen?

Frage 533

 Wann endete der Zweite Weltkrieg?

Frage 534

 Wie viele Todesopfer forderten NS-Diktatur und Zweiter Weltkrieg?

- ☐ a) rund 7 Millionen
- ☐ b) rund 15 Millionen
- ☐ c) mindestens 55 Millionen
- ☐ d) über 100 Millionen

Frage 535

Welcher Teil Deutschlands wurde 1945 von welchem Westalliierten besetzt?

a) Bayern, Hessen, nördliches Baden-Württemberg, Bremen: _____

b) Nordrhein-Westfalen, Niedersachsen, Schleswig-Holstein, Hamburg: _____

c) Rheinland-Pfalz, südliches Baden-Württemberg: _____

Frage 536

Hier trafen sich der britische Premierminister Churchill, US-Präsident Truman und Sowjetchef Stalin vom 17. Juli bis zum 2. August, um über die Nachkriegsordnung zu beraten. Da sie sich aber in entscheidenden Punkten nicht einigen konnten, markiert diese Konferenz auch den Beginn des Kalten Krieges. Stalin setzte die Annexion Ostpolens durch die Sowjetunion und die Verschiebung der polnischen Westgrenze an die Oder durch.

Welche Konferenz fand im Sommer 1945 im Schloss Cecilienhof statt?

Churchill, Truman und Stalin 1945 auf Schloss Cecilienhof

Frage 537

Wer gründete den *Spiegel*?

☐ a) Stefan Aust   ☐ c) Rudolf Augstein
☐ b) Henri Nannen   ☐ d) Helmut Markwort

Frage 538

Welche Besonderheit weisen die polnischen Städte Gubin, Słubice und Zgorzelec auf?

Frage 539

Wurden die Trümmerfrauen entlohnt?

Frage 540

Wann wurde der Axel-Springer-Verlag gegründet?

☐ a) 1923   ☐ c) 1946
☐ b) 1938   ☐ d) 1954

Frage 541

Wurden bei den Nürnberger Prozessen Todesurteile verhängt?

Frage 542

Was war ein „Persilschein"?

Frage 543

Wurde jeder Deutsche entnazifiziert?

Frage 544

Was war *Draußen vor der Tür*?

Frage 545

Wer trug in der DDR das „Blauhemd"?

Frage 546

 Wie heißen folgende Städte heute?

☐ a) Königsberg ☐ c) Danzig
☐ b) Breslau ☐ d) Eger

Frage 547

 Wer schickte die CARE-Pakete?

Das CARE-Paket

Ein CARE-Paket enthielt Lebensmittel mit einem Nährwert von etwa 40.000 Kilokalorien: verschiedene Fleischwaren in Dosen, Margarine, Schmalz, Zucker, Honig, Reis, Dosenobst, Schokolade, Eipulver, Milchpulver, Kaffee, Kakao und Rosinen.

Kind mit CARE-Paket 1948 in Berlin

Frage 548

 Diese Gruppe deutscher Schriftsteller traf sich auf Anregung von Hans Werner Richter (1908–93) zwischen 1947 und 1967 regelmäßig, um nach dem Krieg wieder ein literarisches Leben in Deutschland auf die Beine zu stellen, aber auch, um als Schriftsteller aktiv an der Etablierung der Demokratie mitzuarbeiten. Zu den Mitgliedern gehörten Ilse Aichinger, Alfred Andersch, Ingeborg Bachmann, Heinrich Böll, Hans Magnus Enzensberger, Erich Fried, Günter Grass, Peter Handke, Siegfried Lenz und Martin Walser.
Wie nannte sich die Gruppe?

Frage 549

 Was ist die Hannovermesse?

☐ a) die weltgrößte Messe für Informationstechnik
☐ b) eine Ausstellung über die Wirtschaftskraft Niedersachsens
☐ c) die weltgrößte Industriemesse
☐ d) die Nachfolgemesse der Expo 2000

Frage 550

 Die Staatspartei der DDR entstand 1946 aus dem Zusammenschluss von SPD und KPD. Die Vereinigung entstand durch den Druck der sowjetischen Besatzungsmacht. Vor allem weite Teile der SPD fügten sich dem nur unter Zwang.
Wie hieß die Partei?

Frage 551

 Wie sah der Marshallplan aus und was bedeutete er für Deutschland?

Frage 552

 Was passierte am 20. Juni 1948?

☐ a) Beginn der Nürnberger Prozesse
☐ b) Einführung der D-Mark
☐ c) Beginn der Berlinblockade
☐ d) Beginn des Mauerbaus

Frage 553

 Wie viele DM bekam jeder Bundesbürger bei der Währungsreform?

Frage 554
 Welche Ware lieferten die Rosinenbomber?

Frage 555
 Was sind *Die Insulaner*?

Frage 556
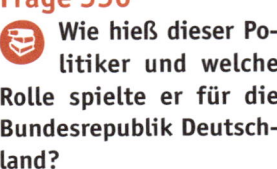 **Wie hieß dieser Politiker und welche Rolle spielte er für die Bundesrepublik Deutschland?**

Frage 557
 Wann fanden die ersten Wahlen nach dem Krieg statt?

Frage 558
 Wie hieß der SPD-Vorsitzende zwischen 1946 und 1952?
- ❑ a) Kurt Schumacher
- ❑ b) Erich Ollenhauer
- ❑ c) Karl Schiller
- ❑ d) Willy Brandt

Frage 559
 In der Verfassung stehen die Grundrechte und die Bestimmungen über den Aufbau des Staates. Die westdeutsche verfassungsgebende Versammlung wählte 1949 einen bestimmten Namen, um zu signalisieren, dass für ein geteiltes Deutschland keine endgültige Verfassung geschaffen werden könne. Nach der Wiedervereinigung wurde die Verfassung dann angepasst, der Name aber blieb.
Welchen Namen trägt die deutsche Verfassung?

Frage 560
 Wer war älter – die Bundesrepublik Deutschland oder die DDR?

Frage 561
 Wer schuf das Grundgesetz?

- ❑ a) ein Ausschuss der vier Siegermächte
- ❑ b) die erste Regierung Adenauer
- ❑ c) der Parlamentarische Rat
- ❑ d) ein von der Regierung ernannter Ausschuss der besten Juristen Deutschlands

Otto Normalverbraucher
Der Begriff für den deutschen Durchschnittsbürger stammt aus einem Film namens *Berliner Ballade* von 1948. Der Kabarettist Günter Neumann hat den ehemaligen Wehrmachtssoldaten Otto Normalverbraucher, den er darin auftreten ließ, nach der Systematik für Lebensmittelkarten benannt. Normalverbraucher waren alle, die keine Zulagen erhielten.

Frage 562
 Wie lautet Artikel 1 des Grundgesetzes?

Frage 563

 Welche Rechte gehören zu den Grundrechten? (Mehrfachnennungen möglich)

☐ a) Recht auf freie Entfaltung der Persönlichkeit

☐ b) Recht, nicht am Religionsunterricht teilnehmen zu müssen

☐ c) Recht, Vereine und andere Gesellschaften zu bilden

☐ d) Recht auf ein Briefgeheimnis

Frage 564

 Artikel 5 des Grundgesetzes verbietet eine Zensur.

Heißt das, dass Medieninhalte in Deutschland nicht verboten werden können?

Frage 565

 Was hat es mit dem Widerstandsrecht auf sich?

Frage 566

 Wer hat in Deutschland ein Recht auf Asyl?

Frage 567

 Artikel 3 des Grundgesetzes verbietet, dass Menschen diskriminiert werden.

Welche Faktoren werden genannt?

Frage 568

 Wo endet das Recht auf freie Entfaltung der Persönlichkeit?

Frage 569

 Erlaubt das Grundgesetz eine Enteignung?

Frage 570

 Dürfen Deutsche ins Ausland ausgeliefert werden?

Frage 571

Kann das Grundgesetz geändert werden?

Die Weigerung der Bayern

Als einzige westdeutsche Ländervertretung lehnte der bayerische Landtag 1949 das Grundgesetz ab, weil es ihm nicht föderalistisch genug war. Gleichzeitig wurde aber beschlossen, dass es trotzdem für Bayern gelten soll, wenn mindestens zwei Drittel der anderen Länder zustimmen.

Frage 572

 Mit wie vielen Stimmen Mehrheit wurde Konrad Adenauer 1949 zum Bundeskanzler gewählt?

☐ a) 1   ☐ c) 111

☐ b) 7   ☐ d) 320

Frage 573

Im Jahr 1949 zogen elf Parteien und drei unabhängige Abgeordnete in den Bundestag ein.

Was tat man in der Folge gegen diese Zersplitterung?

Frage 574

Wie hieß das Parlament in der DDR?

❑ a) Bundestag ❑ c) Abgeordnetenhaus
❑ b) Reichstag ❑ d) Volkskammer

Frage 575

Warum waren die Parlamentswahlen in der DDR nicht frei?

Frage 576

Welcher Pionier des Fernsehens wurde einer der bedeutendsten Forscher und Erfinder der DDR?

❑ a) Siegmund Loewe
❑ b) Ferdinand Braun
❑ c) Paul Nipkow
❑ d) Manfred von Ardenne

Frage 577

Welcher dieser Philosophen gehört nicht zur Frankfurter Schule?

❑ a) Max Horkheimer ❑ c) Martin Heidegger
❑ b) Theodor Adorno ❑ d) Jürgen Habermas

Frage 578

Er beteiligte sich am Kieler Matrosenaufstand 1918, wurde mit 19 Jahren Kommunist und spielte in der Weimarer Zeit u. a. den Mackie Messer in der Uraufführung der *Dreigroschenoper*. Während der Nazizeit entkam er nur durch Fürsprache von Gustaf Gründgens der Hinrichtung. In der DDR wurde er als Schauspieler in großen Rollen (z. B. als Mephisto im *Faust*), aber auch als Sänger von Arbeiterliedern bekannt. Sein Rückzug im Jahr 1961 soll allerdings damit zusammengehangen haben, dass er die DDR kritisierte und sogar Honecker ohrfeigte. Trotzdem wurde ein Jahr nach seinem Tod die bereits 1951 gegründete Berliner Schauspielschule auf seinen Namen getauft. **Nach wem ist die Schauspielschule benannt?**

Frage 579

Wer war wer in der DDR?

❑ a) Vorsitzender des Ministerrates von 1949 bis 1964
❑ b) Vorsitzender des Ministerrates von 1964 bis 1973 und 1976 bis 1989, Vorsitzender des Staatsrates von 1973 bis 1976
❑ c) Generalsekretär des ZK der SED von 1950 bis 1971, Vorsitzender des Staatsrates von 1960 bis 1973
❑ d) Staatspräsident von 1949 bis 1960

1) Wilhelm Pieck (1876–1960)
2) Otto Grotewohl (1894–1964)
3) Willi Stoph (1914–99)
4) Walter Ulbricht (1893–1973)

Frage 580

Was war das Politbüro?

- ❏ a) die Regierung der DDR
- ❏ b) das Kanzleramt der DDR
- ❏ c) das Zentralkomitee der SED
- ❏ d) ein vom Zentralkomitee gewähltes Gremium

Das DDR-System

Die Regierung der DDR war der Ministerrat, der von der Volkskammer gewählt wurde. Der Vorsitzende des Ministerrates entsprach damit nominell in etwa dem Bundeskanzler. Staatsoberhaupt – dem Bundespräsidenten vergleichbar – war bis 1960 der Staatspräsident, danach der ebenfalls von der Volkskammer gewählte Staatsrat. Die ganze Regierung war jedoch an die Weisungen der SED gebunden.

Frage 581

 Welchen Preis verleiht der Börsenverein des Deutschen Buchhandels?

Frage 582

 Wie lange gab es Lebensmittelmarken?

- ❏ a) bis 1946
- ❏ b) bis 1948
- ❏ c) Bundesrepublik: bis 1946, DDR bis 1970
- ❏ d) Bundesrepublik: bis 1950, DDR bis 1958

Frage 583

 Wofür wird seit 1950 der Aachener Karlspreis verliehen?

- ❏ a) für Anstrengungen um den Weltfrieden
- ❏ b) für herausragende Forschungsarbeiten
- ❏ c) für Verdienste um die europäische Einigung
- ❏ d) für den besten Printenbäcker

Frage 584

 Ab welchem Alter mussten Kinder in der DDR der FDJ beitreten?

Frage 585

 Welche Rolle spielte Ernst Thälmann in der DDR?

Frage 586

 Wie lautete die Nationalhymne der DDR?

Frage 587

 Warum begeisterte sich die deutsche Regenbogenpresse so für Soraya?

Frage 588

 Dieser Politiker schlug Kanzler Adenauer 1950 vor, sowohl die französische als auch die deutsche Montanindustrie unter Aufsicht einer internationalen Behörde zu stellen, der auch andere Staaten beitreten können. Aus diesem Vorschlag heraus entwickelte sich die Europäische Gemeinschaft für Kohle und Stahl (Montanunion), der Vorläufer der EU. Deutschland war nun gleichberechtigtes Mitglied, während zuvor das Ruhrgebiet unter britischer Besatzung gestanden hatte und von den Siegermächten demontiert worden war. Die freie Nutzung der deutschen Rohstoffe, die die Montanunion gewährte, trug wesentlich zum deutschen Wirtschaftswunder bei.

Wie hieß der französische Außenminister, der die deutsche Nachkriegsgeschichte so entscheidend mit beeinflusste?

Frage 589

 Welche achtjährige Göre wurde 1951 mit dem Hit *Pack die Badehose ein* berühmt?

Frage 590

 Wo wird der Goldene Bär vergeben?

Frage 591

Was ist eine ISO-Norm?

Weihnachtsgeschenk Fernsehen

Am 25. Dezember des Jahres 1952 begann der Nordwestdeutsche Rundfunk, als erster Sender in der Bundesrepublik ein regelmäßiges Fernsehprogramm zu senden. Das DDR-Fernsehen hatte schon vier Tage zuvor, am 73. Geburtstag Stalins, den Betrieb aufgenommen. Im Westen gab es damals 300 Fernsehgeräte, im Osten 60.

Frage 592

 Eine kurze Nacktszene, Sterbehilfe und ein Selbstmord sorgten dafür, dass die katholische Kirche 1951 gegen den Film *Die Sünderin* Sturm lief. Er wurde dadurch zum Riesenerfolg, die Hauptdarstellerin aber floh in die USA. 1957 kehrte sie zurück, widmete sich aber mehr dem Gesang als der Schauspielerei.

Welche Schauspielerin erregte diesen Skandal?

Frage 593

Um welches literarische Genre machte sich Erika Fuchs verdient?

Frage 594

 Wo ist jeden Sommer *Winnetou* zu sehen?

Frage 595

2001 scheiterte ein Verbotsverfahren gegen die NPD. Waren in der Bundesrepublik Deutschland jemals Verbotsverfahren gegen Parteien erfolgreich?

Frage 596

 Wie hieß die Nachrichtensendung der DDR?

❏ a) *Schwarzer Kanal*   ❏ b) *Aktuelle Kamera*

Frage 597

Was passierte am 17. Juni 1953?

Frage 598

 Was ist die Deutsche Welle?

Frage 599

 Welcher Tag galt in der Bundes-republik vor dem Jahr 1990 als „Tag der Deutschen Einheit"?

Frage 600

 Welche Stadt hieß zwischen 1953 und 1990 Karl-Marx-Stadt?

In welcher Stadt steht diese Karl-Marx-Büste?

Frage 601

 In welchen Kabinenroller konnte man über normale Seitentüren einsteigen?

❏ a) BMW Isetta
❏ b) Heinkel Kabine
❏ c) Messerschmidt Kabinenroller
❏ d) Goggomobil

Frage 602

 Was ist die dpa?

Frage 603

 Welche Rolle spielten die Brüder Markus und Konrad Wolf in der DDR?

Frage 604

Welcher Spieler wurde beim „Wunder von Bern" von Reporter Herbert Zimmermann zum „Fußballgott" erhoben?

❏ a) Helmut Rahn ❏ c) Max Morlock
❏ b) Fritz Walter ❏ d) Toni Turek

Frage 605

 Was ist die documenta?

Frage 606

 Was ist in der deutschen Parteier-landschaft die „Union"?

❏ a) ein anderer Name für die CDU
❏ b) eine Alternativbezeichnung für eine Koalition zwischen CDU und FDP
❏ c) generell eine Bezeichnung für Regierungskoalitionen
❏ d) der Name für das Bündnis von CDU und CSU

Frage 607

 Mit geschwungenen Formen wandten sich die Designer der Wirtschafts-wunderzeit von der kantigen NS-Ästhetik ab. Welches Möbelstück wurde zum Syno-nym für die 1950er-Jahre?

Frage 608

 Wann wurde die Bundeswehr gegründet?

Bundeswehr

Die Rückkehrer

1955 ließ Russland die letzten 30.000 deutschen Kriegsgefangenen frei. Insgesamt waren etwa elf Millionen deutsche Soldaten in alliierter Kriegsgefangenschaft gewesen, davon starben 1,2 Millionen, der Löwenanteil im Osten. Von den über fünf Millionen sowjetischen Soldaten in deutscher Kriegsgefangenschaft waren sogar mehr als drei Millionen gestorben.

Frage 609

Dürfen Werke, die auf dem Index der Bundesprüfstelle für jugendgefährdende Medien stehen, überhaupt nicht verkauft werden?

Frage 610

In welche Organisation wurde 1955 die Bundesrepublik aufgenommen?

☐ a) EU ☐ c) NATO
☐ b) UNO ☐ d) G 8

Frage 611

1955 wurde in Deutschland ein Spielzeug produziert, das später unter seinem amerikanischen Namen die am meisten verkaufte Puppe der Welt wurde. Vorbild war die „Lilli", die Nachbildung einer kessen Comic-Figur, die in der BILD-Zeitung Sprüche riss wie „Ich könnte ohne alte Glatzköpfe auskommen, aber meine Urlaubskasse nicht." 1959 kaufte die Mitbegründerin des US-Spielwarenkonzerns Mattel die Rechte an der Lilli, ließ sie etwas überarbeiten und brachte sie auf den Markt.
Um welche Puppe geht es?

Frage 612

Mit welchen Rollen wurden die Schauspieler Romy Schneider und Karlheinz Böhm berühmt?

Frage 613

Was war die Stasi?

☐ a) Auslandsgeheimdienst der DDR
☐ b) Inlandsgeheimdienst der DDR
☐ c) Ermittlungsbehörde für „politische Straftaten"
☐ d) alles zusammen

Frage 614

Ist die Jugendweihe eine Erfindung der DDR?

Frage 615

Mit welchem Staat unterzeichnete die Bundesrepublik 1955 ein Abkommen über die Anwerbung von Gastarbeitern?

☐ a) Griechenland ☐ c) Türkei
☐ b) Italien ☐ d) Portugal

Frage 616

Welcher Politiker gilt als „Vater des Wirtschaftswunders"?

Frage 617

 Er gilt als einer der renommiertesten politischen Kabarettisten Deutschlands. 1956 gründete er zusammen mit Sammy Drechsel in München das Kabarett „Lach- und Schießgesellschaft". Ab 1980 trat er mit der Kabarett-Sendung *Scheibenwischer* im Fernsehen auf. Sein Witz war so scharf, dass sich der Bayerische Rundfunk 1986 sogar einmal aus dem ARD-Programm ausklinkte, um den *Scheibenwischer* nicht zu zeigen, was zum bundesweiten Politikum wurde. **Welcher Kabarettist ist gemeint?**

Frage 618

 Wo starb Bertolt Brecht?

- ❑ a) in Westberlin
- ❑ b) in Ostberlin
- ❑ c) in Zürich
- ❑ d) in Santa Monica/Kalifornien

Frage 619

 Was bedeutete „zur Fahne gehen" in der DDR?

Frage 620

 Welches Werk stammt nicht von Siegfried Lenz?

- ❑ a) *So zärtlich war Suleyken*
- ❑ b) *Deutschstunde*
- ❑ c) *Heimatmuseum*
- ❑ d) *Gruppenbild mit Dame*

Siegfried Lenz

Frage 621

 Wann startete der Deutsche Gewerkschaftsbund die Kampagne „Samstags gehört Vati mir"?

- ❑ a) 1927
- ❑ c) 1972
- ❑ b) 1956
- ❑ d) 1984

Frage 622

 Welches Bundesland wurde erst 1957 Teil der Bundesrepublik?

Frage 623

 Mit diesen Verträgen vom 25. März 1957 gründeten Deutschland, Frankreich, Italien und die Beneluxstaaten die Europäische Wirtschaftsgemeinschaft und die Europäische Atomgemeinschaft. 1965 wurden diese mit der bereits 1951 gegründeten Europäischen Gemeinschaft für Kohle und Stahl zu den Europäischen Gemeinschaften (EG) zusammengefasst. **Wie heißen die Verträge?**

Frage 624

 Nach ihrem Erfolg mit dem *Blauen Engel* ging diese Schauspielerin 1930 nach Hollywood und lehnte alle Angebote der Nazis ab, zurückzukehren. Sie wurde amerikanische Staatsbürgerin und trat im Krieg für die US-Truppen auf. In Deutschland wurde sie deswegen teils auch noch nach 1945 als Verräterin bezeichnet. Sie drehte u. a. mit Orson Welles (*Im Zeichen des Bösen*), Alfred Hitchcock (*Die rote Lola*) und Billy Wilder (*Eine auswärtige Affäre*, *Zeugin*

der Anklage). Daneben ging sie als Sängerin auf Tournee, u. a. in der Sowjetunion und in Israel, wo sie auch deutsche Lieder sang. **Welche deutsche Schauspielerin machte als Erste in Hollywood Karriere?**

Frage 625
 Wer war Erich Mielke?

Frage 626
 Mit welchem Skandalfilm verbindet man den Namen Veit Harlan?

Frage 627
 1959 drehte Bernhard Wicki einen berühmten Antikriegsfilm. Wie hieß er?

Frage 628
 Wer war Pittiplatsch?

Frage 629
 Der Film *Serengeti darf nicht sterben* erhielt 1960 einen Oscar für den besten Dokumentarfilm. Wer drehte ihn?
❏ a) Heinz Sielmann
❏ b) Horst Stern
❏ c) Bernhard und Michael Grzimek
❏ d) Eugen Schuhmacher

Frage 630
 Wer trug den Beinamen „Mutter der Nation"?

Frage 631
 An welchem Tag begann der Bau der Berliner Mauer?

Frage 632
 Marika Kilius und Hans-Jürgen Bäumler waren ein Traumpaar der 1960er-Jahre. Wo?
❏ a) in Fernseh- und Kinofilmen
❏ b) als Gesangsduo
❏ c) als Eiskunstläufer
❏ d) als Topmodel mit ihrem Partner ständig in der Klatschpresse

Wettlauf ums Sandmännchen
1959 plante man in der Bundesrepublik eine abendliche Sandmännchen-Sendung für kleine Kinder. In der DDR bekam man davon Wind und produzierte wenige Tage vor dem westdeutschen Start eine eigene Sendung. Mehr noch: Das Ost-Sandmännchen war eindeutig populärer und ist seit 1991 gesamtdeutscher Sandmann.

Das Sandmännchen

Frage 633
 Im Laufe des Jahres 1961 wurde allmählich publik, dass es mit allerhöchster Wahrscheinlichkeit einen Zusammenhang zwischen der Einnahme dieses Medikaments und der Häufung von Kindern, die mit missgebildeten Armen und Beinen geboren wurden, gab. Aber erst im Jahr 1968 kam es zu einem Pro-

zess gegen die Herstellerfirma Grünenthal, der mit einem Vergleich endete. Die Firma stellte 100 Millionen Mark bereit, eine Summe, die allerdings nicht ausreichte, den etwa 5000 Opfern ein angemessenes Leben zu sichern. Sie wurde seitdem mehrmals vom Bund erhöht. **Welches Medikament verursachte 1961 einen großen Skandal?**

Frage 634

 In Golzow wurde die längste Filmdokumentation aller Zeiten gedreht. Wovon handelt sie?

Frage 635

 Was hatte es mit der Affäre Vera Brühne auf sich?

Frage 636

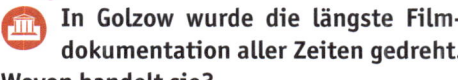 **Welcher Politiker war in die Spiegelaffäre verwickelt?**
❑ a) Hans Dietrich Genscher
❑ b) Franz Josef Strauß
❑ c) Otto Graf Lambsdorff
❑ d) Willy Brandt

Frage 637

 Welchen Skandal greift der Film *Das Mädchen Rosemarie* auf?

Frage 638

 1962 eröffnete in Flensburg der erste Sexshop. Wer steckte dahinter?

Frage 639

 Warum ist die Geschichte des Mauer-Toten Peter Fechter besonders tragisch?

Frage 640

 Der SS-Obersturmbannführer war für die Deportation der Juden in die NS-Vernichtungslager verantwortlich gewesen. Nach dem Krieg floh er nach Argentinien, wurde dort aber vom israelischen Geheimdienst entdeckt und entführt. In seinem Prozess stellte er sich als Beamter dar, der nur nach Weisung gehandelt habe. Die Politologin Hannah Arendt sprach deshalb von der „Banalität des Bösen". **Welcher Scherge des NS-Regimes wurde 1962 in Israel zum Tode verurteilt?**

Frage 641

 Warum sorgte Rolf Hochhuths Drama *Der Stellvertreter* 1963 für einen Theaterskandal?

Frage 642

 Welcher Architekt ist für die Berliner Philharmonie verantwortlich?
❑ a) Bruno Taut ❑ c) Egon Eiermann
❑ b) Erich Mendelsohn ❑ d) Hans Scharoun

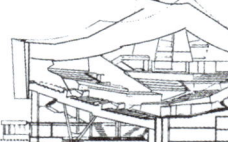

Berliner Philharmonie, Querschnitt

Frage 643

Wo kommen Sir Toby, Admiral von Schneider, Mr. Pommeroy und Mr. Winterbottom (nicht) vor?

Frage 644

Goldfinger ist einer der beliebtesten Bond-Filme. Wer spielte den Schurken Auric Goldfinger?

☐ a) Curd Jürgens (1912–82)
☐ b) Hans Albers (1891–1960)
☐ c) Gert Fröbe (1913–88)
☐ d) Mario Adorf (*1930)

Querelen um Olympia

Zu den Olympischen Spielen 1948 erhielten die beiden deutschen Staaten keine Einladung. 1952 durfte dann eine Mannschaft aus Westdeutschland teilnehmen, jedoch keine aus der DDR. 1956 erkannte das IOC das Olympische Komitee der DDR immer noch nicht an, dieses stimmte jedoch der Entsendung einer gesamtdeutschen Mannschaft zu. Auch 1960 und 1964 traten gesamtdeutsche Teams an. 1965 willigte das IOC dann ein, dass die Sportler der DDR ein eigenes Team bilden durften.

Frage 645

Was war das „Wunder von Lengede"?

Frage 646

 „Ich bin ein Berliner", sagte Kennedy. Wann?

☐ a) 1949   ☐ c) 1963
☐ b) 1956   ☐ d) 1970

Frage 647

Seit wann gibt es die Fußball-bundesliga?

Frage 648

Von welchem Fußballtrainer stammen die legendären Aussprüche „Der Ball ist rund" und „Ein Fußballspiel dauert 90 Minuten"?

Frage 649

Wer sang den Hit *Junge, komm bald wieder*?

☐ a) Hans Albers   ☐ c) James Last
☐ b) Heino   ☐ d) Freddy Quinn

Frage 650

 Gab es in der DDR einen „Zivildienst"?

Frage 651

Der Verein wurde 1964 auf Betreiben des ZDF gegründet. Die Idee war, durch Unterhaltungssendungen Spenden für behinderte Kinder zu sammeln. Heute finanziert sich der Verein, dem neben dem ZDF auch die sechs deutschen Spitzenverbände der Wohlfahrt angehören, vor allem durch eine Lotterie.
Wie heißt er?

Frage 652

Wie nennt man den deutlichen Geburtenrückgang, der um 1965 in Deutschland einsetzte?

Frage 653

Was führte 1966 zur Gründung der „außerparlamentarischen Opposition" (APO)?

Demonstrationsaufruf von 1968

Frage 654

Welche beiden Politiker wurden im Volksmund Plisch und Plum genannt?

❑ a) Willy Brandt und Herbert Wehner
❑ b) Karl Schiller und Franz Josef Strauß
❑ c) Helmut Kohl und Hans Dietrich Genscher
❑ d) Helmut Kohl und Helmut Schmidt

Frage 655

Warum wurde im Tränenpalast geweint?

Frage 656

In welchem Roman von Günter Grass geht es um welches Thema?

❑ a) *Die Blechtrommel*
❑ b) *Der Butt*
❑ c) *Die Rättin*
❑ d) *Ein weites Feld*

1) Wiedervereinigung
2) Gefahr eines Atomkrieges
3) Nationalsozialismus
4) männliches und weibliches Rollenverhalten

Frage 657

Wer trainierte wann die deutsche Fußballnationalmannschaft?

a) 1950 bis 1964: _____
b) 1964 bis 1978: _____
c) 1978 bis 1984: _____
d) 1984 bis 1990: _____
e) 1990 bis 1998: _____
f) 1998 bis 2000: _____
g) 2000 bis 2004: _____
h) 2004 bis 2006: _____
i) seit 2006: _____

Frage 658

 Wer war der „Winnetou des Ostens"?

Die Unfähigkeit zu trauern
Diesen Titel trägt ein Buch, das die beiden Psychoanalytiker Margarete und Alexander Mitscherlich 1967 veröffentlichten. Sie analysierten darin die Mechanismen, mit denen große Teile der deutschen Öffentlichkeit die NS-Vergangenheit verdrängten.

Frage 659

Seit wann gibt es Farbfernsehen?

a) seit 1956 in der BRDtl., seit 1969 in der DDR

b) seit 1967 in der BRDtl., seit 1969 in der DDR

c) seit 1965 in der DDR, seit 1966 in der BRDtl.

d) seit 1965 in der BRDtl., seit 1982 in der DDR

Frage 660

Welcher deutsche Liedermacher machte auch mit französischen Songs Karriere?

a) Konstantin Wecker

b) Hannes Wader

c) Klaus Hoffmann

d) Reinhard Mey

Frage 661

Was bedeutete 1968 der Kampfruf der rebellischen Studenten „Ho-Ho-Ho-Chi-minh"?

a) Tribut an Mao Tse-tung

b) Name eines indischen Gurus

c) Name eines vietnamesischen Politikers

d) chinesischer Schlachtruf

Frage 662

Dieser Sportler spielte von 1964 bis 1979 für den FC Bayern München und

Der „Bomber der Nation" 1974 bei der Fußballweltmeisterschaft

erzielte in 427 Bundesligaspielen 365 Tore. In der Nationalmannschaft kam er in 62 Spielen sogar auf sagenhafte 68 Tore.

Welcher Fußballer wurde als „Bomber der Nation" bezeichnet?

Frage 663

Wie hieß der Studentenführer, der 1968 bei einem Attentat verletzt wurde?

a) Rainer Langhans

b) Rudi Dutschke

c) Daniel Cohn-Bendit

d) Fritz Teufel

Frage 664

Das Gebäude war 1931 zu einem Ehrenmal für die Gefallenen des Ersten Weltkriegs umgewidmet worden. 1960 wurde es als Mahnmal für die Opfer von Faschismus und Militarismus neu aufgebaut, 1969 zum Grabmal eines unbekannten Soldaten und eines unbekannten KZ-Häftlings gemacht, das tagsüber ständig von Soldaten bewacht wurde. Dazu kamen große Wachaufzüge im Stechschritt.

Wo befand sich in der DDR das Grabmal des unbekannten Soldaten?

Frage 665

Wann genehmigte der DFB den Frauenfußball?

a) 1921

b) 1955

c) 1970

d) 1985

Frage 666

 Wurde Uwe Seeler jemals Weltmeister?

Frage 667

 Wo ermittelte Kommissar Trimmel?

❏ a) im *Tatort*
❏ b) in der Serie *Der Kommissar*
❏ c) im *Polizeiruf 110*
❏ d) im *Stahlnetz*

Frage 668

 Welches historische Treffen fand 1970 in Erfurt statt?

Frage 669

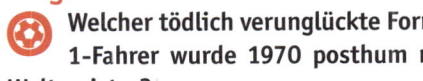 Welcher tödlich verunglückte Formel-1-Fahrer wurde 1970 posthum noch Weltmeister?

❏ a) Wolfgang Graf Berghe von Trips
❏ b) Jochen Rindt
❏ c) Manfred Winkelhock
❏ d) Stefan Bellof

Frage 670

 Wo fand Willy Brandts spektakulärer Kniefall statt?

Frage 671

 1971 kam Luchino Viscontis Film *Tod in Venedig* heraus. Von wem stammte die Vorlage dazu?

Frage 672

 Welcher Showmaster moderierte welche Show?

❏ a) *Was bin ich?* (1955–58, 1961–89)
❏ b) *Dalli, Dalli* (1971–86)
❏ c) *Der Große Preis* (1974–93)
❏ d) *Am laufenden Band* (1974–79)

1) Rudi Carrell
2) Robert Lemke
3) Hans Rosenthal
4) Wim Thoelke

Frage 673

 Welche wichtige Personalentscheidung wurde 1971 in der DDR getroffen?

Frage 674

 Welche Fernsehsendung verspricht „Lach- und Sachgeschichten"?

Frage 675

 Waren auf dem Staatswappen der DDR Hammer und Sichel dargestellt?

Frage 676

 Der exzentrische Schauspieler Klaus Kinski wurde mit Filmen wie *Aguirre – Der Zorn Gottes* oder *Nosferatu* bekannt. Wie hieß der Regisseur dieser Filme?

❏ a) Volker Schlöndorff
❏ b) Wim Wenders
❏ c) Werner Herzog
❏ d) Rainer Werner Fassbinder

Frage 677

 Was ist das?

Frage 678

 Wie hießen die Spitzenkandidaten bei folgenden Bundestagswahlen?

- ☐ a) 1972: Willy Brandt und _____
- ☐ b) 1976: Helmut Schmidt und _____
- ☐ c) 1980: Helmut Schmidt und _____
- ☐ d) 1983: Helmut Kohl und _____

1) Hans-Jochen Vogel	3) Helmut Kohl
2) Franz Josef Strauß	4) Rainer Barzel

Frage 679

 Was war Ton Steine Scherben?

Frage 680

 Welchen Terroranschlag verübte die Gruppe „Schwarzer September" 1972?

- ☐ a) Anschlag auf die Diskothek La Belle
- ☐ b) Entführung der Landshut
- ☐ c) Geiselnahme während der Olympischen Spiele
- ☐ d) Anschlag auf das Münchner Oktoberfest

Frage 681

 Warum wurde Ulrike Meyfarth bei den Olympischen Spielen 1972 zum Star?

Frage 682

 Wer gewann bei den Olympischen Spielen in München die 4-mal-100-Meter-Staffel der Frauen?

- ☐ a) BRDtl.   ☐ b) DDR

Frage 683

 Welche Monarchin ist in Heidelberg geboren?

Frage 684

 Welcher Hit ist von wem?

- ☐ a) *Wind of Change*
- ☐ b) *Marmor, Stein und Eisen bricht*
- ☐ c) *Abenteuerland*
- ☐ d) *König von Deutschland*

1) Rio Reiser	3) Drafi Deutscher
2) Scorpions	4) Pur

Frage 685

 Was regelt Paragraf 218 des Strafgesetzbuches?

Frage 686

 Sie war die erste Bundestagspräsidentin und „Grande Dame" der SPD. Wie hieß sie?

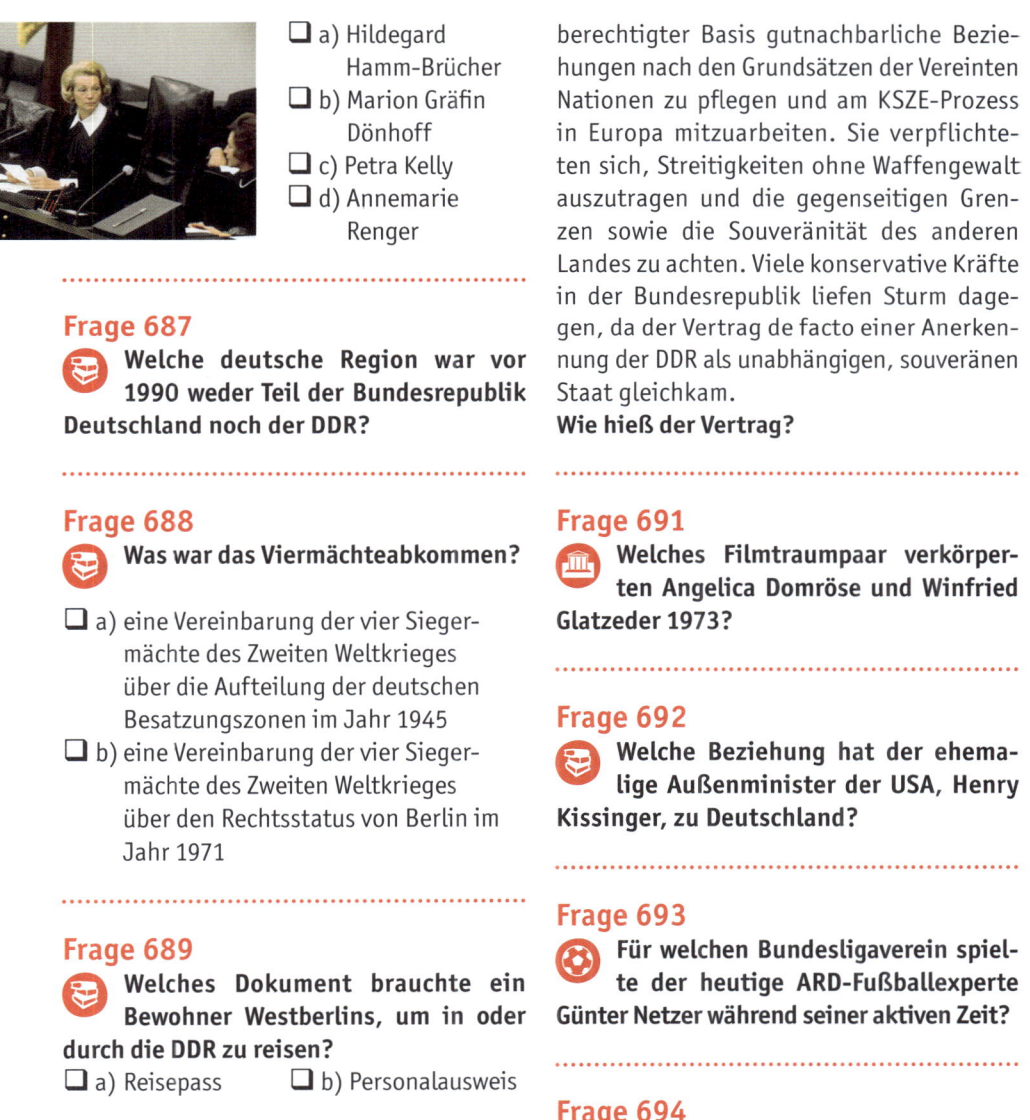

☐ a) Hildegard
  Hamm-Brücher
☐ b) Marion Gräfin
  Dönhoff
☐ c) Petra Kelly
☐ d) Annemarie
  Renger

Frage 687

Welche deutsche Region war vor 1990 weder Teil der Bundesrepublik Deutschland noch der DDR?

Frage 688

Was war das Viermächteabkommen?

☐ a) eine Vereinbarung der vier Siegermächte des Zweiten Weltkrieges
  über die Aufteilung der deutschen
  Besatzungszonen im Jahr 1945
☐ b) eine Vereinbarung der vier Siegermächte des Zweiten Weltkrieges
  über den Rechtsstatus von Berlin im
  Jahr 1971

Frage 689

Welches Dokument brauchte ein Bewohner Westberlins, um in oder durch die DDR zu reisen?

☐ a) Reisepass   ☐ b) Personalausweis

Frage 690

DDR und Bundesrepublik vereinbarten 1972 in diesem Vertrag, auf gleich-

berechtigter Basis gutnachbarliche Beziehungen nach den Grundsätzen der Vereinten Nationen zu pflegen und am KSZE-Prozess in Europa mitzuarbeiten. Sie verpflichteten sich, Streitigkeiten ohne Waffengewalt auszutragen und die gegenseitigen Grenzen sowie die Souveränität des anderen Landes zu achten. Viele konservative Kräfte in der Bundesrepublik liefen Sturm dagegen, da der Vertrag de facto einer Anerkennung der DDR als unabhängigen, souveränen Staat gleichkam.
Wie hieß der Vertrag?

Frage 691

Welches Filmtraumpaar verkörperten Angelica Domröse und Winfried Glatzeder 1973?

Frage 692

Welche Beziehung hat der ehemalige Außenminister der USA, Henry Kissinger, zu Deutschland?

Frage 693

Für welchen Bundesligaverein spielte der heutige ARD-Fußballexperte Günter Netzer während seiner aktiven Zeit?

Frage 694

In welchem Jahr wurde Deutschland von der Ölkrise getroffen?

☐ a) 1953   ☐ c) 1973
☐ b) 1963   ☐ d) 1983

Frage 695

 Jedes Jahr zu Weihnachten läuft er mehrmals: ein deutsch-tschechischer Märchenfilm um eine rothaarige Heldin. Wie heißt er?

Frage 696

Warum musste Willy Brandt 1974 als Bundeskanzler zurücktreten?

Frage 697

In welchem seiner Werke setzte sich Heinrich Böll mit der Terror-Hysterie der 1970er-Jahre auseinander?
- ❏ a) *Nicht nur zur Weihnachtszeit*
- ❏ b) *Doktor Murkes gesammeltes Schweigen*
- ❏ c) *Ansichten eines Clowns*
- ❏ d) *Die verlorene Ehre der Katharina Blum*

Frage 698

Welcher Fußballer konnte sowohl als Spieler als auch als Trainer Weltmeister werden?

Frage 699

Und welcher Handballer brachte es als Spieler und Trainer zur Weltmeisterschaft?

Frage 700

Er schoss beim einzigen Fußballspiel zwischen der DDR und der Bundesrepublik während der Vorrunde der Fußball-weltmeisterschaft 1974 das Siegtor für die DDR. 1988 setzte der Fußballer sich in den Westen ab.
Wie heißt der Sportler?

Die Geschichte vom kleinen Muck

Auch der vermutlich erfolgreichste aller DEFA-Filme ist eine Märchenverfilmung. *Die Geschichte vom kleinen Muck* wurde 1953 von Wolfgang Staudte verfilmt und von fast 13 Millionen Kinobesuchern gesehen. Kinderstar Thomas Schmidt (1942–2008) wurde später Professor an der Medizinischen Hochschule Hannover. Ähnlich erfolgreich wie der „Muck" war noch *Ehe im Schatten*, ein bereits 1947 gedrehtes Drama um ein christlich-jüdisches Ehepaar während der Nazizeit.

Frage 701

Welches ist die international erfolgreichste deutsche TV-Serie?
- ❏ a) *Lindenstraße*
- ❏ b) *Gute Zeiten, schlechte Zeiten*
- ❏ c) *Die Schwarzwaldklinik*
- ❏ d) *Derrick*

Frage 702

Er gilt als einer der wichtigsten Vertreter des Neuen Deutschen Films, der im Umfeld der 68er-Bewegung entstand und sozialkritische Themen zum Inhalt hatte, aber auch einen neuen künstlerischen Stil abseits der reinen Unterhaltungsfilme der großen Filmstudios suchte. Furore machten vor allem seine über 15 Stunden lange mehrteilige Verfilmung von Döblins *Berlin Alexanderplatz* mit Günter Lamprecht in der Hauptrolle und das Gastarbeiterdrama *Angst essen Seele auf*, das die schwierige Liebesgeschichte zwischen einer älteren deutschen Putzfrau (Brigitte Mira) und einem Gastarbeiter (El Hedi ben Salem) erzählt. **Um welchen Regisseur geht es?**

Frage 703

 **Seit wann wird man in der Bundesrepublik mit 18 Jahren volljährig?**

☐ a) seit 1918   ☐ c) seit 1950
☐ b) seit 1925   ☐ d) seit 1975

Frage 704

 Wie hieß der Entertainer in der großkarierten Jacke, der u. a. das Wunschkonzert *Musik ist Trumpf* moderierte?

☐ a) Hans Joachim Kulenkampff
☐ b) Peter Frankenfeld
☐ c) Dieter Thomas Heck
☐ d) Ilja Richter

Frage 705

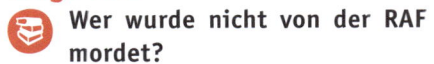 **Was ist der BUND?**

Frage 706

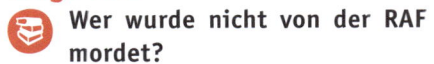 **Wer wurde nicht von der RAF ermordet?**

☐ a) Siegfried Buback
☐ b) Peter Lorenz
☐ c) Hanns Martin Schleyer
☐ d) Jürgen Ponto

Frage 707

 Was war die Baader-Meinhof-Bande?

Frage 708

 Der Schauspieler, Zeichner, Regisseur und Komiker (*1923) wählte den französischen Namen des Pirols, des Wappenvogels seiner Familie, als Pseudonym. Er arbeitete zunächst als Grafiker und produzierte ab 1976 teils gezeichnete, teils gespielte Sketche, von denen viele (etwa *Das Frühstücksei*, *Das Jodeldiplom*, *Die Nudel*) Kultstatus bekamen. 1988 und 1991 drehte er – wie bei den meisten seiner Sketche mit Evelyn Hamann (1942–2007) als Partnerin – die beiden Filme *Ödipussi* und *Pappa ante Portas*. 2007 wurde er in der ZDF-Sendung *Unsere Besten* zum beliebtesten deutschen Komiker gewählt. **Unter welchem Namen wurde Victor von Bülow berühmt?**

Szene aus Pappa ante Portas

Frage 709

 Wer sind die Abrafaxe?

Frage 710

 Was war „Erichs Lampenladen"?

Frage 711

Welcher dieser ehemaligen Stars von Bayern München spielte während seiner Profikarriere nie für einen anderen Verein?

☐ a) Uli Hoeneß
☐ b) Paul Breitner
☐ c) Karl-Heinz Rummenigge
☐ d) Sepp Maier

Frage 712

1976 stürzte die DDR in eine Krise, weil ein Nahrungsmittel knapp wurde. Welches?

Frage 713

Welcher Comedian mit dicker Brille und Halbglatze wurde in der Nachkriegszeit mit Nonsens-Gedichten, Wortspielen und Filmen wie *Natürlich die Autofahrer* oder *Witwer mit fünf Töchtern* bekannt?

Frage 714

Warum kamen Ende der 1970er-Jahre so viele DDR-Künstler wie Manfred Krug, Katharina Thalbach und Nina Hagen in die Bundesrepublik?

Frage 715

Wer wurde als „Gold-Rosi" bezeichnet?

Die Gold-Rosi

Frage 716

Der Chemiker war schon während der Nazizeit wegen seiner Kontakte zur Widerstandsgruppe „Rote Kapelle" zum Tode verurteilt worden. Nach dem Krieg legte ihm die US-Besatzungsmacht wegen seiner Agitation gegen die nukleare Aufrüstung Berufsverbot auf. Daraufhin siedelte er in die DDR über, wo er aber 1964 aus der SED ausgeschlossen wurde. 1975 erhielt er Berufsverbot und 1976 – nach Kritik gegen die Biermann-Ausbürgerung – drei Jahre Hausarrest, wobei er rund um die Uhr überwacht wurde.
Wer war der Wissenschaftler, den die DDR-Regierung unter Hausarrest stellte?

Frage 717

Wer ist „der Mann, der bei *BILD* Hans Esser war"?

Frage 718

Welcher Dramatiker schrieb das Stück *Die Hamletmaschine*?

☐ a) Heiner Müller   ☐ c) Martin Sperr
☐ b) Botho Strauss   ☐ d) Peter Weiss

Frage 719

Wodurch wurde das Gefängnis Stuttgart-Stammheim bekannt?

Frage 720

Was ist mit dem „deutschen Herbst" gemeint?

Frage 721

Der Film, der die Mängel der Planwirtschaft und das Auseinanderklaffen zwischen sozialistischer Ideologie und Wirklichkeit thematisierte, kam beim Publikum bestens an, wurde von der Partei aber schnell zensiert und für 23 Jahre ins Archiv verbannt.

In welchem DEFA-Film spielte Manfred Krug den anarchistischen Brigadeführer Hannes Balla?

Frage 722

 Was bedeutet dieses Zeichen?

Frage 723

 Wer gründete die Zeitschrift _Emma_?

Frage 724

 Sigmund Jähn war der erste Deutsche im All. Wann?

☐ a) 1958 ☐ c) 1978
☐ b) 1968 ☐ d) 1988

Frage 725

 Wer war der erste westdeutsche Astronaut?

☐ a) Thomas Reiter
☐ b) Reinhold Furrer
☐ c) Ernst Messerschmid
☐ d) Ulf Merbold

Frage 726

 1978 wurde die deutsche Produktion von einem der populärsten und erfolgreichsten Autos eingestellt. Wie wurde es genannt?

Frage 727

 Was wurde dem ehemaligen baden-württembergischen Ministerpräsidenten Hans Filbinger vorgeworfen?

Frage 728

 Christiane F. schockte mit ihrem Buch die Gesellschaft – wie hieß es?

Frage 729

 Welche 1978 gegründete Zeitung zahlte all ihren Mitarbeitern 1000 Mark Einheitslohn?

Frage 730

 Von welcher Naturkatastrophe wurde Norddeutschland zum Jahreswechsel 1978/79 heimgesucht?

☐ a) Hochwasser ☐ c) Schnee
☐ b) Orkan ☐ d) Kältewelle

Frage 731

 Welcher Schriftsteller schrieb _Ein fliehendes Pferd_ und _Tod eines Kritikers_?

Frage 732

 Der Entertainer wurde in den 1970ern durch die Serie _Ein verrücktes Paar_ und die Show _Musik ist Trumpf_ bekannt. Obwohl er schon damals immer wieder alkoholbedingte Abstürze hatte, blieb er ein Publikumsliebling und trat weiter auf, z. B. 1995 in einer Verfilmung von Hans Falladas _Der Trinker_.

Um welchen Berliner Schauspieler, Moderator und Entertainer geht es?

Frage 733

Von welcher DDR-Band stammt der Hit *Über sieben Brücken musst du gehen*?

- ☐ a) Puhdys
- ☐ b) Karat
- ☐ c) Klaus Renft Combo
- ☐ d) Sputniks

Frage 734

Er ist rothaarig, durchtrieben und meistens unsichtbar – es sei denn, er bleibt an etwas hängen oder kleben. Von wem ist die Rede?

Frage 735

Wann findet das Münchner Oktoberfest statt?

Frage 736

Welcher Regisseur wurde für die Verfilmung von Grass' *Blechtrommel* mit einem Oscar ausgezeichnet?

Frage 737

Wer schnitt bei den Olympischen Sommerspielen 1980 besser ab – die DDR oder die Bundesrepublik?

Frage 738

Anfang der 1980er herrschte in der West-Popmusik die Neue Deutsche Welle.

Welches Lied ist von welchem Interpreten?

- ☐ a) *99 Luftballons*
- ☐ b) *Major Tom (Völlig losgelöst)*
- ☐ c) *Skandal im Sperrbezirk*
- ☐ d) *Deine blauen Augen*

1) Ideal   3) Peter Schilling
2) Spider Murphy Gang   4) Nena

Frage 739

1980 hinderten Aktivisten einen Tanker am Auslaufen, der verdünnte Schwefelsäure in der Nordsee „verklappen" wollte, und kippten zwei Zentner Fische mit Krebsgeschwüren mitten in Hamburg ab. **Es waren die ersten öffentlichen Aktionen von ...?**

Frage 740

Wer war J. R. Ewing?

J. R. Ewing

Frage 741

Welche Partei wurde 1980 in Deutschland gegründet?

Frage 742

Was war keine DDR-Bürgerrechtsgruppe der Wendezeit?

- ☐ a) Neues Forum
- ☐ b) Demokratie jetzt
- ☐ c) Schwerter zu Pflugscharen
- ☐ d) Initiative Frieden und Menschenrechte

Frage 743

Zwischen 1979 und 1982 wurden rund 10.000 „Boatpeople" in Deutschland aufgenommen. Wo kamen sie her?

Frage 744

1981 startete Deutschlands erfolgreichste TV-Show. Wie heißt sie und wer hat sie erfunden?

Frage 745

Wodurch wurde Marianne Bachmeier bekannt?

Frage 746

Ab 1981 spielte Götz George den ständig am Rande des Absturzes balancierenden *Tatort*-Kommissar Horst Schimanski. In welcher Stadt ermittelte er?

Frage 747

Wer schrieb *Die unendliche Geschichte*?

❑ a) James Krüss   ❑ c) Michael Ende
❑ b) Janosch   ❑ d) Otfried Preußler

Frage 748

1981 wurden hohe Spenden eines Konzerns an Politiker bekannt, darunter auch an Wirtschaftsminister Hans Friderichs (*1931) und seinen Nachfolger Otto Graf Lambsdorff (*1926). Diese hatten dem Konzern für eine milliardenschwere Geldanlage eine Steuerbefreiung gewährt. Sie wurden deshalb wegen Beihilfe zur Steuerhinterziehung verurteilt. Aber auch andere Vertreter aller Parteien im Bundestag hatten Geld erhalten – teilweise über extra zu diesem Zweck gegründete „Geldwäscheorganisationen" – und dabei das Parteispendengesetz verletzt.
Wie hieß die Affäre?

Frage 749

 Wer war/ist mit welchem Bundeskanzler verheiratet?

❑ a) Rut Hansen, verwitwete Bergaus (1920–2006)
❑ b) Hannelore Renner (1933–2001)
❑ c) Hannelore Glaser (*1919)
❑ d) Doris Köpf (*1963)

Frage 750

Wofür stand die Hamburger Hafenstraße?

Frage 751

Wer ist Rekordnationalspieler der Fußballnationalmannschaft?

❑ a) Fritz Walter
❑ b) Gerd Müller
❑ c) Lothar Matthäus
❑ d) Jürgen Klinsmann

Frage 752

Von wem ist der Satz „Erich, ey, bist du denn wirklich so ein sturer Schrat"?

Frage 753

Zu einer Zeit, in der es noch keine staatlichen Regeln und Kontrollen für den Anbau von Biolebensmitteln gab, legten diese Verbände Kriterien für ihre Mitglieder fest und bauten ein unabhängiges Kontrollsystem auf, sodass der Käufer von Biolebensmitteln sich darauf verlassen konnte, was er für den meist deutlich höheren Preis bekam. Seit 1991 gibt es eine EU-Bioverordnung und ein staatliches Kontrollsystem. Trotzdem kennzeichnen die Anbauverbände die Produkte ihrer Mitglieder weiter mit ihren Siegeln, da die Vorschriften meist strenger sind. **Wie heißen die drei größten und wichtigsten kontrolliert-ökologischen Anbauverbände in Deutschland?**

Frage 754

Welche umstrittene TV-Größe war in den 1980er-Jahren mit der Band Modern Talking erfolgreich?

Frage 755

Welcher Künstler schuf das Kunstobjekt *Fettecke*, das später irrtümlich von einer Putzfrau entfernt wurde?

Frage 756

Welcher deutsche Bundeskanzler amtierte bisher am längsten?

❑ a) Kurt Georg Kiesinger
❑ b) Konrad Adenauer
❑ c) Willy Brandt
❑ d) Helmut Kohl

Frage 757

Kam Helmut Kohl 1982 durch Wahlen an die Macht?

.... *Helmut Kohl*

Frage 758

Wodurch wurde der Schlager *Ein bisschen Frieden* bekannt?

Frage 759

Im Oktober 1983 demonstrierten in Deutschland rund 1,5 Millionen Menschen gegen den NATO-Doppelbeschluss. Worum ging es dabei?

Frage 760

Mit welchem Fälschungsskandal blamierte sich 1983 die Illustrierte *Stern*?

Frage 761

Welcher dieser kritischen Liedermacher stammte aus der DDR?

❑ a) Franz Josef Degenhardt
❑ b) Hannes Wader
❑ c) Bettina Wegner
❑ d) Hans Söllner

Frage 762

Wer schuf welches Fabelwesen?

❑ a) Walter Moers: _____
❑ b) Michael Ende: _____
❑ c) Paul Maar: _____
❑ d) Max Kruse: _____

1) Fuchur, der Glücksdrache   3) Urmel
2) Käpt'n Blaubär   4) das Sams

Frage 763
Wen bezeichnete das *Time Magazine* als „schönstes Gesicht des Sozialismus"?

Frage 764
Sind folgende Rundfunksender öffentlich-rechtlich oder privat?
a) Sat 1: _____
b) 3sat: _____
c) RTL: _____
d) Pro7: _____
e) ARTE: _____
f) DSF: _____
g) Eurosport: _____

Frage 765
Welcher deutsche Bundespräsident hielt 1985 eine international viel beachtete Rede zum Jahrestag des Kriegsendes?

Frage 766
Wer war die erste deutsche Frauenministerin?
❑ a) Angela Merkel
❑ b) Rita Süssmuth

❑ c) Anke Fuchs
❑ d) Heidemarie Wieczorek-Zeul

Frage 767
Wo ist seit 1985 „Mutter Beimer" zu sehen?

Frage 768
Womit hatte Herbert Grönemeyer nichts zu tun?
❑ a) mit dem Album *Bochum*
❑ b) mit dem Film *Das Boot*
❑ c) mit dem Hit *Männer*
❑ d) mit dem Film *Männer*

Frage 769
Wer war der „Turnschuhminister"?

Frage 770
Wie oft wurde Michael Schumacher Formel-1-Weltmeister?
❑ a) dreimal   ❑ c) achtmal
❑ b) siebenmal   ❑ d) zwölfmal

Frage 771
Wer operierte von 1985 bis 1989 im Glottertal?

Frage 772
Welcher Roman von Patrick Süskind trägt den Untertitel *Die Geschichte eines Mörders*?

Frage 773

Welches Album ist von wem?

- a) *Damenwahl*
- b) *Götterhämmerung*
- c) *Da Capo*
- d) *Sprünge*

1) Herbert Grönemeyer   3) Udo Lindenberg
2) Die Toten Hosen   4) BAP

Frage 774

Das Reaktorunglück von Tschernobyl sorgte auch in Deutschland für Panik. In welchem Jahr?

Frage 775

Warum kam es in den 1980er-Jahren in Wackersdorf immer wieder zu Protesten?

Frage 776

Welche der folgenden deutschen Gruppen ist eine Rap-Band?
- a) Die Toten Hosen
- b) Die Fantastischen Vier
- c) Die Ärzte
- d) Die Prinzen

Frage 777

Welches Bundesministerium entstand 1986?
- a) Familie
- b) Gesundheit
- c) Ernährung
- d) Umwelt

Frage 778

„Die Rente ist sicher." Welcher Bundesminister ließ diesen Spruch im Wahlkampf 1986 plakatieren?

Frage 779

Mit welchem anderen bekannten deutschen Moderator zusammen wurde Thomas Gottschalk durch die B3-Radioshow und die Berichterstattung von der Internationalen Funkausstellung IFA bekannt?

Thomas Gottschalk

Frage 780

Ist der ADAC der einzige Automobilclub in Deutschland?

Frage 781

Worüber gibt der DAX Auskunft?

- a) über den aktuellen Wert der an den deutschen Börsen gehandelten Aktien
- b) über den aktuellen Wert der Aktien deutscher Unternehmen
- c) über den aktuellen Wert der 30 umsatzstärksten deutschen AGs
- d) über den aktuellen Wert der 100 wichtigsten deutschen Unternehmen

Frage 782

Für welchen Verein spielte Ex-Bundestrainer Jürgen Klinsmann am längsten?

Frage 783

 Was passierte 1987 bei der Barschel-affäre?

Frage 784

 Womit erregte Mathias Rust Aufsehen?

Frage 785

 Wie hießen die Spitzenkandidaten bei folgenden Bundestagswahlen?

❑ a) 1987: Helmut Kohl und _____
❑ b) 1990: Helmut Kohl und _____
❑ c) 1994: Helmut Kohl und _____
❑ d) 2002: Gerhard Schröder und _____

1) Johannes Rau   3) Edmund Stoiber
2) Oskar Lafontaine   4) Rudolf Scharping

Frage 786

 „Nur Schafe lassen sich zählen." Wogegen warb 1987 dieser Slogan?

Frage 787

 Wer schrieb *Eunuchen für das Himmelreich*?

❑ a) Hans Küng
❑ b) Eugen Drewermann
❑ c) Uta Ranke-Heinemann
❑ d) Karlheinz Deschner

Frage 788

 Was passierte 1988 in Ramstein?

Frage 789

 Dieser Publizist – deutsch-polnischer Jude und Überlebender des Warschauer Gettos – arbeitete seit 1958 als Literaturkritiker bei der *FAZ* und leitete ab 1988 die Sendung *Das Literarische Quartett*. Dabei wurde er teils mehr durch seine temperamentvollen Auftritte als durch seine tatsächlichen Analysen der Bücher bekannt. 2001 erstellte er einen Kanon der lesenswerten deutschsprachigen Werke. 2008 lehnte er den Deutschen Fernsehpreis ab, weil das Fernsehen zu viel „Blödsinn" verbreite.
Wer gilt in Deutschland als „Literaturpapst"?

Frage 790

 Welches *Tatort*-Team ermittelt bereits am längsten?

❑ a) Ivo Batic und Franz Leitmayr in München
❑ b) Max Ballauf und Freddy Schenk in Köln
❑ c) Bruno Ehrlicher und M. Kain in Dresden und Leipzig
❑ d) Lena Odenthal in Ludwigshafen

Frage 791

 Wer war der erfolgreichste deutsche Tennisspieler – Boris Becker oder Steffi Graf?

Frage 792

 Wer war von 1987 bis 2008 Vorsitzender der Deutschen Bischofskonferenz?

☐ a) Joachim Meisner ☐ c) Walter Mixa
☐ b) Karl Lehmann ☐ d) Johannes Dyba

Frage 793
Was ist *logo!*?

Frage 794
Wer war Chris Gueffroy?

Frage 795
Wodurch wurde die Leipziger Nikolaikirche bekannt?

Innenraum der Nikolaikirche

Frage 796
Was passierte am 30. September 1989?
☐ a) erste Öffnung des Eisernen Vorhangs
☐ b) erste Montagsdemonstration
☐ c) Ausreiseerlaubnis für die Flüchtlinge in Warschau und Prag
☐ d) Gründung des Neuen Forum

Frage 797
An welchem Tag fiel die Mauer?

Frage 798
Was bedeuten die russischen Begriffe „Glasnost" und „Perestroika" auf Deutsch?

Frage 799
Welcher Bürgerrechtsgruppe gehörte Angela Merkel 1989 an?
☐ a) Neues Forum
☐ b) SDP
☐ c) Demokratischer Aufbruch
☐ d) Keiner

Frage 800
Wann fanden die ersten freien Volkskammerwahlen in der DDR statt?
☐ a) 15. Oktober 1950 ☐ c) 18. März 1990
☐ b) 7. Dezember 1989 ☐ d) 1. Juli 1989

Frage 801
Ab wann galt in der DDR die D-Mark?

Frage 802
Wer war der letzte Regierungschef der DDR?

Frage 803
Welche Bedeutung hatte der Zwei-plus-Vier-Vertrag?

Frage 804
An welchem Tag wurde Deutschland wiedervereinigt?

Frage 805
Wie viele neue Bundesländer gab es im wiedervereinigten Deutschland?

Frage 806

 **Was passierte nach der Wiederverei-
nigung mit Erich Honecker?**

Frage 807

 Diese Anstalt wurde am 1. März 1990
von der DDR-Regierung gegründet,
um das volkseigene Vermögen nach Möglichkeit zu privatisieren. Sie übernahm rund
8000 volkseigene Betriebe, 30.000 Geschäfte, Hotels und Gaststätten sowie 2,4
Millionen Hektar Land. Am Ende konnte jedoch nur ein kleiner Teil erfolgreich privatisiert werden. Schuld waren Fehler, Schlam-
perei und Betrug, in erster Linie aber die
Tatsache, dass die DDR-Wirtschaft nach der
Marktöffnung nicht mehr konkurrenzfähig
war. Obwohl Millionen Menschen durch die
Abwicklungen ihren Job verloren, hatte die
Anstalt, als sie 1994 aufgelöst wurde, nur
einen riesigen Berg Schulden erwirtschaf-
tet. Die „Fünf Wirtschaftsweisen" gingen
aber davon aus, dass ein Weiterführen der
maroden Betriebe noch teurer gekommen
wäre.
Wie hieß die Anstalt?

Frage 808

 Wer waren Kyrill und Wiebke?

Frage 809

 1990 wurde Deutschland Fußballwelt-
meister.
**Wen besiegte die deutsche Mannschaft
im Finale?**

Frage 810

 **Welches Gas verschwand Anfang der
1990er-Jahre aus Spraydosen und
Kühlschränken?**

Frage 811

 Er war der erste Vorsitzende des Zent-
ralrats der Juden in Deutschland. Er
hatte die Konzentrationslager Auschwitz,
Buchenwald und Bergen-Belsen überlebt.
Präsident des Zentralrats war er 1954–63
und 1988–92 mit den Nachfolgern Ignatz
Bubis, Paul Spiegel und Charlotte Knobloch.
Wer war er?

Frage 812

 **Was haben Silvio Meier, Amadeu An-
tonio, Omar Ben Noui, Bahide Arslan
und die Familie Genç gemeinsam?**

Frage 813

 **Wer zahlt wem wie viel Solidaritäts-
zuschlag?**

Frage 814

 **Welches Wappen gehört zu welchem
Bundesland?**

a)   c)   e)

b)   d)   f)

Frage 815

 Welcher Komiker gelangte als Königin Beatrix verkleidet ins Schloss Bellevue zu einem Empfang des Bundespräsidenten?

❏ a) Harald Schmidt
❏ b) Otto Waalkes
❏ c) Hape Kerkeling
❏ d) Dieter Hallervorden

Frage 816

 1991 wurde leidenschaftlich um die „Berlin-Frage" gestritten.
Wobei ging es darum?

Frage 817

 Was bedeutet „Bio nach EG-Öko-Verordnung"?

Bio-Siegel der Europäischen Gemeinschaft

Frage 818

 Welche TV-Sendung verbirgt sich hinter dem Kürzel GZSZ?

Frage 819

 Welche Bundesbehörde hat ihren Sitz in Pullach?

Frage 820

 Die Europäische Union stellt die Erweiterung der bereits bestehenden Europäischen Gemeinschaften (EG) um eine Wirtschafts- und Währungsunion, eine gemeinsame Außen- und Sicherheitspolitik sowie eine Zusammenarbeit bei Strafverfolgung und Polizeiarbeit durch den Vertrag von Maastricht dar.
Seit wann ist Deutschland Mitglied der EU?

Frage 821

 In welchen Bundesländern regierte bisher eine Ministerpräsidentin?
(Mehrfachnennungen möglich)
❏ a) Baden-Württemberg
❏ b) Hessen
❏ c) Schleswig-Holstein
❏ d) Mecklenburg-Vorpommern

Frage 822

 Wie lautet der vollständige Name der grünen Partei in Deutschland?

Frage 823

 Der Konkurs seines Imperiums im Jahr 1994 ist die bislang größte Pleite, die je ein einzelner Kaufmann hingelegt hat. Insgesamt hatte er 5,4 Milliarden Mark Bankschulden. Bei dem Prozess 1997 wurde dann aber auch den Banken eine Mitschuld gegeben, weil sie ihm ohne ausreichende Prüfung immer neue Kredite gewährt hatten, obwohl die meisten seiner Immobilienprojekte rote Zahlen schrieben. Die Pleite kostete viele kleine Handwerker die Existenz, weil ihre Rechnungen nicht bezahlt wurden.
Wer verursachte diesen Skandal?

Frage 824

 In Deutschland herrscht politische Gewaltenteilung. Welches politische Organ stellt welche Gewalt dar?

- ❏ a) Regierung
- ❏ b) Parlament
- ❏ c) Verfassungsgericht und Bundesgerichte

1) Judikative (Rechtsprechung)
2) Legislative (gesetzgebende Gewalt)
3) Exekutive (ausführende Gewalt)

Frage 825

 Muss jeder Deutsche einen Personalausweis haben?

Frage 826

 Wie hieß Benedikt XVI., bevor er Papst wurde?

Papst Benedikt XVI.

Frage 827

 Wie heißt der Zoo von Hamburg?

- ❏ a) Wilhelma
- ❏ b) Tierpark Hellabrunn
- ❏ c) Zoologischer Garten
- ❏ d) Tierpark Hagenbeck

Frage 828

 Was ist eine Fraktion?

- ❏ a) dasselbe wie eine Partei
- ❏ b) ein Flügel einer Partei
- ❏ c) die Bundestagsabgeordneten einer Partei
- ❏ d) eine Abgeordnetengruppe in einem Parlament, die entweder derselben Partei oder Parteien, die sich zusammengeschlossen haben, angehören

Frage 829

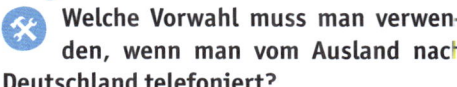 Welche Vorwahl muss man verwenden, wenn man vom Ausland nach Deutschland telefoniert?

Frage 830

 Was ist der „Hammelsprung"?

- ❏ a) eine offizielle Erfassung von Schafen
- ❏ b) eine traditionelle Mutprobe
- ❏ c) ein Abstimmungsverfahren im Bundestag
- ❏ d) eine geschichtlich bedeutsame Brücke in Hammelburg

Frage 831

Welcher ARD-Sender gehört zu welchen Bundesländern?

- ❏ a) BR: _____
- ❏ b) hr: _____
- ❏ c) MDR: _____
- ❏ d) NDR: _____
- ❏ e) RB: _____

- ❏ f) RBB: _____
- ❏ g) SR: _____
- ❏ h) SWR: _____
- ❏ i) WDR: _____

Frage 832

 Wer übt das Hausrecht im Deutschen Bundestag aus?

- ❏ a) der Hausmeister
- ❏ b) der Bundeskanzler
- ❏ c) die Abgeordneten
- ❏ d) der Bundestagspräsident

Frage 833

Wer entscheidet über den Staatshaushalt?

Frage 834

Was macht Deutschland zur Bundesrepublik?

Frage 835

Für welche Waren zahlt man nur den reduzierten Mehrwertsteuersatz von 7 Prozent? (Mehrfachnennungen möglich)

- ❏ a) Lebensmittel
- ❏ b) Bücher und Zeitschriften
- ❏ c) Theater-, Kino-, Konzert-, Museums- oder Zirkuskarten
- ❏ d) öffentlicher Personennahverkehr

Frage 836

Wer sitzt im Bundesrat?

Frage 837

Ist die Post in Deutschland ein Staatsunternehmen?

Frage 838

Dieses Organ muss allen Gesetzen zustimmen, die die Interessen der Länder berühren. Das ist bei den meisten der Fall. Dies gibt z. B. der Opposition die Möglichkeit, die Politik der Regierung zu blockieren, wenn sie dort die Mehrheit hat. Aber auch wenn dieselben Parteien in der Mehrheit sind, sind die Interessen der Länder oft andere als die des Bundes, vor allem wenn es um Finanzen geht.
Um welches Organ geht es?

Berlin für Insider

Bierpinsel – Turmrestaurant über der Steglitzer Schlossstraße
Café Achteck – traditionelles, achteckiges Toilettengebäude
Goldelse – Figur auf der Siegessäule
Görli – Görlitzer Bahnhof
Hungerharke – Denkmal für die Luftbrücke am Flughafen Tempelhof
Kotti – Kottbusser Tor
Merkwürdiges Viertel – Märkisches Viertel
Plötze – Jugendstrafanstalt Plötzensee
Rostkreuz – Bahnhof Ostkreuz
Schwangere Auster – Kongresshalle (Haus der Kulturen der Welt)
Sozialpallast – Wohnanlage an der Pallasstraße in Schöneberg
Wasserklops – Brunnen vor dem Europa-Center am Breitscheidplatz

Frage 839

Was ist in den Fernsehsendern MTV und Viva zu sehen?

Frage 840

1993 bekamen die Bundesbürger neben den Telefonbüchern ein weiteres dickes Nachschlagewerk von der Post.
Wofür?

Frage 841

Wozu dient der Solidarpakt?

Frage 842

Sie ist Deutschlands erfolgreichste Teilnehmerin an den Paralympics. Die

im Rollstuhl sitzende Leichtathletin gewann insgesamt neun Gold-medaillen in den ver-schiedenen Wurfdiszi-plinen.
Wie heißt sie?
Deutschlands erfolgreichste Paralympionikin namens ...?

Frage 843

Weshalb nennt man das Misstrau-ensvotum „konstruktiv"?
❏ a) Damit soll ein faires und konstruktives Miteinander angemahnt werden.
❏ b) Der Bundestag darf dem Kanzler nur das Misstrauen aussprechen, wenn er fähig ist, einen Nachfolger zu wählen.

❏ c) Weil es mit der Vertrauensfrage gekoppelt ist.
❏ d) Der Grund ist nicht mehr bekannt.

Frage 844

Welche Bedeutung hatte die Teilnah-me deutscher Sanitäter an einer UN-Mission in Kambodscha?

Frage 845

Braucht man für eine Eheschließung Eheringe?

Frage 846

Was steckt hinter der Drittstaaten-regelung?

Frage 847

Welchen Zug-Typ nahm die Bahn 1991 in Betrieb?
❏ a) Intercity
❏ b) Eurocity
❏ c) Transrapid
❏ d) Intercityexpress

Frage 848

In welcher Stadt befindet sich wel-ches der folgenden Museen zur deut-schen Geschichte?
❏ a) Germanisches Nationalmuseum
❏ b) Deutsches Historisches Museum
❏ c) Römisch-Germanisches Museum
❏ d) Haus der Geschichte

Frage 849

 Ist der Hamburger Hafen der größte Europas?

Hamburger Hafen im Sonnenuntergang

Frage 850

 Erhielt je ein Deutscher den Wirtschaftsnobelpreis?

Frage 851

 Unterliegen Abgeordnete dem Fraktionszwang?

Frage 852

 Der Buß- und Bettag ist nur noch in Sachsen gesetzlicher Feiertag. Warum?

Frage 853

 Was muss man nicht zwingend im Auto dabei haben?

❑ a) Verbandskasten
❑ b) Feuerlöscher
❑ c) Warndreieck
❑ d) Warnweste

Frage 854

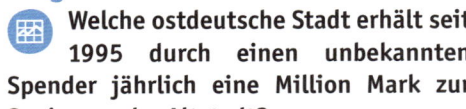 Sie war im Halbfinale über 200 Meter Freistil nur Neunte geworden, doch dank des Verzichts der achtplatzierten Dagmar Hase (*1969) durfte sie im Finale starten. Sie avancierte nach ersten Erfolgen bei den Olympischen Spielen in Barcelona 1992 zum Medienstar und zum ersten gesamtdeutschen Sportidol. Sie gewann 20 Welt- und Europameistertitel, aber nie eine olympische Goldmedaille.

Welche Schwimmerin kam bei der WM 1994 nur dank des Verzichts einer Mannschaftskollegin ins Finale und schwamm dann Weltrekord?

Frage 855

 Welche ostdeutsche Stadt erhält seit 1995 durch einen unbekannten Spender jährlich eine Million Mark zur Sanierung der Altstadt?

❑ a) Dresden
❑ b) Bautzen
❑ c) Cottbus
❑ d) Görlitz

Frage 856

 1995 trat in Deutschland das Abkommen von Schengen in Kraft. Entfielen damit alle Grenzkontrollen?

Frage 857

 Welcher Musiker tritt solo, aber auch mit der Gruppe Söhne Mannheims auf?

Frage 858

 Welche Sozialversicherung gibt es erst seit 1995?

Frage 859

 Wie oft wurde Deutschland Fußball-europameister?

- ☐ a) noch gar nicht
- ☐ b) einmal
- ☐ c) dreimal
- ☐ d) fünfmal

Frage 860

 Was war das „Golden Goal"?

Frage 861

 Wie oft muss ein Auto zur AU?

Frage 862

 Welcher Fluss sorgte 1997 für ein verheerendes Hochwasser?

- ☐ a) Oder
- ☐ c) Rhein
- ☐ b) Elbe
- ☐ d) Donau

Autotrends: grau statt rot

Ungefähr 1997, so stellte das Kraftfahrtbundesamt fest, fand eine Trendumkehr statt. War bis dahin die bundesdeutsche Pkw-Flotte ausgesprochen farbenfroh – etwa ein Viertel der Autos war rot, dicht gefolgt von Weiß und Grün –, so setzten sich danach die düsteren Farben gewaltig durch. 2007 waren knapp vier von zehn neu zugelassenen Autos grau und drei schwarz. Doch die Prognose aus Flensburg lautet: Weiß ist wieder im Kommen.

Frage 863

 Was haben die Fernsehproduktionen *Reifezeugnis, Frau Bu lacht* und *Manila* **gemeinsam?**

Frage 864

 Wie stürzte Helmut Kohl?

Frage 865

 Welcher Verein gewann wann den UEFA-Cup?

- ☐ a) 1975 und 1979: _____
- ☐ b) 1988: _____
- ☐ c) 1996: _____
- ☐ d) 1997: _____

1) FC Bayern München
2) Borussia Mönchengladbach
3) Bayer 04 Leverkusen
4) FC Schalke 04

Frage 866

 Kann man seine Kinder enterben?

Frage 867

 Wer ist das Staatsoberhaupt der Bundesrepublik Deutschland?

- ☐ a) der Bundeskanzler
- ☐ b) der Bundespräsident
- ☐ c) der Bundestagspräsident
- ☐ d) der Bundesratspräsident

Frage 868
 Wer ist wer?

a)  b)  c)

d)  e)  f)

Frage 869
 Warum gibt es regelmäßige CASTOR-Transporte vom französischen La Hague nach Gorleben?

Frage 870
 Welche Voraussetzungen muss man erfüllen, um in Deutschland als Bundespräsident zu kandidieren?
(Mehrfachnennungen möglich)
- ❑ a) Man muss Mitglied einer Partei sein.
- ❑ b) Man muss deutscher Staatsbürger sein.
- ❑ c) Man muss mindestens 40 Jahre alt sein.
- ❑ d) Man muss sich Verdienste um die BRD erworben haben.

Frage 871
 **Hat man ein Recht auf das Erbe seines Vaters, auch wenn die Mutter noch lebt?**

Frage 872
 Am 3. Juni 1998 verloren 101 Personen bei einem Unglück ihr Leben.
Was ist passiert?

Frage 873
 Darf die Polizei das Genmaterial der Bundesbürger speichern?

Frage 874
 Welche der folgenden Rennstrecken sind Formel-1-Kurse?
(Mehrfachnennungen möglich)
- ❑ a) EuroSpeedway Lausitz
- ❑ b) Nürburgring
- ❑ c) Hockenheimring
- ❑ d) Sachsenring

Frage 875
 Gegen wen führte Deutschland 1999 Krieg?

Frage 876
 Der Ausstieg aus welcher Energietechnologie wurde 2001 beschlossen?
- ❑ a) Kohle
- ❑ b) Wasserstofftechnologie
- ❑ c) Atomenergie
- ❑ d) Windkraft

Frage 877
 Welche Gewerkschaft wurde 2001 aus fünf kleineren gebildet?

Frage 878

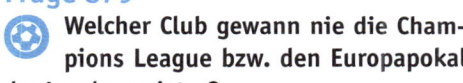 **Welcher deutsche Radfahrer gewann die Tour de France?**
(Mehrfachnennungen möglich)

❑ a) Erik Zabel ❑ c) Eddy Merckx
❑ b) Jan Ullrich ❑ d) „Täve" Schur

Frage 879

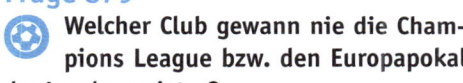 **Welcher Club gewann nie die Champions League bzw. den Europapokal der Landesmeister?**

❑ a) FC Bayern München
❑ b) Borussia Mönchengladbach
❑ c) Borussia Dortmund
❑ d) Hamburger SV

Frage 880

Warum wurde Deutschland 2001 vom PISA-Schock getroffen?

Frage 881

Taking Sides, ein Film von István Szabó aus dem Jahr 2001, berichtet von der Entnazifizierung eines berühmten deutschen Dirigenten.
Welcher war es?

❑ a) Herbert von Karajan
❑ b) Wilhelm Furtwängler

Frage 882

In seiner Novelle *Im Krebsgang* rief Günter Grass das größte Schiffsunglück der Geschichte ins Gedächtnis.
Welches ist es?

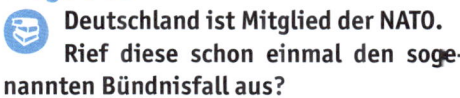

Die Bestseller in der Musikbranche
Den World Music Award für die deutschen Künstler mit den meisten verkauften Tonträgern erhielten:

2001	Peter Maffay
2002	No Angels
2003	Herbert Grönemeyer
2004	Sarah Connor
2005	Rammstein
2006	Xavier Naidoo
2007	Cascada
2008	Die Ärzte

Frage 883

 Deutschland ist Mitglied der NATO. Rief diese schon einmal den sogenannten Bündnisfall aus?

Frage 884

Wer bestimmt, ob Deutschland an einem Krieg oder einer militärischen Operation teilnimmt?

Frage 885

Wer gewann wie oft die Vierschanzentournee?

❑ a) Martin Schmitt
❑ b) Sven Hannawald
❑ c) Jens Weißflog
❑ d) Helmut Recknagel

1) viermal 3) einmal
2) dreimal 4) nie

Deutscher Filmpreis im 21. Jahrhundert

2000	*Die Unberührbare*, Oskar Roehler
2001	*Die innere Sicherheit*, Christian Petzold
2002	*Nirgendwo in Afrika*, Caroline Link
2003	*Good bye, Lenin!*, Wolfgang Becker
2004	*Gegen die Wand*, Fatih Akin
2005	*Alles auf Zucker*, Dany Levy
2006	*Das Leben der Anderen*, Florian Henckel von Donnersmarck
2007	*Vier Minuten*, Chris Kraus
2008	*Auf der anderen Seite*, Fatih Akin

Frage 886

 Welche Fernsehsendung steckt hinter dem Kürzel DSDS?

Frage 887

 Welche Bank wird seit 2002 von dem Schweizer Manager Josef Ackermann geleitet?

❏ a) Deutsche Bundesbank
❏ b) Deutsche Bank

Frage 888

 Weltweit fanden am 15. Februar 2003 die größten Friedensdemonstrationen der Geschichte mit etwa neun Millionen Teilnehmern statt.

Wogegen protestierte an diesem Tag eine halbe Million Deutsche?

Frage 889

 Ihre Trilogie *Tintenherz*, *Tintenblut* und *Tintentod* dreht sich um eine fantastische Welt in einem Buch, in die Personen hinein- und wieder hinausgelesen werden können. Weitere Erfolgstitel von ihr sind u. a. *Die wilden Hühner*, *Drachenreiter*, *Herr der Diebe* und *Hände weg von Mississippi*. Insgesamt hat sie bisher über zehn Millionen Bücher in über 30 Sprachen verkauft.

Welche Kinderbuchautorin schuf die „Tinten-Welt"?

Frage 890

 Zu Beginn des 21. Jahrhunderts sorgte BSE für Panik unter der Bevölkerung.

Worum ging es dabei?

Frage 891

 Wer bildet die Regierung?

❏ a) Bundeskanzler
❏ b) Bundeskanzler und Bundesminister
❏ c) Bundeskabinett und Mehrheitsfraktionen im Bundestag
❏ d) Regierungskoalition

Frage 892

 Wann war das letzte Mal eine totale Sonnenfinsternis in Deutschland zu sehen?

❏ a) 1989
❏ b) 1994
❏ c) 1999
❏ d) 2004

Frage 893

 In welcher Wahlversammlung saßen 2004 Prominente wie Wendelin Wiedeking, Kati Wilhelm oder Nina Hoss neben Politikern?

Frage 894

 Viele Entscheidungen, die Deutschland betreffen, werden heute von der EU gefällt. Wer ist dort das wichtigste Entscheidungsorgan?

❑ a) Europäisches Parlament
❑ b) Europäische Kommission
❑ c) Rat der Europäischen Union (Ministerrat)
❑ d) das Land, das jeweils die Ratspräsidentschaft innehat

Frage 895

 Was verbindet Dresden und Coventry?

Frage 896

 **Welches ist die auflagenstärkste, überregionale Abonnement-Tageszeitung in Deutschland?**

❑ a) *Frankfurter Allgemeine*
❑ b) *Berliner Tagesspiegel*
❑ c) *BILD*
❑ d) *Süddeutsche Zeitung*

Frage 897

 Der Schriftsteller wurde 2004 mit dem Thriller *Der Schwarm* bekannt. In diesem Buch wird die Menschheit durch eine unbekannte Lebensform aus dem Meer in ihrer Existenz bedroht. Während ein Team Wissenschaftler dem Phänomen auf die Spur zu kommen versucht, setzt das Militär auf rücksichtslose Vernichtung und droht damit, das Gleichgewicht der Meere erst recht zu stören. Nach diesem Erfolg wurden auch die früheren Romane des Werbefachmanns entdeckt, wie die in Köln spielenden Krimis *Tod und Teufel* und *Lautlos*.
Wie heißt der Autor?

Frage 898

 Wer ist der erfolgreichste deutsche Olympiateilnehmer?

❑ a) Reiner Klimke   ❑ c) Birgit Fischer
❑ b) Claudia Pechstein   ❑ d) Kristin Otto

Frage 899

 Wer wählte Angela Merkel zur Bundeskanzlerin?

❑ a) die CDU
❑ b) das Volk
❑ c) der Bundestag
❑ d) die Bundesregierung

Bundeskanzlerin Angela Merkel

Frage 900

 Welcher moderne Maler porträtierte den damaligen Bundeskanzler Gerhard Schröder in Gold?

❑ a) Anselm Kiefer
❑ b) Georg Baselitz
❑ c) Jörg Immendorff
❑ d) Gerhard Richter

Frage 901

Wie heißt die Neuordnung von Arbeitslosen- und Sozialhilfe im Jahr 2005 umgangssprachlich?

Frage 902

 In welchem Jahr wurde in Deutschland der Euro eingeführt?

Frage 903

Sie ist die erfolgreichste deutsche Fußballerin und wurde bislang dreimal (2003, 2004 und 2005) zur Weltfußballerin des Jahres gewählt. Bei der WM 2003 schoss sie in sechs Spielen sieben Tore. Insgesamt hat sie bislang in 188 Länderspielen 122 Tore erzielt. Mit ihrem Club, dem 1. FFC Frankfurt, wurde sie bislang neunmal Deutscher Meister und dreimal UEFA-Cup-Sieger.
Wie heißt die Ausnahmefußballerin?

Frage 904

Welche Gedenkstätte in Berlin schuf der Architekt Peter Eisenman?
- ☐ a) Gedenkstätte Deutscher Widerstand
- ☐ b) Gedenkstätte Berlin-Hohenschönhausen
- ☐ c) Gedenkstätte für die Opfer von Krieg und Gewaltherrschaft
- ☐ d) Denkmal für die ermordeten Juden Europas

Sinkende Wahlbeteiligung

Nie sind bei einer Bundestagswahl weniger Menschen zur Wahl gegangen als am 2. Oktober 2005, nämlich genau 77,7 Prozent der Wahlberechtigten. Der Tiefststand zuvor waren 77,8 Prozent am 2. Dezember 1990, also direkt nach der Wiedervereinigung. Die meisten Wähler beteiligten sich, als am 19. November 1972 Willy Brandt seine zweite Amtszeit antrat, nämlich 91,1 Prozent.

Frage 905

Wer sind Gustaf Schäfer, Georg Listing sowie Tom und Bill Kaulitz?

Frage 906

Für welchen dieser Bundesligaclubs spielte Michael Ballack nicht?
- ☐ a) Borussia Dortmund
- ☐ b) 1. FC Kaiserslautern
- ☐ c) Bayer Leverkusen
- ☐ d) Bayern München

Frage 907

Braucht man für einen Personalausweis ein biometriefähiges Passbild?

Frage 908

 Der wievielte deutsche Bundeskanzler war Gerhard Schröder?
- ☐ a) der fünfte   ☐ c) der achte
- ☐ b) der siebte   ☐ d) der neunte

Frage 909

 Welcher Fußballer wurde oft als „Titan" bezeichnet?

Frage 910

Wenn die Bevölkerung eines Bundeslandes über ein Gesetz abstimmt, dann nennt man das ...?
- ☐ a) Volksinitiative
- ☐ b) Volksbegehren
- ☐ c) Volksentscheid
- ☐ d) Bürgerentscheid

Frage 911

Welche gefährliche Fracht befand sich am 31. Juli 2006 in zwei Regionalzügen von Köln nach Hamm und Koblenz?

Frage 912

Was ist auf der Rückseite der deutschen 2-Euro-Münze zu sehen?

Frage 913

Wer spielt welche TV-Kommissarin?
- ☐ a) Hannelore Elsner
- ☐ b) Michaela May
- ☐ c) Iris Berben
- ☐ d) Hannelore Hoger

1) Rosa Roth
2) Bella Block
3) Lea Sommer in *Die Kommissarin*
4) Jo Obermaier in *Polizeiruf 110*

Frage 914

 Erbt der Ehegatte, wenn jemand kinderlos stirbt, das gesamte Vermögen?

Frage 915

 Wie lange dauert eine Legislaturperiode des Bundestags?

Plenarsitzung im Bonner Bundestag

Frage 916

Welche Stimme ist bei der Bundestagswahl wichtiger?
- ☐ a) die Erststimme
- ☐ b) die Zweitstimme
- ☐ c) beide sind gleich wichtig
- ☐ d) es gibt nur eine Stimme

Die Überhangmandate

Hat eine Partei bei der Wahl mehr Direktmandate errungen als ihr laut Zweitstimmenergebnis Sitze zustehen, dann darf sie diese als Überhangmandate behalten. Bei der Bundestagswahl wird bei der Berechnung jedes Land eigens gewertet. Überhangmandate in einem Land werden also nicht mit dem Bundesergebnis verrechnet.

Frage 917

In welcher Stadt wurde Angela Merkel geboren?

☐ a) Hamburg   ☐ c) Leipzig
☐ b) Templin   ☐ d) Stralsund

Frage 918

Wie alt muss man in Deutschland sein, um zu heiraten?

Frage 919

Dänen, Friesen und Sorben sind in Deutschland anerkannte nationale Minderheiten.
Wer noch?

☐ a) Türken   ☐ c) Bayern
☐ b) Polen   ☐ d) Sinti und Roma

Frage 920

Welcher Preis wird von den Fernsehsendern ARD, ZDF, RTL und Sat1 vergeben?

☐ a) Bambi
☐ b) Adolf-Grimme-Preis
☐ c) Goldene Kamera
☐ d) Deutscher Fernsehpreis

Frage 921

Wie unterscheiden sich Misstrauensvotum und Vertrauensfrage?

Frage 922

Welche Aufgabe haben Staatssekretäre in Deutschland?

☐ a) Sie sind die obersten Protokollführer.
☐ b) So nennt man Sekretäre im Dienst der Staatsregierung.
☐ c) Es ist eine andere Bezeichnung für die Minister.
☐ d) Sie sind die engsten Mitarbeiter und Stellvertreter der Minister.

Frage 923

Was passiert, wenn man heiratet, ohne eine Vereinbarung über finanzielle Dinge zu schließen?

Die Bundestagswahlen seit der Wende

2. Dezember 1990: Union 43,8 %, SPD 33,5 %, FDP 11 %, PDS 2,4 %, Bündnis 90 1,2 %
(PDS und Bündnis 90 zogen in den Bundestag ein, weil Ostdeutschland als eigenes Wahlgebiet galt und sie dort die 5-Prozent-Hürde überschritten.)
16. Oktober 1994: Union 41,4 %, SPD 36,4 %, Grüne 7,3 %, FDP 6,9 %, PDS 4,4 %
(Die PDS war im Bundestag vertreten, da sie vier Direktmandate gewonnen hatte.)
27. September 1998: SPD 40,9 %, Union 35,1 %, Grüne 6,7 %, FDP 6,2 %, PDS 5,1 %
22. September 2002: SPD 38,5 %, Union 38,5 %, Grüne 8,6 %, FDP 7,4 %, PDS zwei Direktmandate
18. September 2005: Union 35,2 %, SPD 34,2 %, FDP 9,8 %, Die Linke 8,7 %, Grüne 8,1 %

Frage 924

 Haftet man für die Schulden seines Ehepartners?

Frage 925

 Wo befindet sich das deutsche Endlager für Atommüll?

Frage 926

 Was ist der Bundesgerichtshof?

☐ a) das Bundesverfassungsgericht
☐ b) die oberste Instanz in der ordentlichen Gerichtsbarkeit
☐ c) das Gebäude, in dem das Bundesverfassungsgericht tagt
☐ d) die Instanz, die über dem Bundesverfassungsgericht steht

Frage 927

 Welche Behörden kontrollieren die Ausgaben von Bund und Ländern?

Frage 928

 Wie heißt der deutsche Auslandsgeheimdienst?

☐ a) Bundesnachrichtendienst
☐ b) Verfassungsschutz

Frage 929

 Sie verwaltet die Akten, die die Stasi während der Existenz der DDR zusammengetragen hat. Ziel ist – gemäß dem Stasi-Unterlagen-Gesetz – die Öffnung der Akten, doch wegen der oft unklaren Aktenlage und dem Schutz der Privatsphäre der Opfer schränkt die Behörde diese Einsicht oft ein. **Wie heißt die Behörde?**

Frage 930

 In welchem Alter wird man in Deutschland ...
☐ a) rechtsfähig? __ Jahre
☐ b) beschränkt geschäftsfähig? __ Jahre
☐ c) strafmündig? __ Jahre
☐ d) voll geschäftsfähig? __ Jahre

Frage 931

 Muss man so schreiben, wie es im Duden steht?

Frage 932

 Was wird im Bürgerlichen Gesetzbuch (BGB) geregelt?
☐ a) Zivilrecht   ☐ b) Strafrecht

Frage 933

 Was war Oskar Lafontaine, bevor er Vorsitzender der Linkspartei wurde? (Mehrfachnennungen möglich)
☐ a) Kanzlerkandidat der SPD
☐ b) Vorsitzender der SPD
☐ c) Ministerpräsident von Rheinland-Pfalz
☐ d) Bundeswirtschaftsminister

Oskar Lafontaine

Frage 934

 Die zwei höchsten Gebäude Europas sind der Naberezhnaya Tower und der Triumphpalast in Moskau. Das dritthöchste befindet sich in Deutschland.

Welches ist es?

- ☐ a) Commerzbank-Tower in Frankfurt a. M.
- ☐ b) Fernsehturm in Berlin
- ☐ c) Messeturm in Frankfurt am Main
- ☐ d) Ulmer Münster

Frage 935

 Was wird auf dem Standesamt beurkundet?

(Mehrfachnennungen möglich)

- ☐ a) Geburten
- ☐ b) Umzüge
- ☐ c) Hochzeiten
- ☐ d) Todesfälle

Frage 936

 Welche Sportereignisse werden in der Rennsteig-Arena in Oberhof ausgetragen?

Frage 937

Welcher internationale Star-Architekt schuf welches Gebäude in Berlin?

- ☐ a) Jüdisches Museum
- ☐ b) Kuppel auf dem Reichstag
- ☐ c) Anbau zum Historischen Museum
- ☐ d) debis-Hochhaus am Potsdamer Platz

1) Norman Foster
2) Ieoh Ming Pei
3) Renzo Piano
4) Daniel Libeskind

Frage 938

 Er ist einer der erfolgreichsten zeitgenössischen Künstler und gilt als Mitbegründer der sogenannten „Neuen Leipziger Schule". Seine Werke sind häufig in leuchtenden Farben gehalten, teils surrealistisch, teils auch vom Stil des sozialistischen Realismus beeinflusst. Er wird vor allem auch in den USA hoch geschätzt.

Wie heißt der Künstler?

Frage 939

 Wie lange nach dem Kauf darf man eine schadhafte Ware mindestens umtauschen bzw. hat ein Recht auf Mängelbeseitigung?

- ☐ a) zwei Wochen
- ☐ b) zwei Jahre

Frage 940

Was unterscheidet einen öffentlich-rechtlichen Fernsehsender vom Staatsfernsehen?

Frage 941

Wer schrieb welchen Bestseller?

- ☐ a) *Der Laden*
- ☐ b) *Der Vorleser*
- ☐ c) *Der Turm*
- ☐ d) *Die Vermessung der Welt*

1) Uwe Tellkamp
2) Erwin Strittmatter
3) Daniel Kehlmann
4) Bernhard Schlink

Frage 942

An welcher Stelle in der Welt steht Deutschland gemessen am Bruttoinlandsprodukt?

☐ a) an erster   ☐ c) an dritter
☐ b) an zweiter   ☐ d) an fünfter

Frage 943

Welche Partei wurde 2007 gegründet?

Frage 944

Wer ist der reichste Deutsche?

☐ a) Dieter Schwarz (Lidl, Kaufland)
☐ b) Theo Albrecht (Aldi Nord)
☐ c) Michael Otto (Otto-Versand)
☐ d) Karl Albrecht (Aldi Süd)

Frage 945

Welcher Fußballverein ist von Anfang an bis heute ohne Unterbrechungen Mitglied der Bundesliga?

☐ a) Bayern München   ☐ c) Hamburger SV
☐ b) VfB Stuttgart   ☐ d) Schalke 04

Frage 946

Dieser Schauspieler hatte in der DDR zunächst als Theaterschauspieler begonnen und viele Theater- wie auch Filmpreise gewonnen. Bekannt wurden u. a. seine Goebbelsparodie in dem Film *Goebbels und Geduldig* und seine Rolle als Gerichtsmediziner in der Krimiserie *Der letzte Zeuge*.
Wer spielte in dem Oscar-prämierten Film *Das Leben der Anderen* die Hauptrolle?

Frage 947

Warum werden seit 2008 in vielen Innenstädten Umweltzonen eingerichtet?

Todesursachen

Im Jahr 2007 hat das Statistische Bundesamt 827.155 Sterbefälle in Deutschland gezählt. 43,4 Prozent dieser Menschen kamen durch Herz-Kreislauf-Erkrankungen um. Bei den über 65-Jährigen waren es sogar über 91 Prozent. In den mittleren Lebensjahren war dagegen Krebs die häufigste Todesursache. An nicht natürlichen Todesfällen (Unfall, Mord, Suizid) starben nur gut 30.000 Personen, davon 9402 durch Suizid, 6361 bei häuslichen Unfällen, 5011 im Verkehr, 378 durch Totschlag und 314 durch Mord.

Frage 948

Warum geriet das ehemalige Bergwerk Asse bei Wolfenbüttel 2008 in die Schlagzeilen?

Frage 949

In der Bundesliga-Saison 2008/09 machte die TSG 1899 Hoffenheim Furore. Welcher Konzern steckt hinter dem rasanten Aufstieg von der Kreisliga in die Bundesliga?

Frage 950

Wie viele Einwohner hat Deutschland?

Frage 951

Welcher Gipfel gehört zu welchem Mittelgebirge?

☐ a) Feldberg (1493 m)
☐ b) Fichtelberg (1214 m)
☐ c) Brocken (1141 m)
☐ d) Großer Arber (1456 m)

1) Harz   3) Bayerischer Wald
2) Erzgebirge   4) Schwarzwald

Frage 952

Vom Bodensee über die Schwäbische Alb bis zum Fichtelgebirge zieht sich die Europäische Wasserscheide.
Welche Bedeutung hat sie?

Frage 953

Der höchste Berg Deutschlands ist die Zugspitze. Mit welcher Höhe?

☐ a) 3465 Meter
☐ b) 3974 Meter
☐ c) 2394 Meter
☐ d) 2962 Meter

Die Zugspitze
vom Höllental aus gesehen

Frage 954

Wie wird die fast 5,5 Meter hohe Ritterstatue auf dem Marktplatz von Bremen genannt?

Frage 955

Wie viele Einwohner leben in Deutschland auf einem Quadratkilometer?

☐ a) 99   ☐ c) 4238
☐ b) 230   ☐ d) 113

Frage 956

Wie viele Nachbarstaaten hat Deutschland?

Frage 957

Wie heißt der höchste Berg vulkanischen Ursprungs in Deutschland?

☐ a) Wasserkuppe   ☐ c) Vogelsberg
☐ b) Kaiserstuhl   ☐ d) Hoher Meißner

Frage 958

Was ist die Kö?

Frage 959

Im Berliner Stadtteil Spandau treffen die Flüsse Spree und Havel aufeinander.
Mündet die Havel in die Spree oder umgekehrt?

Frage 960

Wo liegt die Deutsche Bucht?

☐ a) bei Kiel
☐ b) bei Ueckermünde
☐ c) bei Lübeck
☐ d) vor der Elbmündung

Frage 961
Was ist ein Urstromtal?

Frage 962
Wo liegen der Titisee und der Mummelsee?

Frage 963
Wie viele Ausländer leben in Deutschland?
- a) 3 Millionen
- c) 7,2 Millionen
- b) 5,1 Millionen
- d) 12 Millionen

Frage 964
Welches deutsche Bundesland hat die Gestalt einer Hexe?

Frage 965
Ordnen Sie folgende Naturparks nach ihrer Größe!
- a) Lüneburger Heide
- b) Schwarzwald Mitte/Nord
- c) Zittauer Gebirge
- d) Siebengebirge

Frage 966
Sylt gehört zu den ...

- a) Westfriesischen Inseln
- b) Ostfriesischen Inseln
- c) Nordfriesischen Inseln
- d) Südfriesischen Inseln

Frage 967
Welches Mittelgebirge liegt zwischen Karlsruhe und Freiburg?
- a) Schwäbische Alb
- b) Rothaargebirge
- c) Schwarzwald
- d) Kellerwald

Frage 968
Welcher der folgenden Flüsse mündet nicht in die Donau?
Altmühl, Lech, Iller, Inn, Isar, Naab, Neckar, Regen, Wörnitz

Frage 969
Wo liegt Kampen?

Frage 970
Welches Bundesland ist das größte und welches das bevölkerungsreichste?

Frage 971
Was sind die Halligen?

Die deutschen Nationalparks
Bayerischer Wald, Berchtesgaden, Eifel, Hainich, Hamburgisches Wattenmeer, Harz, Jasmund, Kellerwald-Edersee, Müritz, Niedersächsisches Wattenmeer, Sächsische Schweiz, Schleswig-Holsteinisches Wattenmeer, Unteres Odertal, Vorpommersche Boddenlandschaft

Frage 972

 Wie groß ist Deutschland?

- ❑ a) 357.104 Quadratkilometer
- ❑ b) 547.030 Quadratkilometer
- ❑ c) 244.830 Quadratkilometer
- ❑ d) 83.871 Quadratkilometer

Frage 973

 Wie heißt die östlichste Ecke Deutschlands zwischen Spreewald und Zittauer Gebirge?

Frage 974

 Welcher See wird als „Bayerisches Meer" bezeichnet?

- ❑ a) Starnberger See
- ❑ b) Bodensee
- ❑ c) Königssee
- ❑ d) Chiemsee

Frage 975

 Was ist das Kannenbäckerland?

Frage 976

 Wo entspringt welcher Fluss?

- ❑ a) Saale
- ❑ b) Havel
- ❑ c) Weser
- ❑ d) Donau

1) Müritz-Nationalpark
2) Schwarzwald
3) Fichtelgebirge
4) Thüringer Schiefergebirge und Wasserkuppe/Rhön

Frage 977

 Wo liegt die „Blumeninsel"?

Frage 978

 Ist Deutschland das größte Land Europas?

- ❑ a) Ja.
- ❑ b) Nein, es liegt an zweiter Stelle hinter Frankreich.
- ❑ c) Nein, Frankreich, Spanien und Schweden sind größer.
- ❑ d) Nein, es liegt hinter Frankreich, Finnland, Norwegen und Polen.

Frage 979

 In Deutschland gibt es derzeit elf städtische Ballungsräume (Metropolregionen). Welches sind die drei größten? Berlin/Brandenburg, Bremen-Oldenburg, Frankfurt/Rhein-Main, Hamburg, Hannover-Braunschweig-Göttingen-Wolfsburg, München, Nürnberg, Rhein-Neckar, Rhein-Ruhr, Sachsendreieck, Stuttgart

Die größten Städte der fünf neuen Länder (Januar 2009)	
Leipzig	512.105 Einwohner
Dresden	507.513 Einwohner
Chemnitz	241.504 Einwohner
Halle	234.295 Einwohner
Magdeburg	230.140 Einwohner

Frage 980

 Liegen mehr deutsche Inseln in der Nordsee oder in der Ostsee?

Frage 981

 Fünf der folgenden Städte gehören nicht zum Ruhrgebiet. Welche?

Bielefeld, Bochum, Bottrop, Dortmund, Duisburg, Düsseldorf, Essen, Gelsenkirchen, Hagen, Hamm, Herne, Leverkusen, Mönchengladbach, Mülheim, Oberhausen, Wuppertal

„Skyline" von Essen

Frage 982

 Welches Bundesland hat die wenigsten Einwohner?

❑ a) Saarland
❑ b) Hamburg
❑ c) Mecklenburg-Vorpommern
❑ d) Bremen

Frage 983

 Wie heißt das Gebirge, zu dem die Zugspitze gehört?

❑ a) Karwendel
❑ b) Wettersteingebirge
❑ c) Ammergauer Alpen
❑ d) Lechtaler Alpen

Frage 984

 Wo liegt das Kap Arkona?

Frage 985

 Welche Ferienregion liegt zwischen den Städten Hamburg, Uelzen, Celle und Verden (Aller)?

Frage 986

 Mit über 3,4 Millionen Einwohnern ist Berlin die größte deutsche Stadt. An zweiter Stelle steht ...

❑ a) Leipzig   ❑ c) Köln
❑ b) Hamburg   ❑ d) München

Frage 987

 Wo befindet sich die Wallfahrtskirche St. Bartholomä?

❑ a) am Chiemsee   ❑ c) in Miesbach
❑ b) am Tegernsee   ❑ d) am Königssee

Frage 988

 Welches Bundesland ist am dichtesten besiedelt?

Frage 989

 Was sind Bodden?

Frage 990

Wie heißen die Hauptstädte der Bundesländer?

a) Baden-Württemberg: _____
b) Bayern: _____
c) Brandenburg: _____
d) Hessen: _____
e) Mecklenburg-Vorpommern: _____
f) Niedersachsen: _____
g) Nordrhein-Westfalen: _____
h) Rheinland-Pfalz: _____
i) Saarland: _____
j) Sachsen: _____
k) Sachsen-Anhalt: _____

l) Schleswig-Holstein: _____
m) Thüringen: _____

Frage 991
Welche der folgenden Flüsse haben ihre Quelle nicht in Deutschland?
(Mehrfachnennungen möglich)
- ❑ a) Spree
- ❑ c) Isar
- ❑ b) Main
- ❑ d) Mosel

Frage 992
Angeblich steht jeder der dünnen Böden der Prinzregententorte für einen der sieben bayerischen Regierungsbezirke. Wie heißen sie?

Bayerische Regierungsbezirke

Frage 993
Was ist die „Bastei"?

Frage 994
Welcher dieser Flüsse mündet nicht ins Meer?
- ❑ a) Oder
- ❑ c) Havel
- ❑ b) Ems
- ❑ d) Weser

Frage 995
Wo in Deutschland befindet sich der Einschlagkrater eines großen Meteoriten?

Frage 996
Was haben die Flüsse Ahr, Lahn, Lippe, Main, Mosel, Nahe, Neckar, Ruhr, Sieg und Wupper gemeinsam?

Frage 997
Welche in Deutschland lebende Ausländergruppe ist die größte?
- ❑ a) Italiener
- ❑ b) Polen
- ❑ c) ehemalige Jugoslawen
- ❑ d) Türken

Frage 998
Rügen ist mit 925 Quadratkilometern Deutschlands größte Insel. Welche liegt an zweiter Stelle?

Frage 999
Welcher Berg gilt als „Blocksberg", der Versammlungsplatz der Hexen?

Flächennutzung in Deutschland
Immer noch wird über die Hälfte der Fläche landwirtschaftlich genutzt. Knapp 30 Prozent sind von Wald bedeckt, knapp 2 Prozent von Wasser. Siedlungen und Verkehrswege machen etwas mehr als 12 Prozent aus. Dazu kommen Brachflächen, Kiesgruben und offene Bergbauflächen.

Frage 1000
Welcher besonders kalte See liegt südlich von Berchtesgaden?

Antworten

Antwort 1

Der dritte Sohn Ludwigs des Frommen und damit Enkel Karls des Großen. Ludwig (um 806–876) erhielt von seinem Vater den östlichen Teil des Frankenreichs, das heutige Deutschland, übertragen. Oft wird der Vertrag von Verdun 843, in dem sich Ludwig mit seinen Brüdern Karl dem Kahlen (Westfrankenreich) und Lothar (Lothringen und Italien) auf eine Reichsteilung einigte, als das Datum bezeichnet, an dem sich die Wege von Deutschland und Frankreich trennten. Doch Ludwigs Sohn Karl III. „der Dicke" wurde noch einmal König des Gesamtreiches und ab 936 regierten seine Nachkommen nur noch das spätere Frankreich. Deshalb ist der Beiname „der Deutsche", den Ludwig im 19. Jahrhundert verpasst bekam, wenig zutreffend.

Antwort 2

Diese Wahl bedeutete die endgültige Trennung des West- und des Ostfrankenreichs.

West- und Ostfrankenreich

Antwort 3

Es setzte sich zusammen aus fünf Herzogtümern, in denen mächtige Herzogsfamilien regierten. Sachsen bestand in etwa aus dem heutigen Niedersachsen, Schleswig-Holstein und Thüringen, Franken aus dem Mittelrhein, Hessen und Mainfranken, Schwaben aus dem Elsass, der Schweiz, Baden-Württemberg und dem bayerischen Schwaben und Bayern aus Ober- und Niederbayern, Mittelfranken, der Oberpfalz, Oberösterreich, Tirol und Südtirol. Lothringen (Ostfriesland, Holland, Belgien, Saarland, Pfalz, Luxemburg, Westfrankreich) schloss sich 911 aus Protest gegen die Wahl Konrads I. Frankreich an, wurde aber 925 von Heinrich I. zurückerobert.

Antwort 4

„Gemein" war ungefähr dasselbe wie „allgemein". Der „gemeine Mann" war quasi „Otto Normalverbraucher", also kein Adliger, kein Priester, aber auch kein Bettler oder Ausgestoßener. Die heutige negative Bedeutung von gemein kommt daher, dass die „Bessergestellten" auf die „gemeinen Leute" herabsahen und das „gemeine" Verhalten oft als vulgär, unmoralisch und unehrlich abtaten.

Antwort 5

 Ja. Karl der Große (747–814) hatte das Frankenreich in Grafschaften aufgeteilt. An den Grenzen schuf er die Marken. Die

Reich Karls des Großen

Markgrafen regierten nicht nur größere Gebiete als gewöhnliche Grafen, sondern hatten auch besondere Befugnisse, vor allem, wenn es um die Befestigung ihrer Ländereien oder die Aufstellung von Heeren ging. Gehalten hat sich der Begriff vor allem in der „Mark Brandenburg".

Antwort 6

 d) Heinrich IV. (1050–1106). Der Kaiser hatte auf seinem traditionellen Recht bestanden, die Bischöfe seines Reiches selbst auszuwählen. Papst Gregor VII. (um 1021–85) erklärte die Bischofswahl zu einem allein päpstlichen Recht und bannte Heinrich. Mit diesem Bann verlor – nach damaliger Auffassung – auch jeder Mensch die göttliche Gnade, der mit dem Kaiser verkehrte. Dem Kaiser drohte also ein Abfall seiner Untertanen, die um ihr Seelenheil fürchteten. Deshalb bat er den Papst vor den Toren der norditalienischen Burg Canossa öffentlich um Vergebung. Gregor war nun – da ein Papst zu christlicher Barmherzigkeit verpflichtet war – genötigt, diese Vergebung zu gewähren und Heinrich vom Bann zu befreien.

Antwort 7

 c) Die Elbe. Sie bildete damals den Grenzfluss zwischen dem deutschen und dem slawischen Siedlungsgebiet. Allerdings fürchtete Heinrich I. (876–936) weniger einen Einfall der Slawen als Beutezüge der Ungarn. Er errichtete deshalb Militärposten an der Elbe, aus denen später Städte wie Magdeburg hervorgingen.

Antwort 8

 Die Nonne und Dichterin Roswitha von Gandersheim (um 935–nach 973).

Antwort 9

 Salier. Der Name leitet sich wahrscheinlich von den Salfranken aus den linksrheinischen Gebieten ab: So wurden König Konrad II. und seine Nachfolger in den Chroniken wohl als „reges salici" bezeichnet, da sie aus der heutigen Pfalz kamen.

Antwort 10

 b) Otto I. (912–973). Dessen große Leistung war dabei weniger die militärische Organisation der Schlacht als vielmehr die Tatsache, dass er die zerstrittenen deutschen Fürsten zur gemeinsamen Abwehr der Gefahr bewegen konnte. Die Ungarn wurden nach der Niederlage sesshaft. König Stefan ließ sich im Jahr 985 taufen und heiratete Ottos Großnichte Gisela von Bayern.

Antwort 11

 Nein. Die deutschen Könige waren ständig auf Reisen, um sich jeweils vor

Ort um anstehende Probleme und die Verwaltung des Reiches zu kümmern. Als Unterkunft dienten ihnen die über das ganze Land verstreuten Königspfalzen, eine Mischung aus Palast und Gutshof. Palast, um den König und sein Gefolge angemessen unterzubringen, Gutshof, um die Versorgung sicherzustellen. Wichtige Pfalzen waren Aachen, Gelnhausen, Hagenau im Elsass, Ingelheim oder Wimpfen.

Antwort 12

 Es sind bedeutende mittelalterliche Klosterstandorte. Klöster waren damals die Zentren der Bildung, von ihnen gingen aber auch entscheidende Impulse für die Erschließung des ländlichen Raumes aus.

Torhalle des Klosters Lorsch

Antwort 13

 Wenden.

Antwort 14

 d) Im Jahr 953 verlieh Otto I. (912–973) seinem jüngeren Bruder, dem Bischof Brun von Köln (925–965), das Herzogtum Lothringen. Damit machte er zum ersten Mal einen Bischof zum weltlichen Fürsten. Der Hintergrund: Zuvor hatten mehrere weltliche Fürsten, darunter auch enge Familienangehörige, rebelliert. In der Folge setzte

Otto dann vermehrt auf geistliche Fürsten, da diese viel gebildeter waren und keine legitimen Erben hatten, weshalb sie sich als loyaler erwiesen.

Antwort 15

 Eine Vormundschaft. Unter einer „Munt" standen nicht nur Kinder, sondern auch alle Frauen (entweder des Vaters oder des Ehemanns) sowie die Unfreien, die unter der „Munt" ihrer Leibherren standen. Außerdem gab es eine spezielle „Munt" des Königs über Kleriker, Kaufleute und Juden. Da diese keine Waffen tragen durften, hatte der König für ihren Schutz zu sorgen.

Antwort 16

Vor allem, weil er der eigentliche Begründer des Heiligen Römischen Reiches (HRR) war. Der erste Kaiser des Mittelalters war zwar Karl der Große, der im Jahr 800 vom Papst gekrönt wurde. Doch seinen Nachkommen ging die Kaiserkrone wieder verloren. Die Idee Karls des Großen, ein möglichst viele Nationen umfassendes christliches Kaiserreich zu schaffen, wurde erst von Otto I. (912–973) wieder aufgegriffen. Mit seiner Krönung im Jahr 962 entstand das Reich, das bis 1806 Bestand hatte.

Kaiserkrone Ottos I.

Antwort 17

 In Regensburg.

Antwort 18

Als Allmende, Mark oder Gmain bezeichnete man im Mittelalter den Teil eines Dorfes, der von allen Bewohnern gemeinsam benutzt wurde, d. h. die Wald- und Wasserflächen, die Wege, Plätze und Weiden. Im Gegensatz dazu standen die Felder und die Grundstücke, auf denen sich die Häuser befanden. Allerdings gab es auch in den Dörfern Außenseiter, die kein Erbrecht an der Allmende hatten und sie nicht nutzen durften.

Antwort 19

b) Otto II. (955–983), der Sohn Ottos I. Die Ehe mit Theophanu aus dem reichen, mächtigen Byzanz (um 960–991) war ein großer Prestigeerfolg für die noch recht „junge" Dynastie der Ottonen. Nach Ottos Tod erwies sich die griechische Prinzessin als geschickte Regentin, die ihrem Sohn Otto III. (980–1002) die Macht sicherte, bis er selber regieren konnte. Philipp von Schwaben (1177–1208) war mit Irene, der Tochter des abgesetzten byzantinischen Kaisers Isaak II. Angelos, verheiratet. Philipps Bruder, Kaiser Heinrich VI., träumte davon, Philipp auf den Thron von Byzanz zu bringen und beide Kaiserreiche zu vereinigen, was aber nicht einmal ansatzweise gelang. Philipp und Irene sollen jedoch sehr glücklich gewesen sein.

Antwort 20

Nein. „Das Heilige Römische Reich Deutscher Nation" war ein Begriff, der erst um 1450 auftauchte. Davor sprach man vom Römischen Kaiserreich oder Heiligen Römischen Reich, das als Nachfolger des römischen Imperiums der Antike angesehen wurde. Das deutsche Königreich war nur ein Teil davon, auch wenn nur die deutschen Könige Kaiser wurden. Neben dem deutschen gehörten auch das böhmische, teilweise das burgundische und das italienische Königreich zum Kaiserreich, wobei es den Kaisern aber oft nicht gelang, sich auch in Italien durchzusetzen.

Antwort 21

b) Hildesheim. Der Mariendom (9. bis 14. Jahrhundert) und St. Michael (11. bis 13. Jahrhundert) zählen zu den bedeutendsten frühromanischen Bauwerken. Goslar war im Mittelalter Sitz einer der wichtigsten Kaiserpfalzen und zudem durch die Silberminen des Harzes eine besonders reiche Stadt. In Quedlinburg befand sich ein bedeutendes Stift, das meist von weiblichen Mitgliedern der Königsfamilie geleitet wurde. Mühlhausen war eine große Reichsstadt und die südlichste Hansestadt.

Antwort 22

 Ritt nach Gnesen.

Antwort 23

 Im frühen Mittelalter überließ man es meist Gott, die Schuld eines Menschen vor Gericht zu beweisen. Entweder musste der Angeklagte einen Eid auf seine Unschuld schwören – in dem Bewusstsein, dass ein Meineid sein ewiges Seelenheil im Jenseits gefährden würde. Oder er musste sich einem sogenannten Gottesurteil unterziehen, etwa einem Zweikampf mit seinem Gegner vor Gericht oder einer Feuerprobe. Dazu legte er seine Hand ins Feuer oder fasste ein glühendes Eisen an. Heilte die Verbrennung gut, galt er als unschuldig, eiterte sie, sah man seine Schuld als erwiesen an. Ab dem 12. Jahrhundert traute man derartigen Urteilen nicht mehr. Allerdings kam nun die Folter als Mittel der „Wahrheitsfindung" auf.

Antwort 24

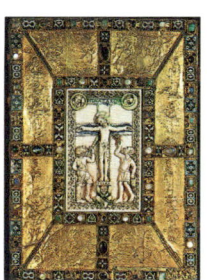

Den Ottonen, die neuerdings auch manchmal nach dem frühesten bekannten Vorfahren „Liudolfinger" genannt werden. Damals existierten solche Sippennamen aber noch nicht. Heinrich II. (973–1024) war ein Enkel Herzog Heinrichs von Bayern, dem jüngeren Bruder Kaiser Ottos I.

Ottonische Kunst

Antwort 25

c) Heinrich II. (973–1024). Er ist allerdings ein recht seltsamer Heiliger. Zwar war er sehr fromm, wie u. a. die Gründung des Bistums Bamberg und die Errichtung des dortigen Doms beweisen, aber er war auch ein pragmatischer Herrscher, der die Kirche dort förderte, wo sie ihm nützte, und ihre Pfründe beschnitt, wenn es ihm angemessen erschien. Zu seinen Lebzeiten klagten nicht wenige geistliche Herren über ihn. Sein Nachfolger Konrad II. (um 990–1039) sprang aber noch viel rigider mit der Kirche um, sodass Heinrich im Nachhinein wohl verklärt wurde. Außerdem kam die Legende auf, der kinderlose König und seine Frau Kunigunde von Luxemburg hätten eine sogenannte „Josephsehe" geführt, also freiwillig auf Sex verzichtet. Kunigunde soll sogar über glühende Pflugscharen gelaufen sein, um ihre sexuelle Unschuld zu beweisen. Allerdings ist eine Bemerkung Heinrichs überliefert, die nicht gerade auf freiwillige Kinderlosigkeit schließen lässt.

Antwort 26

b) Der Bau des Doms von Speyer wurde 1030 von dem ersten salischen König Konrad II. begonnen und bekam seine wesentliche Gestalt durch dessen Enkel Heinrich IV. Er war eine der größten und schönsten Kirchen seiner Zeit. Mit seinem ausgeprägten Rundbogenschmuck gilt er als Musterbeispiel des romanischen Baustils. Die Krypta, in der außer den Saliern noch vier weitere deutsche Könige ruhen, ist die größte romanische Säulenhalle Europas.

Der Dom von Speyer

Antwort 27

🏛 Ministeriale waren unfreie, aber höhergestellte Untergebene im Dienst adeliger Herren, also keine Bauern oder Knechte. Sie dienten meist entweder als Beamte in der Verwaltung oder als Ritter. Mit der Zeit trat die unfreie Herkunft der Ministerialen hinter ihrer Macht und ihrem Wohlstand zurück. Man schätzt, dass etwa 80 Prozent der Ritterfamilien ministeriale Wurzeln haben. Im 12. Jahrhundert schmolzen sie mit den kleinadeligen Rittern zu einem gemeinsamen Stand zusammen.

Antwort 28

🏛 Durch den Naumburger Dom, der im Jahr 1021 auf Initiative von Utas Mann Ekkehard (um 985–1046) und seinem Bruder Hermann (um 980–1038) entstand. Gut 200 Jahre später schuf ein Künstler, der nur als der Naumburger Meister bekannt ist, im Dom zwölf Stifterfiguren, unter denen die Brüder Ekkehard und Hermann und ihre Frauen Uta von Ballenstedt (um 1000–46) und Reglindis von Polen (um 989–1016) herausragen. Die Figuren weisen eine für die damalige Zeit verblüffende Individualität auf. Im 19. Jahrhundert wurden die Figuren durch kunstvolle Fotografien erneut ins Licht der Öffentlichkeit gerückt. Vor allem um die „Uta von Naumburg" entstand ein regelrechter Kult.

Uta von Naumburg

Antwort 29

🏛 In der Antike bezeichneten die Germanen damit die Kelten. Im Mittelalter verstand man unter „welsch" alles, was die romanischsprachigen Länder wie Italien und Frankreich betraf. So hieß die Walnuss z. B. welsche Nuss, weil sie aus Frankreich oder Italien nach Deutschland gekommen war. Auch die Bezeichnung „Kauderwelsch" geht auf eine „welsche" und damit für die meisten Deutschen unverständliche Sprache zurück.

Antwort 30

🏛 Darüber streiten sich die Forscher. Vineta soll zwischen dem 8. und 11. Jahrhundert die reichste Stadt an der Ostsee gewesen sein, die dann in einer Sturmflut zerstört wurde. Später wurde sie zu einem Mythos, ähnlich wie Atlantis. Als mögliche Standorte werden die Umgebungen von Barth, von Peenemünde, von Koserow und Wollin diskutiert.

Lag die Mythenstadt Vineta auf der polnischen Insel Wollin?

Antwort 31

🏛 Nein. Leibeigene waren unmündig. Sie durften keine Waffen tragen und sich vor Gericht nicht selbst verteidigen. Sowohl im Krieg als auch vor Gericht musste ihr „Leibherr" sie schützen. Dafür schuldeten sie ihm Dienste. Wie stark diese Abhängigkeit war – und damit einer Sklaverei ähnelte –, das war im Einzelfall sehr verschieden. Aber die unfreien Menschen des Mittelalters – ob nun von Leibeigenen, Hörigen oder Knechten gesprochen wurde – waren nicht rechtlos. Die echte Sklaverei war mit der Ausbreitung des Christentums im frühen Mittelalter verschwunden.

Antwort 32

Vom Ersten Kreuzzug. Im November 1095 hatte Papst Urban II. zum Kreuzzug aufgerufen. Im Frühjahr 1096 begann dann ein spontaner Aufbruch einfacher, oft verarmter Menschen. Um sich zu versorgen, plünderten sie im Rheinland und entlang von Main und Donau viele Städte. Am schlimmsten wütete eine 10.000 Menschen starke Gruppe um den Grafen Emicho von Flonheim, die glaubte, ihr Kreuzfahrergelübde durch Massaker an der jüdischen Bevölkerung zu erfüllen. In allen größeren Städten des Rheinlandes kam es zu Pogromen mit mehreren Tausend Toten, obwohl teilweise die Bischöfe versuchten, die Juden zu schützen. Es waren die ersten antijüdischen Pogrome in Deutschland. Am eigentlichen Kreuzzug nahmen dann recht wenige Deutsche teil, stattdessen vor allem französische Ritter.

Antwort 33

Zünfte. Das Wort hat dieselben Wurzeln wie „geziemen". Die Zünfte regelten all das, was sich für die Handwerker einer Stadt geziemte, also wie sie leben und arbeiten sollten. In erster Linie regelten sie den Wettbewerb untereinander, setzten Qualitätsstandards für ihre Waren und trafen Preisabsprachen. Doch mit der Zeit bestimmten die Zünfte auch mehr und mehr die Normen für das Privatleben ihrer Mitglieder. Da dieser Zusammenschluss den Mitgliedern Macht gab, waren Handwerkerzusammenschlüsse im frühen Mittelalter verboten. Die erste Zunft, die sich durchsetzte, war wohl die der Weber in Mainz 1099. Später herrschte sogar Zunftzwang. Nur wer Mitglied der entsprechenden Zunft war, durfte ein Handwerk ausüben. Gelegentlich wird auch der Begriff Gilde für die Handwerkerzünfte verwendet, meist aber waren es eher die Kaufmanns- oder Künstlervereinigungen, die sich als Gilden bezeichneten.

Antwort 34

 Wormser Konkordat.

Antwort 35

1137 starb Kaiser Lothar III. Sein Schwiegersohn Heinrich der Stolze (um 1108–39) aus der Familie der Welfen war sicher, sein Nachfolger zu werden, da er als Herzog von Bayern und Sachsen der mächtigste Fürst im Reich war. Doch den übrigen Adligen war er zu mächtig und sie wählten stattdessen Konrad von Staufen als Konrad III. (1093–1152). Heinrich begann einen Bürgerkrieg, der nach zwei Jahren mit seinem Tod endete.

Antwort 36

Im Hochmittelalter waren die meisten Städte sehr interessiert daran, neue Einwohner zu bekommen, und erließen deshalb Bestimmungen, dass jeder Leibeigene, der ein Jahr und einen Tag unbehelligt in der Stadt gelebt hatte, als freier Mensch zu betrachten sei. Die ehemaligen Grundherren sahen dies meist anders, aber da ein kleiner Ritter keine befestigte Stadt angreifen konnte, waren ihre Mittel, sich zu wehren, gering. Teilweise hatten sie jedoch mit Klagen bei den Königen und Fürsten Erfolg, die den Städten dann verboten, Leibeigene aufzunehmen.

Antwort 37

c) Stralsund und Wismar, die beide bedeutende mittelalterliche Handelsstädte waren. Aber auch Lübeck, das einstige Zentrum der Hanse, ist Weltkulturerbe.

Wismar

Antwort 38

Der Zehnt. Er leitet sich von einer Bibelstelle des Alten Testaments ab, in der die Abgabe eines Zehntels aller Erträge für Gott festgelegt ist.

Antwort 39

a) Friedrich I.

Antwort 40

Bamberger Reiter. Die lebensgroße Steinfigur befindet sich an einem Pfeiler des Bamberger Doms und entstand in der ersten Hälfte des 13. Jahrhunderts. Wer sie erschuf und wen sie darstellen soll, weiß man nicht. Diskutiert werden vor allem der heiliggesprochene ungarische König Stephan I. (969–1038), ein Schwager des Domgründers Kaiser Heinrichs II., und der deutsche König Philipp von Schwaben (1177–1208). Die elegante Figur des Reiters, die ursprünglich bunt gewesen war, wurde im 19. Jahrhundert wieder sehr populär und später von den Nazis als Idealbild des „deutschen Mannes" gefeiert.

Antwort 41

Eine Wahlmonarchie. Bis 1356 gab es allerdings kein geregeltes Wahlverfahren, also keine genauen Bestimmungen, wer wahlberechtigt war und wie eine Wahl abzulaufen hatte. Deshalb gab es oft auch Gegenkönige, bzw. ließen sich manche Anwärter von einem Teil der deutschen Fürsten wählen und bemühten sich erst nach der Krönung um die Zustimmung der anderen. Die meisten Könige versuchten auch, ihre Söhne bereits zu Lebzeiten von den Fürsten – gegen Zugeständnisse – zu Mitkönigen wählen zu lassen, sodass bei ihrem Tod der Thron quasi vererbt wurde. Später setzte sich das Wahlrecht der Kurfürsten durch.

Antwort 42

Ja. Ein mittelalterlicher Bauernhof konnte gar nicht von einem unverheirateten Mann bewirtschaftet werden. Zur Frauenarbeit gehörten nicht nur Küche und Kinder, sondern der Garten, die Versorgung der Tiere, die Textilherstellung und Hilfe bei Aussaat und Ernte. In der Stadt arbeiteten Frauen in der Regel im Geschäft oder Handwerksbetrieb ihres Mannes mit. Es gab aber auch viele reine Frauenberufe, die u. a. von unverheirateten Mädchen ausgeübt wurden, um sich eine Aussteuer zu verdienen. Erst in der Biedermeierzeit im frühen 19. Jahrhundert wurde es zum Privileg der besseren Stände, dass Frauen nicht zu arbeiten brauchten.

Antwort 43

c) Der Sachsenspiegel ist das bedeutendste mittelalterliche Rechtsbuch. Er wurde zwischen 1220 und 1235 von dem sächsischen Beamten Eike von Repgow verfasst und enthielt das sächsische Gewohnheitsrecht. Obwohl Eike kein neues Recht schuf, erlangte sein Sachsenspiegel durch die vollständige und systematische Aufzeichnung der herrschenden Rechtsgrundsätze große Bedeutung, auch über das sächsische Gebiet hinaus.

Antwort 44

Albertus Magnus (um 1200–80). Magnus ist lateinisch und bedeutet „der Große".

Albertus Magnus

Antwort 45

d) Ihre Stammburg befand sich auf dem Berg Hohenstaufen bei Göppingen am Rand der Schwäbischen Alb. 1079 wurde der Großvater Friedrich Barbarossas von Kaiser Heinrich IV. zum Herzog von Schwaben gemacht.

Antwort 46

951 hatte Otto I. Adelheid von Burgund, die Erbin der italienischen Königskrone, geheiratet. Seitdem betrachteten sich die deutschen Könige als legitime Herrscher Italiens. Doch diese Herrschaft konnten sie nie richtig durchsetzen. Teilweise wollten sie nur nach Rom zur Kaiserkrönung, mussten sich zuvor aber durch feindliches Territorium kämpfen. Teilweise wollten sie ihre Finanznöte beheben, indem sie bei den reichen italienischen Städten ihre Tributansprüche geltend machten. Teilweise wurden sie aber auch von italienischen Städten oder Fürsten gegen ihre Nachbarn zu Hilfe gerufen. Vor allem Friedrich Barbarossa (1122–90) unternahm sechs verheerende Italienzüge, die von Erfolglosigkeit, Grausamkeit und der Malaria geprägt waren.

Antwort 47

Einerseits wurden die slawischen Gebiete zwischen Elbe und Oder durch deutsche Fürsten unterworfen. Diese siedelten dort deutsche Bauern an und zwangen die slawischen Bauern zur Assimilation, sodass sich eine einheitlich deutschsprachige Bevölkerung bildete. Andererseits warben auch osteuropäische Fürsten im 12. und 13. Jahrhundert deutsche Siedler an, um noch nicht erschlossene Landesteile urbar zu machen. Diese Siedler erhielten meist das Privileg, in ihren Siedlungen nach deutschem Recht zu leben. So entstanden die deutschsprachigen Regionen in Siebenbürgen oder den Sudeten. In Pommern und Schlesien setzte sich sogar bei der slawischen Bevölkerung die deutsche Sprache durch.

berühmt (*Der arme Heinrich*, *Erec*, *Iwein*). Walther von der Vogelweide (um 1170–1230) schrieb vor allem Gedichte (*Under der linden*, *Ich saz ûf eime steine*). Süßkind von Trimberg (13. Jh.) ist der einzig bekannte Jude unter den deutschen Minnesängern.

Wolfram von Eschenbach

Antwort 48

Das mittelalterliche Lehnsystem bestand aus gegenseitigen Verpflichtungen. Der Kaiser „lieh" seinen adeligen Untertanen (Kronvasallen) Land und Ämter. Sie schuldeten ihm dafür Loyalität, eine Einhaltung der Gesetze und Gefolgschaft im Krieg. Die Kronvasallen liehen das Land an sogenannte Aftervasallen, z. B. an Ritter, weiter, die ihnen dafür wiederum Gefolgschaft zusichern mussten. Die Ritter schließlich teilten das Land unter hörigen Bauern auf.

Antwort 49

b) Wolfram von Eschenbach (um 1160–1220). Die Dichtung erzählt die Geschichte des Ritters Parzival, der auf der Suche nach dem geheimnisvollen Heiligen Gral ist, aber zunächst daran scheitert, weil er zu wenig Mitgefühl für den kranken Gralskönig aufbringt. Wolfram verwendete dafür eine Vorlage des französischen Dichters Chrétien de Troyes (um 1140–90). Hartmann von Aue († um 1220) wurde ebenfalls durch Epen

Antwort 50

Ein Markt durfte im Mittelalter nur in Städten abgehalten werden, die dafür eine königliche Erlaubnis hatten. Dieses Recht wurde z. B. als Belohnung für loyales Verhalten vergeben, aber auch weil die Herrscher gezielt Städte in strategisch günstiger Lage fördern wollten. Für die Städte war das Marktrecht ein großer wirtschaftlicher Vorteil, weshalb viele den Namen „Markt" noch heute im Namen führen.

Antwort 51

Heinrich der Löwe (um 1130–95) aus dem Geschlecht der Welfen, der Herzog von Bayern und Sachsen. Im Jahr 1180 wurde der mächtigste der deutschen Fürsten von seinem Cousin, dem Kaiser, gestürzt.

Antwort 52

b), c) und d). Das Herzogtum Sachsen umfasste Niedersachsen mit Ausnahme Frieslands, Teile von Schleswig-Holstein, den Norden von Sachsen-Anhalt und dazu Teile von Hessen, Thüringen und Nordrhein-Westfalen. Das heutige Bundesland Sachsen jedoch geht auf die Markgrafschaft Meißen zurück. Den Namen Sachsen bekam diese erst, als die Meißener Markgrafen 1423 die sächsische Kurfürstenwürde erbten.

Antwort 53

 In Braunschweig. Der selbstbewusste Herzog von Sachsen und Bayern ließ dort die Burg Dankwarderode zu einer Pfalz ausbauen, die den Königspfalzen in nichts nachstand. Vor der Burg ließ er um 1166 das lebensgroße Bronzebild eines Löwen aufstellen. Es handelt sich dabei um die erste derartig große Gussfigur seit der Antike und – soweit man weiß – die erste überhaupt, die nördlich der Alpen angefertigt wurde.

Antwort 54

 Tjost, auch Lanzenstechen genannt.

Antwort 55

Die Hanse. Die Hanse war zunächst ein loser Verbund von Fernhandelskaufleuten, die im Ostseeraum agierten. Mitte des 13. Jahrhunderts wurde ein Bund von

Darstellung mittelalterlicher Handelsleute

Handelsstädten daraus. Im 14. Jahrhundert war die Hanse eine Großmacht in Nordeuropa, die sogar erfolgreiche Kriege gegen Dänemark führte. Mit dem Aufkommen des Überseehandels im 16. Jahrhundert verlor sie dann an Bedeutung.

Antwort 56

 Köln, als römische Siedlung Colonia Claudia Ara Agrippiensium genannt.

Antwort 57

Der Kölner Dom. 1164 hatte der deutsche Kanzler und Kölner Erzbischof Reinald von Dassel angeblich die Gebeine der Heiligen Drei Könige nach Köln gebracht. Aus diesem Grund begann man 1248 mit dem Bau einer gotischen Kathedrale, die größer als alle bisher gebauten Kathedralen werden sollte. Im frühen 16. Jahrhundert musste der Bau allerdings eingestellt werden – vermutlich, weil nicht mehr genug Pilger nach Köln kamen und das Geld ausging.

Antwort 58

Hildegard von Bingen (um 1098–1179). Hildegard wird oft nur als eine frühe Vertreterin der Vollwerternährung gesehen. Die Äbtissin des Benediktinerklosters Rupertsberg war jedoch auch eine Mystikerin, die Visionen hatte, theologische Bücher verfasste, öffentlich predigte und von Kaiser Friedrich Barbarossa um Rat gefragt wurde. Außerdem verfasste

sie Abhandlungen über Klostermedizin und Pflanzenkunde und komponierte religiöse Lieder.

Hildegard von Bingen empfängt göttliche Inspiration

Antwort 59

c) Friedrich Barbarossa ertrank am 10. Juni 1190 auf dem Weg ins Heilige Land beim Baden im Fluss Saleph (heute Göksu) im Süden Anatoliens. Ein großer Teil des deutschen Heeres kehrte daraufhin in die Heimat zurück. Insgesamt spielten die Deutschen bei den Kreuzzügen keine große Rolle. Am erfolgreichen ersten nahmen nur wenige deutsche Ritter teil. Beim zweiten erlitt Konrad III. 1147 in Anatolien eine verheerende Niederlage. Den größten Erfolg hatte Friedrich II., der 1229 auf dem Verhandlungsweg die Moslems überzeugen konnte, ihm Jerusalem, Bethlehem und Nazareth zu überlassen. Schon 1244 eroberten die Moslems die Städte allerdings wieder zurück.

Antwort 60

Seine Mutter Konstanze (1154–98) war Erbin und Regentin Siziliens, wo Friedrich 1194 auf die Welt kam. Als fünf Jahre später ihr Mann Heinrich VI. starb, hatte Konstanze alle Hände voll zu tun, ihre Herrschaft in Sizilien zu sichern. Nach ihrem Tod brach prompt der Streit zwischen Staufern und Wel-

fen wieder los. Die Stauferpartei wählte aber nicht das Kind in Sizilien, sondern seinen Onkel Philipp von Schwaben zu ihrem Kandidaten. Erst als Philipp im Jahr 1208 ermordet wurde, wurde der junge Friedrich für die Stauferpartei wieder interessant.

Antwort 61

 Ab 1215 trifft dies zu. Da verbot nämlich die Kirche den Christen mit Verweis auf die Bibel, Geld gegen Zinsen zu verleihen. Gleichzeitig wurden die Juden aus den Zünften ausgeschlossen. Außerhalb der Zünfte aber durfte man kaum noch ein Handwerk ausüben. Deshalb wurden die Juden immer mehr in das Geldverleihergeschäft – und auch in eigene Gettos – gedrängt.

Antwort 62

 b) Die Burg Eltz bei Wierschem in Rheinland-Pfalz. Sie liegt an dem Flüsschen Elz, wurde im 12. Jahrhundert erbaut und nie wirklich zerstört. Sie gilt als eine der schönsten Burgen Deutschlands und war früher auf dem 500-Mark-Schein zu sehen.

Antwort 63

Angeblich irgendwo im Rhein bei Worms.

Antwort 64

b) Friedrich II. (1194–1250). Grund für den Beinamen war zum einen seine überragende Bildung. So soll Friedrich mindestens sechs Sprachen gesprochen haben (Italienisch, Französisch, Latein, Griechisch, Mittelhochdeutsch und Arabisch). Zum anderen war aber sein außergewöhnliches Benehmen schuld. Friedrich pflegte in Sizilien Kontakt mit den Moslems und hatte eine sarazenische Leibgarde. Bei seinen wenigen Besuchen in Deutschland tauchte er mit einem exotischen Gefolge aus riesigen Sudanesen, Kampfelefanten, Kamelen, Löwen und Leoparden auf. Angeblich befasste er sich auch mit wissenschaftlichen Experimenten und ließ z. B. Säuglinge ohne Ansprache aufziehen, um herauszufinden, ob und in welcher Sprache sie von selber zu sprechen beginnen.

Antwort 65

b) Der Kyffhäuser ist ein 19 Kilometer langer und bis zu 477 Meter hoher Bergrücken am Südostrand des Harzes. Im Mittelalter gab es an seinem Fuß eine Königspfalz und auf dem Bergrücken eine große Burganlage, von der aber nicht viel erhalten ist. Bekannt ist der Kyffhäuser vor allem durch die Sage, dass Kaiser Friedrich in diesen Berg entrückt worden sei und in

Kaiser-Wilhelm-Denkmal auf dem Kyffhäuser

der Stunde größter Not aus seinem jahrhundertelangen Schlaf erwache und die „alte Herrlichkeit" wiederbringe. Ursprünglich bezog sich die Sage auf Friedrich II., später wurde sie auf seinen Großvater Friedrich I. Barbarossa umgemünzt. Kaiser Wilhelm II. ließ 1890 ein über 80 Meter hohes Denkmal auf dem Kyffhäuser errichten, das seinen eigenen Großvater Wilhelm I. quasi zum wiedererwachten Kaiser Friedrich stilisiert.

Antwort 66

Nein. Der Ordensstaat war kein Teil des römisch-deutschen Kaiserreiches. Die Ritter des Deutschen Ordens hatten das Land ab 1231 mit Einwilligung des polnischen Herzogs Konrad von Masowien und Kaiser Friedrichs II. von den heidnischen Pruzzen erobert. Beide Herrscher garantierten den Rittern die volle Souveränität über die Eroberungen. Im Jahr 1466 jedoch musste der Orden nach militärischen Niederlagen einen Teil seines Gebietes an Polen abtreten und für den Rest die polnische Oberhoheit anerkennen.

Antwort 67

b) Elisabeth von Thüringen (1207–31), eine gebürtige Prinzessin von Ungarn. Sie versuchte bereits als Landgräfin von Thüringen, das damals in Mode kommende Armutsideal des heiligen Franziskus von Assisi umzusetzen. Nach dem Tod ihres Mannes 1127 wurde sie von dessen Verwandten von der Wartburg vertrieben. Ihr Beichtvater Konrad von Marburg, ein vom

Papst eingesetzter Inquisitor, verstand es, Elisabeths Wunsch nach Armut und Dienst an den Bedürftigen zu manipulieren, indem er sie als Schwester in einem Armenspital zu niedrigsten Diensten und Selbstgeißelungen anhielt. Diese zur Schau gestellte Selbstentäußerung war schon zu ihren Lebzeiten ein Politikum. Nach ihrem Tod rissen ihr die Leute die Haare aus, um Reliquien zu besitzen, und Konrad sorgte beim Papst für eine prompte Heiligsprechung seines Schützlings. Die „Hebung ihrer Gebeine" (zwecks Verehrung als Reliquien) war ein Staatsakt, an dem auch Kaiser Friedrich II. teilnahm. Hedwig von Andechs (1174–1234) war Elisabeths Tante, die wegen ihrer Frömmigkeit und Nächstenliebe 1267 heiliggesprochen wurde. Gertrud von Helfta, auch Gertrud die Große genannt (1256–1301), und ihre Lehrerin Mechthild von Magdeburg (1207–82) waren bedeutende Mystikerinnen.

Briefmarke zum 800. Geburtstag der Heiligen Elisabeth

Antwort 68

In Norddeutschland jenseits der Mittelgebirge waren nicht genug Natursteine für große Bauwerke vorhanden. Im 12. Jahrhundert, als Holz nicht mehr für die gestiegenen repräsentativen Ansprüche ausreichte, begann man deshalb, rote Backsteine für die Bauten zu benutzen. Im Gegensatz zu den Steinbauten wiesen die Backsteingotikbauten kaum figürlichen Schmuck auf. Die Fassaden wurden jedoch durch den wechselnden Einsatz von roten und schwarz oder weiß glasierten Ziegeln ebenfalls sehr kunstvoll gestaltet. Viele Backsteinbauten entstanden aber auch erst im 19. Jahrhundert im neogotischen Stil.

Zisterzienserkirche im Stil der Backsteingotik

Antwort 69

a) „Die" Steinerne Brücke befindet sich in Regensburg. Sie wurde vermutlich zwischen 1135 und 1146 gebaut und diente als Vorbild für andere mittelalterliche Brückenbauten in ganz Europa.

Antwort 70

Sein Großvater Friedrich II. hatte sich mit dem Papsttum angelegt. Als auch sein Vater Konrad IV. 1254 starb, wurde Konradin auf Druck des Papstes nicht zum Nachfolger gewählt. Konradins Onkel, Manfred von Benevent, versuchte jedoch, Italien gegen die Päpste und ihren Helfer, den französischen Prinzen Karl von Anjou, zu verteidigen. Als Manfred 1266 starb, rief die italienische Stauferpartei Konradin nach Italien. 1268 wurde er von Karl von Anjou gefangen genommen. Für die öffentliche Enthauptung als Verbrecher gab es aber keine Rechtfertigung, weshalb auch schon die Zeitgenossen mit Empörung reagierten.

Antwort 71

Das war verschieden. In der Regel gehörten alle dazu, die mit dem Tod zu tun hatten, wie Henker, Totengräber und Abdecker (teils auch Ärzte), bzw. nicht sesshaft

waren, wie Spielleute und Gaukler. Aber auch Zöllner, Straßenfeger, Nachtwächter, Müller, Schäfer und Leinenweber wurden teils als „unehrenhaft" angesehen.

Hinrichtung von Seeräubern in Hamburg

Antwort 72

b) Kurfürsten wurden die sieben Fürsten genannt, die den deutschen König „küren", also wählen durften. Wie es dazu kam, dass gerade diese sieben und nur diese das Wahlrecht hatten, ist nicht mehr genau nachzuvollziehen. Die Entwicklung fand während des sogenannten Interregnums zwischen 1254 und 1273 statt. Zuvor hatte es keine festen Regeln gegeben. Manche Könige waren nur von einem Teil der Großen im Reiche gewählt worden und hatten sich mit den anderen danach durch Verhandlungen oder auch kriegerisch geeinigt.

Antwort 73

Nein. Aber es gab niemanden, der in Deutschland eine zentrale Herrschergewalt ausübte. Bereits zwei Jahre vor dem Tod Friedrichs II. im Jahr 1248 hatte die papsttreue Opposition in Deutschland den Grafen Wilhelm von Holland zum Gegenkönig gewählt und damit einen Bürgerkrieg

entfacht, in dem Wilhelms Partei erst gegen die Leute Friedrichs II. und dann gegen die seines Sohnes Konrad IV. kämpfte. Nach Konrads Tod im Jahr 1254 gab es dann keine nennenswerte Opposition gegen Wilhelm mehr, allerdings starb dieser schon 1256. Daraufhin wählten vier Kurfürsten Richard von Cornwall und vier Alfons von Kastilien zum neuen König. (Der König von Böhmen gab beiden seine Stimme.) Richard war kaum jemals in Deutschland, Alfons nie. In Deutschland herrschte teilweise Anarchie, teilweise übernahmen die Landesfürsten das Regiment und stärkten so ihre Position. Erst nach dem Tod Richards und dem Verzicht Alfons' wurde 1273 wieder ein „richtiger" König gewählt: Rudolf von Habsburg (1218–91).

Antwort 74

Ja, ab dem 13. Jahrhundert kamen entehrende Strafen auf. Etwa, dass man Verbrecher für eine gewisse Zeit an einen Schandpfahl fesselte oder sie mit umgehängten „Lästersteinen" durch die Stadt gehen ließ. In manchen Städten durften Menschen am Pranger auch beworfen oder geschlagen werden. Auch Strafen wie das Abhacken einer Hand, das Herausreißen der Zunge oder das Brandmarken als Verbrecher bzw. öffentliche Hinrichtungen wurden erst im Spätmittelalter üblich.

Antwort 75

e) Die Herzöge von Bayern erhielten 1623 die pfälzische Kurfürstenwürde übertragen, weil sie die Habsburger Kaiser im

Dreißigjährigen Krieg gegen die Pfälzer Kurfürsten unterstützten. Nach dem Dreißigjährigen Krieg wurde dann eine neue Kurwürde für die Pfalz geschaffen, zudem wurde 1692 auch Braunschweig-Lüneburg Kurfürstentum und 1803 Baden, Württemberg, Hessen-Kassel, Regensburg und Salzburg, was jedoch keine praktische Bedeutung mehr hatte, da 1806 das Kaiserreich aufgelöst wurde. Trotzdem wird der Norden Hessens um Kassel auch heute noch als Kurhessen bezeichnet.

Die Kurfürsten auf dem Reichstag zu Worms

Antwort 76

 Berlin. Die deutsche Hauptstadt entstand aus den beiden Städten Cölln, das auf der Spreeinsel südlich des späteren Schlossplatzes lag, und Alt-Berlin, das sich gegenüber rund um die Nikolaikirche befand. Der Name Cölln stammt vermutlich von einem slawischen Wort für Hügel, Berlin dagegen von einer slawischen Bezeichnung für Sumpf.

Antwort 77

 Freie Reichsstadt.

Antwort 78

 Heinrich (VII.) (1211–42) war der Sohn des Staufers Friedrich II. gewesen und schon zu Lebzeiten seines Vaters zum Mitkönig gekrönt worden. Weil sich die beiden aber nicht über den politischen Kurs einigen konnten, wurde Heinrich von seinem Vater im Jahr 1235 wieder abgesetzt. Als 1308 wieder ein Heinrich zum König gewählt wurde, ignorierte er diesen glücklosen Vorgänger und bezeichnete sich ebenfalls als Heinrich VII.

Antwort 79

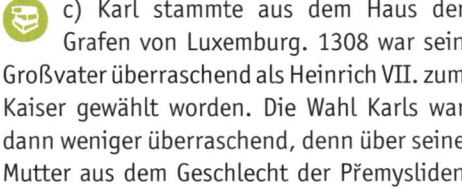 Wie es um das frühe Mittelalter bestellt war, weiß man nicht. In den Städten des Hoch- und Spätmittelalters herrschte jedoch eine hohe Badekultur. Man nahm in den Badestuben heiße Wannenbäder oder reinigte sich in saunaähnlichen Schwitzstuben. Auch Seife war seit den Kreuzzügen bekannt und sehr verbreitet. Da sich viele Menschen aber in den Badehäusern an Pest und Syphilis ansteckten, setzte sich im 15. Jahrhundert der Glaube durch, Baden wäre ungesund. Bis ins 18. Jahrhundert waren die Europäer dann ausgesprochen wasserscheu.

Antwort 80

Ludwig IV. der Bayer (um 1282–1347).

Antwort 81

c) Karl stammte aus dem Haus der Grafen von Luxemburg. 1308 war sein Großvater überraschend als Heinrich VII. zum Kaiser gewählt worden. Die Wahl Karls war dann weniger überraschend, denn über seine Mutter aus dem Geschlecht der Přemysliden hatte er die böhmische Krone geerbt. Nach

Karl regierten noch seine Söhne Wenzel (reg. 1376–1400) und Sigismund (reg. 1411–37) und sein Neffe Jobst von Mähren (reg. 1410–11). Nach Sigismunds Tod erbten über dessen Tochter die österreichischen Habsburger Macht und Besitz der Luxemburger.

Antwort 82

Politisch nicht. Prag war die Hauptstadt des Königreichs Böhmen und gehörte damit nicht zu Deutschland. Kulturell lagen die Dinge anders. Karl IV. (1316–78) war nicht nur deutscher König und Kaiser, sondern auch König von Böhmen. Er residierte vor allem in Prag, baute es zur „Goldenen Stadt" aus und holte die kulturelle Elite aus dem ganzen Reich in die Stadt, die so in dieser Zeit zu einer Art inoffiziellen Hauptstadt des Kaiserreiches wurde, aber auch eine weitgehende deutschsprachige Stadt. Deshalb gilt die hier von Karl 1348 gegründete Universität auch als die erste auf deutschsprachigem Gebiet.

Blick auf Prag

Antwort 83

Handwerksgesellen verdienten im Mittelalter in der Regel nicht genug, um sich einen eigenen Hausstand leisten zu können. Sie hatten eine Schlafstatt im Haus ihres Meisters und aßen bei diesem mit. Heiraten zu können und eine Familie zu gründen war deshalb in den Städten des Spätmittelalters nicht normal, sondern Privileg. Vielen Gesellen gelang dies nur, indem sie die Witwe ihres Meisters heirateten und nach deren Tod eventuell noch einmal eine junge Frau. So wurden große Altersunterschiede in der Ehe üblich.

Antwort 84

b) Die Pest wurde 1347 über Schiffe von Asien nach Europa eingeschleppt. Deutschland wurde vor allem im Jahr 1349 heimgesucht. Insgesamt starb an der Pest schätzungsweise ein Drittel aller Bewohner Europas. Deutschland, vor allem Süddeutschland, kam dabei glimpflicher weg, während Städte wie Köln, Hamburg und Bremen sehr stark heimgesucht wurden. Überhaupt starben in den Städten sehr viel mehr Menschen als auf dem Land. Der heutige Südosten (Sachsen und südliches Brandenburg) blieb sogar nahezu vollständig verschont.

Antwort 85

Von fanatisierten Volksmassen. Nachdem das Gerücht aufgekommen war, die Krankheit komme daher, dass die Juden Brunnen vergiftet hätten, kam es gerade in Städten, die noch nicht von der Pest betroffen waren, zu Pogromen. Papst Clemens IV. (um 1290–1352) dagegen drohte allen Beteiligten die Exkommunikation an und forderte die Landesherren auf, die Juden zu schützen, was manche auch taten. Vor allem König Kasimir von Polen (1310–70) gewährte vielen deutschen Juden Exil.

Antwort 86
 Jiddisch.

Antwort 87
 Ein Freiburger Franziskanermönch namens Berthold Schwarz im Jahr 1353. Aber sicher ist nicht einmal, ob Schwarz je gelebt hat, und die ersten Kanonen wurden im Orient schon rund 100 Jahre früher eingesetzt. In den europäischen Armeen wurden zu Beginn des 14. Jahrhunderts erstmals Kanonen und Gewehre benutzt.

Berthold Schwarz

Antwort 88
Das Raubrittertum ist ein Phänomen des Spätmittelalters. Im 14. Jahrhundert verfielen die Agrarpreise, weil Katastrophen wie die Pest in den Städten stärker zuschlugen als auf dem Land. Städtische Handwerker waren deshalb rar und gefragt, während auf dem Land Überschüsse produ-

ziert wurden. Dies machte auch den Rittern zu schaffen, die von ihren Landgütern lebten. Viele verlegten sich deshalb aufs Raubrittertum und überfielen die reichen Kaufleute. Im Jahr 1523 gab es sogar einen Aufstand der Reichsritter, der jedoch niedergeschlagen wurde. In der Folge mussten sich die alten Ritterfamilien dann andere Existenzen aufbauen, etwa als höhere Beamte im Dienst der Fürsten.

Antwort 89
 Bader.

Antwort 90
Die Goldene Bulle ist eine Urkunde mit goldenem Siegel (Bulle), die Kaiser Karl IV. 1356 ausstellen ließ. Mit diesem Dokument bekam das Kaiserreich erstmals so etwas wie eine Verfassung. Vor allem wurden die Königswahl und die Stellung der Kurfürsten geregelt.

Antwort 91
Die Beginen waren alleinstehende Frauen und kinderlose Witwen, die zusammen in einer klosterähnlichen Gemeinschaft lebten und sich ihren Lebensunterhalt durch Arbeit verdienten. Im Gegensatz zu Klöstern konnte man ein Beginenhaus aber wieder verlassen. Das erste wurde 1280 in Lüttich gegründet. Im 14. Jahrhundert wurden sie der Ketzerei verdächtigt. Die Gemeinschaften mussten sich auflösen oder dem Franziskanerorden anschließen.

Antwort 92

 Zum einen hat es den höchsten Kirchturm der Welt. Er misst 161,53 Meter. Zum anderen war es die größte Kirche des Mittelalters, die nicht von einem Fürsten oder Bischof gebaut wurde, sondern von der Einwohnerschaft der Stadt. Die zwischen 1377 und 1419 errichtete Kirche bot im Mittelalter über 20.000 Menschen Platz, doppelt so vielen wie Ulm Einwohner hatte.

Antwort 93

 b) Die ersten Sinti wanderten etwa um das Jahr 1400 in Deutschland ein. 1407 sind Sinti in Hildesheim belegt. Sie stammten ursprünglich aus Nordindien, das sie möglicherweise aber schon im 5. Jahrhundert verlassen haben. Als Nichtsesshafte und Nichtchristen waren sie von Anfang an zahlreichen Repressalien ausgesetzt.

Antwort 94

 c) Brandenburg wegen seiner vielen, wenig fruchtbaren Sandböden. Lange Zeit war das Wertvollste an dem Land die Kurfürstenwürde. 1415 übertrug Kaiser Sigismund das Fürstentum an den Nürnberger Burggrafen Friedrich VI. aus dem Haus Hohenzollern als Dank für treue Dienste. Ein wirklicher Aufschwung setzte jedoch erst nach dem Dreißigjährigen Krieg ein.

Antwort 95

 Die Vitalienbrüder, auch Likedeeler (Gleichteiler) genannt.

Antwort 96

 Hussitenkriege.

Antwort 97

 Agnes Bernauer (um 1410–35) war die Geliebte und möglicherweise sogar heimliche Ehefrau des bayerischen Erbprinzen Albrecht. So unstandesgemäß verheiratet hätte Albrecht nicht Herzog werden können. Deshalb ließ sein Vater Ernst sie in Straubing in der Donau ertränken. Schon im 16. Jahrhundert setzte dann eine rege Dichtung um die „Schöne Bernauerin" ein.

Antwort 98

 Gürzenich, benannt nach der Erbauerfamilie.

Antwort 99

 c) Johannes Gutenberg lebte etwa von 1400 bis 1468 und erfand wohl um 1450 den Buchdruck mit beweglichen Lettern. Seine berühmte Gutenbergbibel druckte er wahrscheinlich zwischen 1452 und 1454. Bis dahin hatte man Buchseiten gedruckt, indem man sie komplett in Holz geschnitzt hatte. Das Zusammensetzen der Druckstöcke aus einzelnen Metalllettern erwies sich als viel einfacher und billiger. Seine Erfindung führte dann aber zu einer Re-

Johannes Gutenberg

volution des Druckwesens und der menschlichen Kommunikation überhaupt. Gedruckte Schriften und Bücher wurden plötzlich zur Massenware.

Antwort 100

 Zunächst vor allem wirtschaftliche, weil Handelsrouten in den Osten abgeschnitten wurden. Im 16. Jahrhundert griffen die Türken dann Ungarn an, was dazu führte, dass die Kaiser aus dem Hause Habsburg, die auch Könige von Ungarn waren, immer wieder Krieg gegen die Türken führten. Die deutschen Fürsten wussten das oft sogar für sich auszunutzen, da die Kaiser dringend auf Frieden innerhalb des Reiches angewiesen waren. Die beiden Belagerungen Wiens in den Jahren 1529 und 1683 aber sorgten in ganz Europa für Panik.

Antwort 101

Albrecht Dürer (1471–1528).

Antwort 102

 Von wegen. Gerade in Deutschland, das eine Wahlmonarchie war und wo die Territorialfürsten traditionell eine sehr starke Stellung hatten, nahmen diese auch sehr großen Einfluss auf die Regierung. Es gab allerdings kein verfassungsmäßiges Recht, wie diese Mitsprache aussah. Deshalb beriefen die Herrscher bei Bedarf Hoftage ein, um Probleme zu regeln. 1495 vereinbarten dann der Kaiser und die Reichsstände, regelmäßig Reichstag abzuhalten. Die Reichsstände waren alle Fürsten, Geistlichen und Städte, die unmittelbar der Krone unterstanden.

Antwort 103

 Ein 18-jähriger, ungebildeter Wanderhirte namens Hans Böhm, der im Jahr 1476 die Bevölkerung des Taubertals aufrief, Wallfahrten nach Niklashausen zu unternehmen. Er gewann Zehntausende von Anhängern und predigte sozialrevolutionäre Utopien, etwa dass Fürsten und Könige enteignet werden und alle Menschen ihren Lebensunterhalt mit eigener Hände Arbeit verdienen sollten. Obwohl er und seine Anhänger Gewalt ablehnten, wurde er vom Würzburger Erzbischof als Ketzer verbrannt. Auch in anderen Gegenden Deutschlands gab es Bewegungen, die eine soziale Umwälzung forderten, etwa der Arme Konrad oder die Bundschuh-Bewegung in Südwestdeutschland.

Antwort 104

Die Albrechtsburg in Meißen.

Antwort 105

 Im Mittelalter fanden die meisten deutschen Königskrönungen in Aachen statt, einige auch in Mainz sowie im Spätmittelalter zwei in Bonn und eine in Köln. Ab 1562 wurden alle deutschen Könige in Frankfurt am Main gekrönt. Bereits vorher hatte die Königswahl immer in Frankfurt stattgefunden. Nun ließ man die Krönung gleich an Ort und Stelle folgen.

Antwort 106

Familie von Thurn und Taxis.

Antwort 107

Mathias Grünewald (um 1480–1528) war ein aus Würzburg stammender Maler der beginnenden Renaissance, dessen Werk durch dramatische, oft mystisch wirkende Licht- und Farbeffekte geprägt war. Bekannt ist vor allem sein Isenheimer Altar. Da man wenig über ihn selber und die Inspirationen, die ihn zu seinem außergewöhnlichen Stil veranlassten, weiß, wird heute immer noch oft über „das Rätsel Grünewald" gesprochen.

Antwort 108

Den *Hexenhammer*. Institor (um 1430–1505), ein Dominikanermönch aus dem Elsass, der eigentlich Kramer hieß, arbeitete als Inquisitor und brachte Papst Innozenz VIII. (1432–92) im Jahr 1484 dazu, den Hexenglauben durch eine päpstliche Bulle zu sanktionieren und kirchliche Verfolgungen von angeblichen Hexen zu erlauben. Zwei Jahre später verfasste er seinen berüchtigten „Ratgeber" für Hexenjäger, den *Hexenhammer*. In diesem Buch, das kirchlich nie anerkannt, aber während der Hexenverfolgungen eifrig benutzt wurde, sammelte er die gängigen Vorstellungen über Hexen und Hexerei und versuchte, ihnen einen wissenschaftlichen Anstrich zu geben. Besonders breit getreten werden in dem Buch alle sexuellen Aspekte. Außerdem erläutert Institor ausführlich, warum er Frauen für besonders anfällig für Hexerei hält.

Antwort 109

 a) Würzburg. Die Alte Mainbrücke wurde zwischen 1476 und 1703 errichtet. Sie ist auf jeder Seite von sechs ungefähr 4,5 Meter hohen Figuren gekrönt: Neben fränkischen Heiligen wie Kilian oder Burkhard sind auch Karl der Große und sein Vater Pippin vertreten.

Die Alte Mainbrücke in Würzburg

Antwort 110

Maximilian I. (1459–1519). Er liebte das Ritterideal und war ein glänzender Turnierkämpfer. In seinen nachgelassenen Schriften stilisierte er sich selber zum „letzten Ritter". Gleichzeitig hatte er aber auch eine große Leidenschaft für Kunst und Kultur und huldigte einem verschwenderischen Lebensstil, was ihn zum typischen Renaissanceherrscher machte. Das harte Leben eines wirklichen Ritters führte er nicht.

Antwort 111

 Die Erzherzöge von Österreich aus dem Hause Habsburg gewannen 1477 durch die Heirat Maximilians I. mit Maria von Burgund die reichen Niederlande, 1496 durch die seines Sohnes Philipp mit Johanna der Wahnsinnigen 1496 Spanien und durch die seines Enkels Ferdinand I. mit Anna Jagiello im Jahr 1515 Böhmen, Ungarn, Kroatien und Slowenien. Allerdings mussten die Habsburger viele Kriege führen, um diesen Besitz zu verteidigen. Außerdem konzentrierten sie ihre Politik nun auf diese „Erblande", nicht auf das Kaiserreich, was zu dessen Zerfall in einzelne deutsche Länder beitrug.

Antwort 112

b) Tilman Riemenschneider (um 1460–1531). Viele seiner Werke sind im Mainfränkischen Museum auf der Würzburger Festung ausgestellt. Berühmt sind u. a. der Altar von Münnerstadt und Adam und Eva vom Portal der Würzburger Marienkapelle. Veit Stoß (um 1447–1533) war vor allem in Krakau und Nürnberg aktiv.

Antwort 113

Hans Sachs (1494–1576).

Antwort 114

In Lübeck. Das Holstentor (Holstein-Tor) wurde 1478 erbaut und war ein Teil der alten Stadtbefestigung.

Antwort 115

b) Das *Narrenschiff* ist eine Satire des Autors Sebastian Brant, die 1494 erstmalig erschien. Darin fahren 112 Narren in einem Schiff ins Land Narragonien. Brant stellt sie einzeln vor und nimmt so die ganze Palette „närrischen" *menschlichen* Verhaltens aufs Korn. Das *Narrenschiff* wurde in Übersetzungen in ganz Europa verbreitet und war vermutlich das erfolgreichste deutschsprachige Buch vor der Reformation.

Antwort 116

Der Widerstand gegen die Oberhoheit der Habsburger begann 1291 mit der Gründung der Eidgenossenschaft der Kantone Uri, Schwyz und Unterwalden. Im Frieden von Basel im Jahr 1499 musste Kaiser Maximilian I. den Schweizer Kantonen eine weitgehende Autonomie zusichern. Wirklich unabhängig wurde die Schweiz aber erst nach dem Dreißigjährigen Krieg im Rahmen des Westfälischen Friedensvertrags von 1648. Auch die Niederlande wurden nun als eigenständige Nation anerkannt.

Antwort 117

b) Martin Behaim (1459–1507) war ein Nürnberger Tuchhändler, der sich lange in Portugal aufhielt. Welche Fernreisen er persönlich unternahm, ist nicht bekannt. Um das Jahr 1492 ließ er jedoch von mehreren Handwerkern einen „Erdapfel" anfertigen, den ersten bekannten Globus der Welt. Er ist heute im Germanischen Nationalmuseum in Nürnberg zu sehen.

Antwort 118

 Patrizier.

Antwort 119

Till Eulenspiegel. Ob er wirklich gelebt hat, weiß man nicht, obwohl die anonyme Schrift *Ein kurtzweilig Lesen von Dyl Ulenspiegel* behauptet, er sei im Jahr 1300 in Kneitlingen am Elm geboren und 1350 in Mölln verstorben.

Antwort 120

Salz. Man brauchte riesige Mengen, um die Vorräte damit für den Winter haltbar zu machen, in etwa ein Kilo Salz für 4,5 Kilo Fleisch, und das Salz war gut doppelt so teuer wie das Fleisch. Noch viel höhere Preise wurden aber für orientalische Gewürze gezahlt. 100 Gramm kosteten leicht so viel wie ein ganzer Ochse oder ein Pferd.

Antwort 121

Eine der ersten Taschenuhren der Welt. Als Erfinder gilt der Nürnberger Feinmechaniker Peter Henlein (um 1480–1542), der sie im Jahr 1510 konstruiert haben soll. Gesichert ist dies aber nicht, ebenso wenig wie die Frage, wer wirklich die erste handliche Uhr schuf, die man in der Tasche herumtragen konnte. Ermöglicht wurde diese Erfindung im 15. Jahrhundert durch die Entwicklung eines Federantriebs anstatt der bis dahin üblichen Gewichte. „Ei" hieß die Nürnberger Taschenuhr übrigens nicht, weil sie eine Eierform gehabt hätte, sondern es handelt sich um eine Verballhornung von „Aeurlein" (Ührlein).

Nachbildung von Henleins Taschenuhr

Antwort 122

c) Aus dem Jahr 1513. Es war jedoch nicht das erste derartige Biergesetz. Schon im 12. Jahrhundert gab es lokale Verordnungen, die verhindern sollten, dass das Volksgetränk Bier gepanscht wurde. Verboten wurde vor allem die „Aromatisierung" mit giftigen Kräutern wie etwa Bilsenkraut, das Halluzinationen hervorruft.

Antwort 123

Bücher. Die Frankfurter Buchmesse entstand nur kurze Zeit, nachdem Johannes Gutenberg im benachbarten Mainz den Buchdruck revolutioniert hatte. Bis ins 17. Jahrhundert war sie die wichtigste deutsche Buchmesse, dann lief ihr die Verlegerstadt Leipzig mit der dortigen Messe den Rang ab. Seit der Wiedervereinigung gibt es zwei deutsche Buchmessen: die Leipziger im März, die Frankfurter im Oktober.

Antwort 124

 Humanismus.

Antwort 125

 Albrecht, ein Sohn des Kurfürsten von Brandenburg (1490–1545), war Erzbischof von Magdeburg, Kurfürst von Mainz und Kardinal. Diese Ämter hatte er jedoch nur mit enormen Bestechungsgeldern bekommen. Um seine Schulden loszuwerden, förderte er den päpstlichen Ablass in seinen Bistümern. Die Gläubigen konnten sogar für schon Verstorbene eine angebliche Vergebung von Sünden erkaufen. Der Erlös ging zur Hälfte an Albrecht, zur anderen an den Papst. Einer von Albrechts Ablassverkäufern war Johann Tetzel (1465–1519), der mit Sätzen wie „Wenn die Münze im Kasten klingt, die Seele in den Himmel springt" warb. Diese Schacherei mit der göttlichen Vergebung brachte Martin Luther (1483–1546) so in Rage, dass er seine 95 Thesen schrieb, die die Reformation auslösten.

Antwort 126

Kaiser Karl V. (1500–58).

Antwort 127

Der Nürnberger Christkindlesmarkt. Alle zwei Jahre wird ein neues Christkind gewählt, das mindestens 16 Jahre alt sein muss. Der Nürnberger Christkindlesmarkt ist einer der größten und wahrscheinlich der bekannteste Weihnachtsmarkt Deutschlands. Er existiert mindestens seit dem 16. Jahrhundert.

Antwort 128

a) – 4) Martin Luther wurde am 10. November 1483 in Eisleben als Sohn eines Hüttenmeisters geboren, wuchs aber in Mansfeld auf. Am 18. Februar 1546 starb er auf einer Reise in seinem Geburtsort.
b) – 1) Am 17. April 1521 wurde Luther vor den Reichstag in Worms zitiert, wo er seiner Lehre abschwören sollte, was er nicht tat.
c) – 2) Anschließend ließ ihn sein Landesherr Friedrich von Sachsen auf die Wartburg in „Schutzhaft" bringen.
d) – 3) 1511 wurde Luther als katholischer Theologieprofessor nach Wittenberg berufen.

Antwort 129

b) Luther war 1505 als Jurastudent in Erfurt – angeblich nach Todesangst während eines Gewitters – in den dortigen Orden der Augustinereremiten eingetreten und 1507 zum Priester geweiht worden.

Antwort 130

Martin Luther kämpfte während seiner Zeit im Augustinerorden mit der Frage: Wenn ich meine Sünden nur aus Angst vor den Höllenstrafen bereue, ist meine Reue dann aufrichtig und vergibt Gott mir wirklich? Angeblich sei ihm dann in seinem Studierzimmer im Turm des Klosters in Wittenberg die Erleuchtung gekommen: Der Mensch kann sich nicht so korrekt verhalten, dass er eine Garantie auf die göttliche Vergebung bekommt, er kann nur an die Gnade Gottes glauben. Vor diesem Hintergrund entzündete sich dann Luthers vehemente Kritik an der Ablasspraxis der katholischen Kirche.

Antwort 131

c) Karl V. (1500–58). Karl folgte 1519 seinem Großvater Maximilian I. (1459–1519) nach. Doch dafür brauchte er die Unterstützung der deutschen

Karl V.

Kurfürsten, auch die von Luthers Landesherren Friedrich von Sachsen. Auch später war er wegen diverser außen- und innenpolitischer Herausforderungen (Türken vor Wien, Krieg in Italien, Bauernkrieg) auf die Zusammenarbeit mit den Fürsten angewiesen, sodass er den Protestantismus nicht so verfolgen konnte, wie er es gerne getan hätte.

Antwort 132

Als „Junker Jörg". Luther wurde am 17. April 1521 von Kaiser Karl V. auf dem Reichstag in Worms für vogelfrei erklärt, da er sich weigerte, seiner Lehre abzuschwören. Das bedeutete, dass jeder ihn töten konnte und niemand ihm helfen durfte. Sein Landesherr, Friedrich der Weise von Sachsen (1463–1525), ließ ihn jedoch auf dem Heimweg entführen und auf die Wartburg bringen. Dort lebte Luther bis 1. März 1522 und begann, die Bibel ins Deutsche zu übersetzen.

Antwort 133

b), c) und d). Alle drei entstanden im Jahr 1520. Luther führte darin den christlichen Glauben allein auf die Bibel zurück und distanzierte sich von kirchlichen Gepflogenheiten, die nicht biblisch begründet sind. Dadurch kam es zum Bruch mit der katholischen Kirche. *Wider die mörderischen Rotten der Bauern* entstand während des Bauernkrieges 1525. Zu den Schattenseiten von Luthers Person gehörte diese scharfe Verurteilung der Bauern genauso wie äußerst intolerante Ausfälle gegen die Juden oder die Täuferbewegung.

Antwort 134

Jakob Fugger der Reiche (1459–1525).

Antwort 135

Lucas Cranach der Ältere (1472–1553). Cranach wurde um 1505 sächsischer Hofmaler in Wittenberg. Er war mit Luther befreundet, arbeitete aber auch für katholische Fürsten wie Kaiser Maximilian I. oder Kardinal Albrecht von Brandenburg. Er hatte eine große Werkstatt und war einer der produktivsten Künstler seiner Zeit.

Antwort 136

a) Philipp Schwartzerdt, genannt Melanchthon (1497–1560). Er kam 1518 extra wegen Luther nach Wittenberg und entwickelte mit ihm zusammen die protestantische Theolo-

Philipp Melanchthon

gie. Thomas Müntzer (um 1489–1525) war anfangs ein Schüler Luthers, vermischte dessen Gedanken aber mit mystischen Elementen und vor allem einer sehr radikalen Sozialkritik. Als Pfarrer von Mühlhausen war er einer der Führer des Bauernkriegs und wurde nach der verlorenen Schlacht von Frankenhausen (15. Mai 1525) hingerichtet.

Antwort 137

Der Bauernkrieg. Er begann 1525 mit Rebellionen im Schwarzwald und breitete sich dann im Südwesten Deutschlands, in Franken, Thüringen und Sachsen aus. Es war die größte und am besten organisierte Erhebung der Bauern, die es jemals in Deutschland gegeben hatte. Neu war außerdem, dass die Bauern sich bei ihren Forderungen nach Gerechtigkeit auf die Bibel beriefen und sich mit den „zehn Artikeln" ein politisches Programm gaben. Doch die Grundherren waren nicht bereit, über die Artikel zu verhandeln, obwohl die Forderungen angemessen waren. Im Mai 1525 wurde der Aufstand niedergeschlagen. Dabei kamen rund 100.000 Menschen um.

Antwort 138

Götz von Berlichingen, der „Ritter mit der eisernen Hand" wurde um 1480 geboren und starb 1562. 1504 verlor er seine Hand und ließ sie durch eine eiserne Prothese ersetzen. Angeblich konnte er damit sogar ein Schwert halten und kämpfen. 1525 wurde er von den aufständischen Bauern des Odenwalds gezwungen, ihr Hauptmann zu

werden. Dafür wurde er nachher unter Hausarrest gestellt. In Goethes 1897 geschriebenem Stück *Götz von Berlichingen* stirbt Götz – in seinem Recht verletzt und von vermeintlichen Freunden verraten – schon vor dem Bauernkrieg.

Antwort 139

b) Die Thesen wurden Ende Oktober 1517 in Wittenberg veröffentlicht. Ob Luther sie wirklich am 31. Oktober an die Tür der Schlosskirche nagelte, ist nicht sicher. Auf jeden Fall beabsichtigte er mit der Veröffentlichung eine theologische Diskussion, keinen Volksaufstand.

Antwort 140

Die älteste bestehende Sozialsiedlung der Welt. Sie wurde zwischen 1514 und 1523 von Jakob Fugger dem Reichen in Augsburg erbaut. Dort wohnen noch heute rund 150 unverschuldet in Not geratene Menschen gegen die symbolische Jahresmiete

Hauptstraße in der Fugger

von 88 Cent. Sie sind aber verpflichtet, dreimal täglich für den Stifter und seine Familie zu beten.

Antwort 141

Durch die Förderung einzelner Landesfürsten. Nachdem sich der Reichstag von Speyer im Jahr 1526 nicht auf einen Umgang mit der protestantischen Lehre einigen konnte, begannen einzelne Fürsten, in ihren Ländern (u. a. Hessen, Sachsen, Braunschweig) das katholische Kirchengut einzuziehen und ein evangelisches „Landeskirchensystem" zu errichten, das nicht mehr dem Papst in Rom, sondern ihnen persönlich unterstand.

Antwort 142

 Ja. 1523 verabschiedete der Reichstag die Constitutio Criminalis Carolina, die „peinliche Halsgerichtsordnung Karls V.". Sie stellt die erste, umfassende Regelung des Strafrechts in Deutschland dar, indem sie die Schwere einzelner Straftaten definiert, dabei etwa zwischen Mord und Totschlag unterscheidet, und ein geregeltes Untersuchungsverfahren und der Schwere der Tat angemessene Bestrafung fordert. Dabei wird auch die „peinliche Befragung" (Folter) erlaubt, jedoch nur bei dringendem Tatverdacht, wenn es weder ein Geständnis noch andere Beweise für die Tat gibt. Außerdem wurde untersagt, Kinder, Alte, Schwangere, Kranke oder Behinderte zu foltern.

Antwort 143

 Katharina von Bora (1499–1552).

Antwort 144

Das Augsburger Bekenntnis oder Confessio Augustana.

Antwort 145

 Im Zuge der Reformation entstanden mehrere Gruppen, die die Taufe als bewusstes Bekenntnis eines erwachsenen Menschen zum Glauben zelebrierten. Sie waren vor allem in Süd- und Nordwestdeutschland verbreitet, wurden aber sowohl von protestantischer wie katholischer Seite abgelehnt und verfolgt. In Münster errichteten 1534 radikale Täufer eine religiöse Diktatur, die ein Jahr später gewaltsam beendet wurde. Die Käfige, in denen die Leichen der drei Anführer ausgestellt wurden, hängen noch immer an der Lambertikirche. Aus der Täuferbewegung entwickelten sich Glaubensrichtungen wie die Mennoniten oder die Amish People.

Antwort 146

 Elias Holl.

Antwort 147

Der lateinische Spruch bedeutet „Wessen das Land, dessen die Religion". Damit war gemeint, dass jeder deutsche Fürst selbst bestimmen konnte, ob er Katholik oder Protestant sein wollte, dass diese Entscheidung aber auch für alle seine Untertanen galt. Dieser Grundsatz wurde 1555 im Augsburger Religionsfrieden vereinbart. Damit wurde die evangelisch-lutherische Kirche in Deutschland offiziell anerkannt. Die normalen Bürger durften erst nach dem Dreißigjährigen Krieg ihr religiöses Bekenntnis selber wählen.

Antwort 148

a) Nikolaus Kopernikus (1437–1543). Kopernikus war eigentlich Domherr und Arzt, kam aber bei astronomischen Studien zu der Erkenntnis, dass die Erde um die Sonne kreist und nicht umgekehrt, wie es das damals allgemein verbreitete ptolemäische Weltbild lehrte. Kopernikus war von seiner Entdeckung so erschüttert, dass er es erst durch gutes Zureden von Freunden innerhalb der Kirche – die damals noch kein Problem mit dieser These hatte – wagte, seine Ideen zu publizieren.

Antwort 149

Nach Hans Kohlhase (um 1500–40), einem Berliner Kaufmann, der einen Privatkrieg gegen Sachsen und später auch Brandenburg führte, weil ihm unrecht getan worden war. Er wurde schließlich hingerichtet, nachdem er beim heutigen Kohlhasenbrück einen Silbertransport überfallen hatte. Heinrich von Kleist hat ihn als *Michael Kohlhaas* zum Helden einer Novelle gemacht.

Antwort 150

Meistens spricht man von einem Schildbürgerstreich, wenn eine Behörde eine völlig dumme, nutzlose oder sogar schädliche Maßnahme durchführt. Die fiktiven Schildbürger beschlossen beispielsweise, Salz anzubauen und versalzten sich ihre Äcker. Oder sie bauten ein Rathaus, vergaßen die Fenster und versuchten dann, das Licht mit Körben hineinzutragen.

Antwort 151

d) Hans Holbein der Jüngere (um 1497–1543). Holbein stammte aus Augsburg und zog zunächst nach Basel und Frankreich, bevor er 1532 nach England ging und dort Hofmaler wurde. Seine Porträts zeigen Heinrich VIII. als typischen Renaissanceherrscher in selbstbewusster Prachtentfaltung. Vermutlich fiel Holbein aber in Ungnade, als sich die von ihm porträtierte vierte Ehefrau des Königs, Anna von Kleve, realiter als nicht so schön herausstellte, wie er sie gezeichnet hatte. Albrecht Altdorfer (um 1480–1538) aus Regensburg war der erste Maler jenseits der Alpen, der die Landschaft in den Mittelpunkt setzte, wie z. B. bei seiner dramatischen *Alexanderschlacht*. Der Elsässer Martin Schongauer (um 1450–91) gilt als Erfinder des Kupferstichs.

Hans Holbein der Jüngere

Antwort 152

 Gegenreformation.

Antwort 153

Nein. Die Geschichte um den Gelehrten, der seine Seele dem Teufel verschrieben hat, erschien schon 1587 unter dem Titel *Historia von D. Johann Fausten*. Möglicherweise gab es sogar im 15. Jahrhundert einen wandernden Quacksalber, der Vorbild für den Faust war. Goethe benutzte diese Geschichte 1808 als Vorlage für sein Drama *Faust*.

tel. So wurde der Konflikt immer weiter getragen.

Antwort 154

 Das katholische Bündnis. Es wurde 1538 gegründet und sollte der Ausbreitung des Protestantismus in Deutschland Einhalt gebieten. 1608 schlossen sich die protestantischen Reichsstände zur Protestantischen Union zusammen. Im Vorfeld des Dreißigjährigen Krieges kam es immer wieder zu Auseinandersetzungen der beiden Lager um die Auslegung des Augsburger Religionsfriedens.

Antwort 155

 d) In der Schlacht am Weißen Berg am 8. November 1620. Ferdinand II. und die Katholische Liga besiegten die aufständischen Böhmen. Die Schlacht an der Konzer Brücke markierte 1675 einen deutschen Sieg gegen den französischen Sonnenkönig Ludwig XIV. Bei Lutter am Barenberge siegte die Katholische Liga 1626 über die Dänen, und die Schlacht auf der Kolberger Heide war trotz ihres Namens eine Seeschlacht zwischen Dänen und Schweden im Jahr 1644.

Antwort 156

 Nach der Niederlage in Böhmen floh Friedrich von der Pfalz in sein Heimatland. Die katholischen Truppen zogen ihm nach und setzten ihn ab. Danach verfolgten sie andere protestantische Truppenführer wie Christian von Braunschweig-Wolfenbüt-

Antwort 157

 Johann t'Serclaes Graf von Tilly (1559–1632).

Antwort 158

b) Als Verfasser gilt Simon Dach (1605–59). Wirklich gesichert ist seine Urheberschaft jedoch nicht. Das „Ännchen" war die Pfarrerstochter Anna Neander (1615–89) aus Tharau in der Nähe von Königsberg und vermutlich entstand das Gedicht anlässlich ihrer Hochzeit. Gryphius (1616–64) ist vor allem durch Gedichte bekannt, die die Nichtigkeit aller Dinge angesichts der Schrecken des Dreißigjährigen Krieges thematisieren. Hoffmannswaldau (1616–79) gilt als Vertreter der „galanten" Dichtung, während Angelus Silesius (Johannes Scheffler, 1624–77) vor allem religiöse Lieder schrieb.

Antwort 159

Johannes Kepler (1571–1630).

Antwort 160

c) 1618 bis 1648

Antwort 161

Der Theologe Paul Gerhardt (1607–76) ist neben Martin Luther der bedeutendste Dichter protestantischer Kirchenlieder. Von ihm stammen Lieder wie *Ich steh an deiner Krippe hier*, *O Haupt voll Blut und Wunden*, *Geh aus mein Herz und suche Freud* oder *Ich bin nur Gast auf Erden*.

Antwort 162

 Der spätere Kaiser Ferdinand II. (1578–1637), damals erst österreichischer Erzherzog und König von Böhmen, widerrief 1618 einen Majestätsbrief, in dem den böhmischen Protestanten das Recht auf freie Religionsausübung zugesichert war. Daraufhin warfen diese seine beiden Statthalter aus dem Hradschin. Anschließend gaben sie sich eine Verfassung, bildeten eine provisorische Regierung, setzten Ferdinand als König ab und machten den calvinistischen Kurfürsten der Pfalz, Friedrich V. (1596–1632), zum neuen König.

Prager Fenstersturz

Antwort 163

 Albrecht von Wallenstein (1583–1634).

Antwort 164

Friedrich Spee (1591–1635) war ein aus einer adeligen Familie stammender Jesuit. Er wurde vor allem dadurch bekannt, dass er es wagte, in seiner Schrift *Cautio Criminalis* (1631) Zweifel daran zu äußern, dass unter Folter erpresste Hexengeständnisse unbedingt der Wahrheit entspre-

chen. Eine solche Haltung konnte damals leicht eine Anklage wegen Hexerei zur Folge haben. Tatsächlich aber leitete Spees Schrift allmähliche Zweifel an den Hexenverfolgungen ein. Außerdem verfasste er viele Lieder und Gedichte, vor allem religiöse wie *O Heiland, reiß die Himmel auf* oder *Zu Bethlehem geboren*.

Antwort 165

Adam Ries (1492–1559), wobei es in der oben genannten Redewendung „Riese" heißt, da dem Namen noch eine altertümliche Dativendung angehängt wird. Ries war Rechenlehrer in Erfurt und Annaberg und veröffentlichte vier wichtige Rechenbücher, die u. a. dafür sorgten, dass die unhandlichen römischen Zahlen allmählich durch die viel praktischeren arabischen ersetzt wurden.

Antwort 166

 Wallenstein diente sich bei Ausbruch des Dreißigjährigen Krieges in Böhmen dem katholischen Kaiser als Feldherr an. Dabei hob er seine eigenen Truppen aus und ließ auch die Ausrüstung in eigenen Werkstätten fertigen. Als Gegenleistung erhielt er Ländereien, die er wiederum erfolgreich für seine Kriegsproduktion nutzte. Er errang mehrere spektakuläre Siege, wurde aber schließlich auf Drängen der katholischen Fürsten, denen sein Machtstreben zu weit ging, vom Kaiser 1630 entlassen. Zwei Jahre später reaktivierte der Kaiser ihn. Da Wallenstein aber Verhandlungen mit der Gegenseite – über die man nichts Genaues weiß – führte, wurde er schließlich des Hochverrats angeklagt und bei der Festnahme sofort umgebracht, da man ein Eingreifen „seiner Leute" zu seinen Gunsten vermeiden wollte.

Antwort 167

 Der schwedische König Gustav II. Adolf (1594–1632).

Gustav II. Adolf in der Schlacht bei Lützen

Antwort 168

 b) Gegen Ende des Dreißigjährigen Krieges folterten durchziehende Soldaten aller Lager regelmäßig die Bevölkerung, in der Hoffnung, dass diese Lebensmittelverstecke verraten würde. Eine Methode, die angeblich von den Schweden erfunden wurde, war, den Bauern gewaltsam Jauche einzuflößen.

Antwort 169

 Der katholische Feldmarschall Tilly begann nach den Siegen über Böhmen und die Pfalz, im Münsterland protestan-

tische Städte zu unterwerfen. Das Ausland, vor allem der französische Regent Kardinal Richelieu (1585–1642), vermutete nun, dass Kaiser Ferdinand II. ganz Deutschland rekatholisieren und zudem in einen absolutistisch regierten Nationalstaat umwandeln wolle. Um einen solchen Machtzuwachs der Habsburger zu verhindern, griffen zuerst, unterstützt von französischem Geld, Dänemark und Schweden und 1653 auch Frankreich selbst in den Krieg ein.

Antwort 170

 Letztendlich gab es keine Sieger und Besiegten. Die Kriegsparteien diskutierten ab 1637 darüber, unter welchen Bedingungen sie das Morden einstellen würden. 1648 hatte man sich schließlich geeinigt. Am 24. Oktober wurde in Münster der Westfälische Frieden unterzeichnet. Es kam zu einigen Gebietsverschiebungen innerhalb Deutschlands. Auch die ausländischen Teilnehmer Frankreich und Schweden erhielten territoriale Zugewinne (Metz, Toul und Verdun bzw. Vorpommern, Rügen und Bremen). In Glaubenssachen aber blieb Deutschland – wie vor dem Krieg – in katholische und protestantische Regionen geteilt.

Antwort 171

 c) Regensburg

Antwort 172

 Weil es das erste Porzellan war, das in Europa hergestellt wurde. Vorher hatten nur die Chinesen die Kunst beherrscht, derartig feines Geschirr herzustellen. Im Jahr 1709 gelang es dann auch dem Alchemisten Johann Friedrich Böttger (1682–1719). Sein Dienstherr, Kurfürst August der Starke, gründete daraufhin die Meißener Porzellanmanufaktur. Diese konnte für rund 50 Jahre das Geheimnis der Herstellung des „weißen Goldes" bewahren.

Antwort 173

 a) – 4) Österreich
b) – 2) Brandenburg-Preußen
c) – 3) Hannover
d) – 1) Bayern

Antwort 174

 Johann Jakob Christoffel von Grimmelshausen (um 1620–76). Sein *Simplicissimus* ist der erste bekannte deutsche Abenteuerroman. Im ersten Teil verarbeitete Grimmelshausen seine eigenen Jugenderlebnisse während des Dreißigjährigen Krieges. Später schrieb er noch Fortsetzungen: *Der seltzame Springinsfeld, Trutz Simplex* und *Das wunderbarliche Vogel-Nest*. In *Trutz Simplex* kommt eine Marketenderin namens Courasche vor, die Vorbild für Bertolt Brechts *Mutter Courage* wurde.

Antwort 175

 Friedrich Wilhelm I. von Brandenburg (1620–88).

Der „große Kurfürst"

Antwort 176

Die Kupferstecherin und Naturforscherin Maria Sibylla Merian (1647–1717). Als Tochter des Verlegers Matthäus Merian des Älteren lernte sie von klein auf dessen Kunst. Als Jugendliche begann sie Seidenraupen zu züchten und deren Lebenszyklus sowie ihre Abhängigkeit von einer bestimmten Blattnahrung zu erforschen. 1679 veröffentlichte sie das sowohl wissenschaftlich wie künstlerisch sensationelle Buch *Der Raupen wunderbare Verwandlung und sonderbare Blumennahrung*. 1699 reiste sie auf einem holländischen Kaufsegler für zwei Jahre nach Surinam, um die dortigen Insekten zu studieren. Auch daraus wurde wieder ein Buch, das noch mehr Aufsehen erregte.

Antwort 177

 Hugenotten.

Antwort 178

 Gegen die Türken, die zum zweiten Mal (nach 1529) Wien belagerten. Nach zwei Monaten Belagerung wurde das türkische Heer von einer europäischen Streitmacht, der vor allem Soldaten der deutschen Staaten, des Habsburgerreiches, Polens, Litauens und Venedigs angehörten, geschlagen. Es war das einzige Mal, dass es zu solch einer gemeinsamen Aktion kam. Ansonsten überließen es die europäischen Länder den Habsburgern, ihre Grenzen in Osteuropa selbst zu verteidigen, oder ließen sich ihren Beistand gegen die Türken durch Zugeständnisse abkaufen.

Antwort 179

b), c) und d). August der Starke (1670–1733) war als Friedrich August I. Kurfürst von Sachsen. 1697 gelang es ihm, als August II. zum König von Polen gewählt zu werden, der damals gleichzeitig Großherzog von Litauen war. Erfolgreich war August vor allem in Sachsen, wo er nicht nur Dresden zur prächtigsten Barockstadt Deutschlands machte und eine glänzende Hofhaltung betrieb, sondern auch Verwaltung und Wirtschaft reformierte. Außenpolitisch betrieb er später eine Großmachtpolitik, die sowohl Sachsen als auch Polen schadete.

Antwort 180

Mit diesem Experiment demonstrierte der Ingenieur Otto von Guericke (1602–86) die Kraft des Luftdrucks. Er fügte zwei Kupferhalbkugeln von etwa einem halben Meter Durchmesser mit einer Dichtung aneinander und pumpte den Hohlraum dann leer. Anschließend ließ er 16 Pferde anschirren, die die Halbkugeln jedoch nicht trennen konnten, weil in ihrem Inneren ein so starker Unterdruck herrschte.

Antwort 181

Ja, wenn auch in wesentlich kleinerem Maßstab als beispielsweise Großbritannien, Frankreich und die Niederlande. Brandenburg z. B. hatte seit 1683 eine Handelsgesellschaft und einen Stützpunkt an der Küste Ghanas. Dorthin wurden einheimische Waren geschafft und gegen Sklaven getauscht, die dann nach Amerika verkauft wurden, wo man mit dem Erlös begehrte Kolonialprodukte wie Zucker erstand.

Antwort 182

d) Liselotte von der Pfalz (1652–1722) war mit Philipp von Orleans, dem Bruder des „Sonnenkönigs" Ludwig XIV., verheiratet. In einigen Tausend Briefen an ihre Verwandten zu Hause berichtete sie derb und unverhohlen von den Zuständen am französischen Königshof. So schrieb sie etwa über Madame Maintenon, die Mätresse ihres Schwagers, des Königs: „Sie ist nur eine alte Zott, eine Hexe und eine Rompompel." 1685 starb Liselottes Bruder kinderlos. Nun versuchte Ludwig XIV. im Namen seiner Schwägerin, die Pfalz zu erobern, obwohl Liselotte vor ihrer Heirat auf ihre Erbansprüche verzichtet hatte. „Das macht mir das Herz bluten, und man nimmt mir es noch hoch vor Übel, dass ich traurig drüber bin", schrieb sie über die Verwüstung der Pfalz.

Antwort 183

 Labskaus.

Antwort 184

d) Die preußischen Könige wurden in Königsberg, der Hauptstadt Ostpreußens, gekrönt. Der erste preußische König war Friedrich I. (1657–1713) im Jahr 1701. Zuvor waren die Brandenburger Kurfürsten als Herzöge von Preußen der polnischen Krone unterstanden, doch ein Verzicht der polnischen Könige auf die Oberherrschaft machte den Weg zu einem Königtum Preußen frei. Als Brandenburger Kurfürst regierte Friedrich aber meist in dessen damaliger Hauptstadt Berlin.

Der Herkules von Kassel

Antwort 185

 Herkules. Der Herkules von Kassel ist ein achteckiges Schloss im Park Wilhelmshöh, das von einer Pyramide und einer kupfernen Herkules-Statue gekrönt wird. Entstanden ist das Ensemble zwischen 1701 und 1714. Eine Aussichtsplattform bietet einen hervorragenden Blick über Stadt und Umgebung. Vom Fuß des Herkules fallen kaskadenartige Wasserspiele über mehrere Hundert Meter gen Tal.

Antwort 186

d) Beethoven (1770–1827) lebte später als Buxtehude (1637–1707), Telemann (1681–1767) und Händel (1685–1759) und wird – wie auch Mozart und Haydn – der Wiener Klassik zugerechnet.

Antwort 187

c) Georg Ludwig von Braunschweig-Lüneburg (1660–1727). Er war ein Urenkel des britischen Königs James I. und damit der nächste protestantische Verwandte der verstorbenen Königin Anne, die 1701 alle katholischen Anwärter von der Thronfolge ausgeschlossen hatte. Da die braunschweigischen Kurfürsten 1815 zu Königen von Hannover erhoben wurden, war das britische Königshaus als Haus Hannover bekannt.

Antwort 188

Dem Barock.

Antwort 189

Gottfried Wilhelm Leibniz (1646–1716). Er stammte aus Leipzig, führte später ein Wanderleben in ganz Europa und starb schließlich in Hannover, was später die Hannoveraner Keksfabrik Bahlsen dazu brachte, ihren Butterkeks nach ihm zu benennen. Leibniz beschäftigte sich mit Philosophie, Mathematik, Recht, Geschichte und den Naturwissenschaften. Unter anderem konstruierte er eine Rechenmaschine, die nur durch die Befehle 0 und 1 gesteuert wurde, was 400 Jahre später grundlegend für die moderne Computertechnologie wurde. Er gilt gleichzeitig als der letzte Universalgelehrte, der sich – nach mittelalterlichem Ideal – in allen Disziplinen auskannte, und als einer der ersten Aufklärer, die menschliche Vernunft zum Maßstab der Dinge machten.

Antwort 190

c) Daniel Gabriel Fahrenheit (1686–1736) stammte aus einer deutschen Familie aus Danzig, lebte und arbeitete später in den Niederlanden. Seine Temperaturskala wird noch in den USA und einigen anderen englischsprachigen Ländern verwandt. In Deutschland wird mit der Skala des Schweden Anders Celsius (1701–44) gemessen.

Antwort 191

 In Leipzig.

Antwort 192

 b) *Der Messias* ist das Hauptwerk von Bachs Zeitgenossen Georg Friedrich Händel (1685–1759). Bach schrieb an religiösen Stücken neben der *Matthäuspassion* auch eine *Johannespassion* sowie ein *Weihnachts-*, ein *Oster-* und ein *Himmelfahrtsoratorium*.

Antwort 193

 a) – 4) Goethe am 28. August 1749 in Frankfurt am Main

b) – 1) Schiller am 10. November 1759 in Marbach am Neckar

c) – 2) Heine am 13. Dezember 1797 in Düsseldorf

d) – 3) Fontane am 30. Dezember 1819 in Neuruppin

Antwort 194

Parks. Fürst Pückler (1785–1871) war ein adeliger Abenteurer, der sich in diversen Professionen versuchte. Als Landschaftsarchitekt aber gilt er als einer der größten Meister seiner Zeit.

Antwort 195

a) – 2) Pöppelmann
b) – 4) Semper
c) – 1) Bähr
d) – 3) Knöffel

Antwort 196

Weil es bis dahin üblich war, dass in Tragödien nur Personen hohen Standes auftraten, während sich Komödien meist um Personen niedrigen Standes drehten. Die Dramatiker glaubten, dass das Publikum nur durch das Unglück von Königen gefesselt werde, nicht aber vom all-

Gotthold Ephraim Lessing

täglichen Unglück gewöhnlicher Leute. Gotthold Ephraim Lessing (1729–81) ist der erste deutsche Dramatiker, der mit *Miss Sara Sampson* 1755 eine Tragödie um ein anständiges, bürgerliches Mädchen schrieb, das an einer unglücklichen Liebe stirbt. *Emilia Galotti* (1772) von Lessing, *Kabale und Liebe* (1784) von Schiller und *Maria Magdalena* (1843) von Hebbel sind weitere bürgerliche Trauerspiele.

Antwort 197

Anna Amalia (1739–1807) und ihr Sohn, Großherzog Karl August (1757–1828) von Sachsen-Weimar-Eisenach.

Antwort 198

c) König Friedrich Wilhelm I. (1688–1740), der zweite König von Preußen. Er stellte die modernste Armee Europas auf, darunter das Garderegiment der „Langen Kerls", die mindestens 1,88 Meter groß sein sollten. Doch erst sein Sohn Friedrich der Große nutzte diese Armee, um Preußen zur Großmacht zu machen. Friedrich Wilhelm I.

brachte seinen Staat aber auch wirtschaftlich voran. Er galt als Verkörperung der sogenannten „preußischen Tugenden" wie Sparsamkeit, Pflichtbewusstsein und Disziplin.

Der Alte Fritz

Friedrich der Große war in seiner Jugend dem rauen Militärleben wenig zugetan. Er spielte Flöte, sammelte Kunst und schrieb philosophische Abhandlungen. 1730 floh er sogar vor der extrem strengen und harten Erziehung, die ihm sein Vater, der „Soldatenkönig", zuteilwerden ließ. Die Sache misslang jedoch und Friedrichs Freund und Helfer, Hans Hermann Katte, wurde hingerichtet. Als Friedrich 1740 König wurde, nutzte er jedoch umgehend das Heer seines Vaters für eine aggressive Außenpolitik, wobei er sich als glänzender Stratege erwies. Im Laufe der Zeit wurde er dann als „Alter Fritz" populär, als kauziger, aber gerechter Herrscher, der die Härten der Feldzüge mit seinen Soldaten teilte.

Antwort 199

c) Die Paulaner-Mönche begannen Mitte des 18. Jahrhunderts, die bayerischen Kurfürsten zum Anstich ihres extra für die Fastenzeit gebrauten Starkbieres Salvator einzuladen. Mitte des 19. Jahrhunderts etablierte sich die Sitte, dazu Bänkelsänger einzuladen, die kabarettistische Einlagen vortrugen. Heute ist der Starkbieranstich dafür bekannt, dass sowohl bayerische wie Bundespolitiker kräftig durch den Kakao gezogen werden. Für die „Der-

bleckten" ist es aber Ehrensache, anwesend zu sein und gute Miene zum bösen Spiel zu machen.

Antwort 200

 Ja. Karl Friedrich Hieronymus Freiherr von Münchhausen (1720–97) war deutscher Offizier in russischen Diensten und bekannt für die abenteuerlichen Geschichten, die er über seine angeblichen Kriegserlebnisse erzählte. Ansonsten galt er als durchaus seriöser Mensch. Er soll deshalb gar nicht erfreut gewesen sein, als kurz vor seinem Tod eine anonyme Sammlung seiner Geschichten veröffentlicht wurde und er als „Lügenbaron" bekannt wurde. Wie viele der heute bekannten „Münchhausengeschichten" wirklich von ihm selber stammen, weiß man nicht.

Antwort 201

König Friedrich II. von Preußen (1712–86).

Antwort 202

Die Kunst der Antike, speziell die griechischen Statuen. Winckelmann (1717–68) wandte sich damit gegen das Überladene der Barockkunst und trug maßgeblich zur Wiederentdeckung der Antike und zum klassizistischen Kunststil bei. Mit seiner Schwärmerei für Italien, Griechenland und die Antike beeinflusste er u. a. auch Goethe (1749–1832). Allerdings stellte sich Winckelmann die antike Kunst in edlem Marmorweiß vor, während sie in Wahrheit farbig gewesen war.

Antwort 203

 d) Obwohl weitgehend deutschsprachig, war Schlesien im Mittelalter zunächst Teil des polnischen Königreiches und kam 1348 zu Böhmen, dessen Krone 1526 an die österreichischen Habsburger fiel. 1742 eroberte Friedrich der Große das Land und schlug es Preußen zu. Ein Teil fiel bereits nach dem Ersten Weltkrieg wieder an Polen, der Großteil aber erst nach dem Zweiten.

Antwort 204

Den Wörlitzer Park, einen Teil des „Dessau-Wörlitzer Gartenreichs". Es handelt sich dabei um den ersten großen Landschaftsgarten in Deutschland mit diversen Schlösschen, künstlichen Grotten, Wasserläufen, Brücken usw.

Antwort 205

Nein. Maria Theresia (1717–80) wird zwar oft als Kaiserin bezeichnet – und tat dies auch selbst –, stand aber nie als Regentin an der Spitze des römisch-deutschen Kaiserreichs. Kaiser waren erst ihr Mann Franz I. Stephan und danach ihr Sohn Josef II. Allerdings war mit dieser Position kaum noch reale Macht verbunden und über den Konflikt zwischen Österreich und Preu-

Maria Theresia von Österreich
und Franz Stephan von Lothringen mit ihren Kindern

ßen um Schlesien zerbrach der Zusammenhalt der deutschen Länder fast vollends. Maria Theresias Macht beruhte darauf, dass sie regierende Erzherzogin des Habsburger Reiches war.

Antwort 206

Sanssouci (fr. „ohne Sorge"). Friedrich der Große ließ sich dieses Sommerschloss im Rokokostil von 1745 bis 1747 durch Georg Wenzeslaus von Knobelsdorff (1699–1753) errichten. Die Skizzen für das Lustschloss, das er „mein Weinberghäuschen" nannte, hatte er teils persönlich angefertigt. Im Winter wohnte Friedrich im Potsdamer Stadtschloss, das auch offiziellen Zwecken diente. In Berlin weilte er eher selten.

Antwort 207

Das Leipziger Gewandhaus.

Antwort 208

a) – 3) Aufklärung
b) – 4) Sturm und Drang
c) – 2) Klassik
d) – 1) Romantik

Antwort 209

Durch die sogenannte Erste Polnische Teilung. 1764 hatte die russische Zarin Katharina II. dafür gesorgt, dass ihr Liebhaber Stanislaw Poniatowski König von Polen wurde. Dies führte in Polen zu Unruhen und politischer Lähmung. Friedrich der Große befürchtete, Russland würde dies zum Vorwand benutzen, Polen zu besetzen. Deswegen schlug er der Zarin und Kaiserin Maria Theresia eine gütliche Einigung vor. Jede der drei Mächte solle strategisch interessante Teile okkupieren. Für Friedrich sprangen Westpreußen und das Ermland heraus, die zwar politisch nie zu Deutschland gehört hatten, aber als früheres Land des Deutschen Ordens stark von der deutschen Sprache und Kultur geprägt waren. 1793 und 1795 teilten die Nachfolger der drei Monarchen Polen dann endgültig unter sich auf. Deutschland riss sich so den größten Teil des heutigen Polens bis auf den Südosten unter den Nagel.

Antwort 210

Die Leiden des jungen Werthers. Der Titelheld verweigert sich jeder bürgerlichen Karriere, lebt ganz in seinen Gefühlen und erschießt sich schließlich, als er die umschwärmte Lotte nicht gewinnen kann. Das Buch ist neben Schillers *Räubern* eines der wichtigsten Werke des „Sturm und Drang". Es wurde unter den mit den Verhältnissen unzufriedenen Jugendlichen zum Kult und dementsprechend von den gesellschaftlichen Autoritäten scharf kritisiert. Einige Jugendliche gingen sogar so weit, sich in gelb-blauer Werther-Tracht ebenfalls zu erschießen, was von den Kritikern zur „Selbstmordepidemie" gemacht wurde.

Antwort 211

Moses Mendelssohn (1729–86), Großvater des berühmten Komponisten Felix Mendelssohn Bartholdy.

Antwort 212

d) Schillers (1759–1805) erstes Stück waren *Die Räuber*. Der Herzog von Württemberg warf den Dichter daraufhin für 14 Tage ins Gefängnis, weil er trotz eines Verbots an der Uraufführung teilgenommen hatte, und verbot ihm,

Friedrich Schiller

weitere Stücke zu schreiben. Wenige Monate später floh Schiller aus Württemberg. Er führte daraufhin über zehn Jahre lang ein finanziell wenig abgesichertes Wanderleben. 1799 ließ er sich dann in Weimar nieder.

Antwort 213

Nach dem Ende des Mittelalters hatte das Kaiserreich nur noch wenig politische Bedeutung. Im 18. Jahrhundert fast gar keine mehr. Die beiden Großmächte Österreich und Preußen machten ihre eigene Politik, oft gegeneinander, und die anderen deutschen Staaten verbündeten sich mal mit dem einen, mal mit dem anderen und auch mit anderen europäischen Mächten. Durch Erbteilung entstanden sogar immer mehr Territorien mit lächerlich langen Namen, etwa Schleswig-Holstein-Sonderburg-Glücksburg.

Antwort 214

c) 1775. Dass die im Stift Kempten verurteilte Magd Anna Schwägelin allerdings wirklich hingerichtet wurde, ist nicht bewiesen. Auf jeden Fall gab es nach 1750 noch einige Hinrichtungen auf deutschem Boden.

Antwort 215

c) Die *Geschichte des Agathon* stammt von Christoph Martin Wieland (1733–1813). Sie gilt als der erste Bildungsroman über das Erwachsenwerden und übte großen Einfluss auf die deutsche Literatur aus.

Antwort 216

Im Drama *Nathan der Weise* von Gotthold Ephraim Lessing (1729–81). In dem Stück begegnen sich Christen, Juden und Muslime zur Zeit der Kreuzzüge. Auf die Frage, welches die wahre Religion sei, erzählt Nathan die berühmte Ringparabel. Ein König hat einen Ring, der seinen Träger vor aller Welt angenehm macht, da er aber drei Söhne hat, vererbt er jedem einen Ring. Welches der wahre ist, kann nicht festgestellt werden. Also bleibt den Söhnen nur, sich möglichst gut und edel zu verhalten, um zu beweisen, dass ihr Ring jeweils der echte ist. Mit dieser Botschaft gilt Nathan als das wichtigste deutsche Theaterstück der Aufklärung.

Antwort 217

Die Aufklärung. Als Zeitalter der Aufklärung bezeichnet man das 17. und 18. Jahrhundert, in dem sich die Menschen durch naturwissenschaftliche Entdeckungen vom alten Aberglauben, aber auch durch geistige Emanzipation von den alten Autoritäten befreiten. Kant (1724–1804) lieferte obige Definition relativ spät in einem 1784 erschienen Essay *Beantwortung der Frage: Was ist Aufklärung?* Trotzdem ist es die berühmteste Definition der Aufklärung.

Antwort 218

b) Christiane Vulpius (1765–1816). Er heiratete sie 1806, als der gemeinsame Sohn August bereits 17 Jahre alt war. In Friederike Brion, die Pfarrerstochter von Sessenheim, war Goethe 1770 verliebt und widmete ihr mehrere Gedichte. Charlotte Buff war das Vorbild für seine Lotte im *Werther*. Charlotte von Stein war seine Freundin in Weimar. Ob die Freundschaft nur platonisch oder auch ein sexuelles Verhältnis war, darüber wird seitdem spekuliert.

Antwort 219

d) Der Europahymne liegt Schillers 1785 geschriebenes Gedicht *Freude, schöner Götterfunken* zugrunde. Beethoven schuf 1823 die Musik dazu.

Antwort 220

Adolph Freiherr Knigge (1752–96), dessen Werk man kaum unter seinem Titel als vielmehr als „den" Knigge kennt. Heute bezeichnet man Benimm-Ratgeber gerne als „Knigge", obwohl der Freiherr gar nicht über Tischmanieren und den richtigen Dresscode geschrieben hat, sondern – wie der Titel seines Buches sagt – über den Umgang mit den verschiedensten Menschen, etwa wie man seinem Vorgesetzten begegnen soll, wie man mit seinem Personal umgeht, wie mit Kindern, den Schwiegereltern, schwierigen Personen usw.

Antwort 221

 c) Balthasar Neumann (1687–1753) aus Eger (heute Cheb). Der Maler und Stuckateur Johann Baptist Zimmermann (1680–1758) und sein Bruder, der Baumeister Dominikus Zimmermann (1685–1766), sind vor allem für die Rokoko-Wallfahrtskirche in der Wies bei Steingaden berühmt geworden. Cosmas Damian (1686–1739) und Egid Quirin Asam (1692–1750) aus Benediktbeuern gelten in erster Linie als Schöpfer opulenter Fresken und Stuckarbeiten des Spätbarock, arbeiteten etwa an der Asamkirche in München, aber auch als Architekten. François de Cuvilliés der Ältere (1695–1768) aus dem heutigen Belgien kam als Hofzwerg nach München, erhielt eine Ausbildung zum Baumeister und schuf u. a. das Cuvilliéstheater.

Die Würzburger Residenz

Antwort 222

 Die Homöopathie.

Antwort 223

d) Das *Lied von der Glocke* wurde 1799 von Friedrich Schiller verfasst. In diesem Gedicht, das unzählige Schüler früherer Zeiten auswendig lernen mussten, beschreibt Schiller den Guss einer Glocke und flicht alle Wechselfälle des Lebens, zu denen die Glocke läutet, wie Geburt, Tod oder Feuer, mit ein.

Antwort 224

Sie heiratete den russischen Zaren Peter III. (1728–62) und wurde nach dessen Tod als Katharina II. (1729–96) Zarin von Russland. Sie regierte vor allem außenpolitisch äußerst erfolgreich und gilt neben Peter dem Großen als bedeutendste Monarchin Russlands. Umstritten ist, ob sie ihren Gatten umbringen ließ oder erst nach dessen Ermordung mit den Tätern paktierte.

Katharina II.

Antwort 225

b) Kants kategorischer Imperativ ist verwandt mit der schon aus der Antike stammenden „Goldenen Regel" a). Doch Kant verlangte, dass man Dinge nicht deshalb unterlässt, weil man den Zweck verfolgt, dass einem nichts Ähnliches zugefügt werde, sondern aus der Einsicht heraus, dass eine Verhaltensregel so richtig ist, dass sie zum allgemeinen Gesetz taugen würde. Der Spruch „Wage zu denken" stammt schon aus der Antike, auch wenn er zum Leitmotto der Aufklärung wurde. „Üb' immer Treu und Redlichkeit" ist eine Liedzeile von Kants Zeitgenossen Ludwig Hölty (1748–76).

Antwort 226

Im Englischen Garten in München. Der 25 Meter hohe Turm im chinesischen

Pagodenstil wurde 1790 im Rahmen der Gestaltung des Englischen Gartens errichtet. Mit seiner auffälligen Form ist er ein beliebter Treffpunkt. Außerdem befindet sich rund um den Turm einer der größten Biergärten Münchens.

Antwort 227

 Gedichte.

Antwort 228

 d) Im Klassizismus, der sich an klassischen antiken Formen orientiert. Dieser Stil kam damals gerade erst in Mode. Mit dem Brandenburger Tor signalisierte Berlin also seinen Besuchern gleich beim Betreten der Innenstadt Modernität und Weltoffenheit.

Antwort 229

a) – 3) Langhans   c) – 4) Schlüter
b) – 1) Schinkel   d) – 2) Schadow

Antwort 230

Etwa ab 1795 fand sich in Jena eine Gruppe von Dichtern, Gelehrten und Philosophen zusammen, die das deutsche Geistesleben entscheidend beeinflussten. Es waren der Theologieprofessor August Wilhelm Schlegel, der unter anderem Shakespeares Werke und indische Literatur übersetzte, sein Bruder Friedrich, ihre Frauen Caroline und Dorothea, die Dichter Ludwig Tieck und Novalis sowie die Philosophen Friedrich Schleiermacher, Johann Gottlieb Fichte und Friedrich Schelling. Sie hatten auch engen Kontakt zu dem literarischen Kreis um Goethe und Schiller.

Antwort 231

 b) *Cosí fan tutte* ist eine Oper von Mozart (1756–91). Beethoven (1770–1827), der als Wegbereiter von der Klassik zur Romantik gilt, schrieb nur eine einzige Oper, nämlich *Fidelio*. Seine wichtigsten Werke sind seine Orchesterwerke wie die Symphonien Nr. 9, Nr. 3 (*Eroica*) oder Nr. 6 (*Pastorale*), aber auch eine Messe, die *Missa solemnis*. Sowohl die Messe als auch die Symphonie Nr. 9 schrieb er, als er bereits völlig taub war.

Wolfgang Amadeus Mozart als Wunderkind in Hofkleidung

Antwort 232

c) Friedrich Freiherr von Hardenberg (1722–1801). Der Jurist und Bergbaudirektor gilt als einer der bedeutendsten Vertreter der Frühromantik. In seinem Roman *Heinrich von Ofterdingen* machte er die Suche nach der „blauen Blume" zum Sinnbild der Romantik. Seinen Dichternamen interpretierte er im Sinne von „einem, der Neuland bestellt". Richter (1763–1825) wurde als Jean Paul berühmt und markierte einen Übergang von der Klassik zur Romantik.

Antwort 233

a) – 3) Komödie
b) – 4) Novelle
c) – 2) Drama
d) – 1) Essay
Weitere bekannte Dramen von Heinrich von Kleist (1777–1811) sind *Das Käthchen von Heilbronn* und *Penthesilea*, dazu kommen Novellen wie *Die Marquise von O.* oder *Michael Kohlhaas*. Kleist-Helden befinden sich oft in extremen seelischen Verfassungen. Er selbst war vermutlich manisch-depressiv und beging Selbstmord.

Antwort 234

Caspar David Friedrich (1774–1840). Die stimmungsvollen Landschaftsbilder des gebürtigen Greifswalders strahlen oft Melancholie und Einsamkeit aus. Nacht, Nebel, Schnee und der weite Blick zum Horizont sind immer wiederkehrende Motive. Auch privat war Friedrich ein introvertierter und zu Depressionen neigender Mensch.

Antwort 235

Johann Gottfried Herder (1744–1803).

Johann Gottfried Herder

Antwort 236

a), b) und d). Alexander von Humboldt (1769–1859) war einer der gelehrtesten Männer seiner Zeit. Aber er betrieb seine geologischen, geografischen, physikalischen, chemischen, botanischen, ethnologischen und soziologischen Forschungsarbeiten nicht in der Studierstube, sondern unternahm dafür abenteuerliche Forschungsreisen nach Südamerika und Zentralasien. Dabei schleppte er rund 50 modernste Instrumente mit. Das preußische Bildungswesen allerdings reformierte nicht er, sondern sein Bruder Wilhelm (1767–1835).

Alexander von Humboldt

Antwort 237

Ein Beschluss des Reichstages im Jahr 1803, fast alle geistlichen (Bistümer und Abteien), aber auch die meisten kleinen Reichsgebiete (Reichsrittergüter und kleine Grafschaften) aufzulösen, d. h., ihnen ihre Selbstständigkeit zu nehmen. Zwei Jahre zuvor hatten die deutschen Staaten einen Krieg gegen das revolutionäre Frankreich verloren und die deutschen Gebiete links des Rheins abtreten müssen. Viele aufgelöste Ländereien gingen nun als Entschädigung an die mächtigeren der deutschen Fürsten. Vor allem Baden und Brandenburg erhielten ein Vielfaches der verloren gegangenen Gebiete.

Antwort 238

Carl Friedrich Gauß (1777–1855).

Antwort 239

c) 1805. Beide Länder wurden von den Truppen Napoleons bedroht. In dieser Lage entschlossen sie sich zu einem Bündnis mit den Franzosen. Sie sagten sich vom Kaiserreich los. Damit unterstanden sie keinem König mehr. Also erklärten sie sich – mit Rückendeckung Napoléons – selbst zu Königen.

Antwort 240

Bayern, Baden, Württemberg und 13 kleinere deutsche Staaten, die aus dem Kaiserreich „ausgetreten" waren. Später schlossen sich fast alle anderen deutschen Staaten an. Die Rheinbundstaaten standen unter dem Schutz Napoleons und mussten Reformen nach französischem Vorbild durchführen. Dies wurde von großen Teilen der Bevölkerung begrüßt, doch nach Napoléons gescheitertem Russlandfeldzug im Jahr 1813, bei dem auch Zehntausende Soldaten aus den Rheinbundstaaten umkamen, kippte die Stimmung gänzlich.

Antwort 241

Das Heilige Römische Reich, das mittelalterliche Kaiserreich (später auch „Altes Reich" genannt). Nach der Gründung des Rheinbundes legte Kaiser Franz II. (1768–1835) – auf Druck Napoleons, aber auch, weil er wenig Sinn darin sah, den Torso am Leben zu erhalten – am 6. August 1806 die Kaiserkrone nieder. Allerdings hatte er vorsorglich schon 1804 den Titel eines Kaisers von Österreich angenommen. Das Reich hatte jedoch schon vor der napoleonischen

Ära nur noch so wenig praktische Bedeutung gehabt, dass sein Ende sehr unspektakulär war. Es gab nicht einmal ernsthafte Proteste dagegen, dass Franz II. die Auflösung ohne Zustimmung des Reichstages verkündete.

Antwort 242

c) Preußen hatte sich in den napoleonischen Kriegen lange neutral verhalten. Als jedoch eine französisch-englische Annäherung drohte, griff es Frankreich an, wurde jedoch am 14. Oktober 1806 in den Schlachten bei Jena und Auerstedt schnell besiegt. Nur ein Bündnis mit dem russischen Zaren Alexander I. bewahrte Preußen vor der vollständigen Vernichtung. Im Frieden von Tilsit 1807 verlor es jedoch die Hälfte seines Territoriums. Austerlitz und Marengo markierten österreichische Niederlagen gegen Napoléon, während die Seeschlacht von Trafalgar mit einem britischen Sieg über Frankreich endete.

General Napoleon Bonaparte bzw. Kaiser Napoleon I.

Antwort 243

Aus Goethes *Faust*, genauer gesagt, aus dem 1808 veröffentlichten ersten Teil. Mit diesen Worten stellt sich Mephisto vor, der ein Teufel, aber auch ein Schalk und sich sehr wohl bewusst ist, dass er von Gott nur als Werkzeug benutzt wird. Es gibt kaum ein Werk der Weltliteratur, aus dem mehr Zitate oder geflügelte Worte stammen als aus dem *Faust*.

Antwort 244

Faust ist des Lebens überdrüssig und erklärt, seine Seele solle Mephisto, also dem Teufel gehören, falls er „zum Augenblick sage: Verweile doch, du bist so schön!" Mephisto tut sein Möglichstes, Faust alle Freuden des Lebens zu bescheren. Doch obwohl sich Faust in Gretchen verliebt, wünscht er nie, die Zeit würde stehen bleiben. Die Geschichte von Faust und Mephisto endet erst im selten gespielten zweiten Teil (1831) des *Faust*. Dort findet Faust endlich in der tätigen Arbeit für andere Erfüllung. Doch obwohl er seine Wette nun verloren hat, wird seine Seele von den himmlischen Mächten vor Mephisto gerettet.

Antwort 245

„Nun sag, wie hast du's mit der Religion?" Diese Frage stellt Gretchen in Goethes *Faust* dem Titelhelden, als die beiden sich näher kommen. Für Faust ist das eine äußerst heikle Frage, da er ziemlich wenig davon hält, dies aber dem frommen Gretchen nicht gestehen will. Heute versteht man unter einer Gretchenfrage generell eine heikle Frage. Häufig wird der Begriff verwendet, wenn es um Sexuelles geht.

Antwort 246

c) Die Leibeigenschaft wurde 1807 im Rahmen der Reformen aufgehoben, die die preußischen Politiker Freiherr Karl von und zum Stein (1770–1840) und Karl August von Hardenberg (1750–22) nach der Niederlage gegen Napoléon durchführten.

Zuvor hatte Friedrich der Große (1712–86) die Leibeigenschaft zwar schon auf den Staatsgütern, jedoch nicht auf den privaten Adelsgütern abgeschafft. Mit den Reformen von 1807 wurde allen Bürgern, erstmals auch den Juden, die freie Berufswahl sowie die Freiheit zu heiraten und Land zu erwerben zugestanden. Allerdings wurden viele Bauern zu abhängigen Tagelöhnern, weil sie die Ablösesumme für den Hof, den sie bisher für ihren Grundherrn bewirtschaftet hatten, nicht aufbringen konnten. In anderen Ländern waren diese Ablösen moderater. Außerdem war vielerorts die Leibeigenschaft schon früher aufgehoben worden, in Österreich etwa 1781.

Antwort 247

Die Firma Krupp. Sie wurde 1811 von Friedrich Krupp (1787–1826) gegründet.

Antwort 248

Sie waren Freunde, Schriftstellerkollegen und Schwäger, da Arnim mit Brentanos Schwester Bettina verheiratet war. Ihr bekanntestes gemeinsames Werk ist die Volksliedersammlung *Des Knaben Wunderhorn* (1804–08). Brentano (1778–1842) und Arnim (1781–31) gehören zu den wichtigsten Vertretern der deutschen Romantik. Zusammen mit den Brüdern Grimm, mit denen sie befreundet waren, setzten sie sich für die Entdeckung und Bewahrung des literarischen Volksguts (Märchen, Lieder, Sagen) ein.

Antwort 249

 Friedrich Ludwig Jahn (1778–1852), genannt „Turnvater Jahn". Er war derjenige, der das Turnen als Sportart populär machte, auch wenn die Idee von dem Lehrer Johann Christoph Friedrich GutsMuths (1759–1839) stammte. Für Jahn, Hilfslehrer, notorischer Querulant und Nationalist, war Turnen eine Vorbereitung „auf einen Befreiungskrieg gegen Napoléon", an dem er 1813/14 dann auch teilnahm.

Antwort 250

d) Im Märchen *Der Froschkönig oder Der Eiserne Heinrich* spricht der Frosch die Königstochter, deren Ball er aus dem Brunnen geholt hat, mit „Königstochter jüngste" an. Schneewittchen und Dornröschen sind Einzelkinder und Rapunzel ist keine Prinzessin. Die Brüder Grimm erfanden diese Märchen nicht, sondern sammelten sie. Sie haben sie jedoch sehr stark bearbeitet. In den meisten heutigen Ausgaben, vor allem für Kinder, sind auch die grimmschen Versionen nochmals verändert.

Antwort 251

c) Nach der preußischen Niederlage von 1806 formte Napoléon aus den preußischen Westprovinzen das Königreich Westphalen und übergab es seinem jüngsten Bruder Jérôme (1784–1860). Westphalen umfasste außer dem heutigen Westfalen auch große Teile von Niedersachsen, Hessen und Sachsen-Anhalt. Jérôme, der kaum Deutsch sprach und als Lebemann bekannt war, wurde nach seinem deutschen Lieblingswort „König Lustig" genannt.

Antwort 252

d) Die Völkerschlacht bei Leipzig vom 16. bis 19. Oktober 1913 war die entscheidende Schlacht der Befreiungskriege gegen Napoleon. Auf der einen Seite standen Russland, Schweden, Preußen, Österreich und die meisten anderen deutschen Länder, während Polen, Sachsen und einige kleinere Rheinbundstaaten noch für Napoleon kämpften. Nach der Schlacht verfolgten die Verbündeten Napoleon nach Paris und zwangen ihn dort im Frühjahr 1814 zur Abdankung.

Antwort 253

Der preußische Generalfeldmarschall Gebhard Leberecht von Blücher (1742–1819), der die preußischen Truppen 1815 in der Schlacht von Waterloo befehligte. Er war seiner Leutseligkeit und seines Temperaments wegen sehr beliebt. Die Strategie überließ er jedoch meist seinen Offizieren, z. B. August Wilhelm von Gneisenau (1760–1831).

Antwort 254

b) Es sind sogar zwei Schwestern namens Marie, die in *Frau Holle* auftauchen: die Goldmarie, die so gut ist, dass sie mit Gold belohnt wird, und die böse und faule Schwester, die mit Pech überschüttet wird. In den anderen drei Märchen haben die Heldinnen keine Namen.

Antwort 255

 Es gab kein Deutschland, sondern 38 deutsche Staaten, die von ihren jeweiligen Staatsoberhäuptern regiert wurden. Diese Staaten waren allerdings im Deutschen Bund zusammengeschlossen. Das bedeutete, dass Bundesbeschlüsse für die einzelnen Staaten ähnlich verbindlich waren wie heute EU-Recht für die EU-Mitglieder.

Der Deutsche Bund

Der Deutsche Bund war ein lockeres Staatenbündnis aus 38 deutschen Ländern. Von Preußen und Österreich gehörten jeweils nur die deutschsprachigen Territorien zum Bund. Vorgesehen waren eine gemeinsame Außenpolitik und die Einführung von Verfassungen mit Bürgerbeteiligung in allen Bundesstaaten. Doch Verfassungen führten nur einige kleinere Staaten ein und außenpolitisch blockierten sich Österreich und Preußen. Am effektivsten war der Bund darin, eine zu liberale Politik in Einzelstaaten durch Mehrheitsbeschlüsse und notfalls den Einsatz des Bundesheeres zu unterbinden.

Antwort 256

Ernst Theodor Wilhelm Hoffmann (1776–1822), besser bekannt als E. T. A. Hoffmann.

Antwort 257

Im *Freischütz* von Carl Maria von Weber (1786–1826). Um die geliebte Agathe heiraten zu können, muss Max einen Meisterschuss zeigen. Er lässt sich deshalb verleiten, sich „Freikugeln" vom Teufel zu verschaffen. Durch das Eingreifen eines Eremiten gibt es schließlich doch noch ein Happy End.

Antwort 258

Der Wiener Kongress.

Antwort 259

Annette von Droste-Hülshoff (1797–1848). Sie schrieb sehr düstere, romantische Erzählungen und Gedichte wie *Die Judenbuche* oder *Der Knabe im Moor*. In der *Judenbuche* beispielsweise geht es um das zerrüttete Rechtsempfinden und die gestörten Familienbeziehungen in einem Dorf, die sich angesichts der Ermordung eines Juden offenbaren.

Antwort 260

Schopenhauer (1788–1860), dessen Hauptwerk *Die Welt als Wille und Vorstellung* heißt, war überzeugt, dass es keine objektive Wirklichkeit außerhalb des menschlichen Bewusstseins gebe, sondern nur die Welt, die der Mensch in seiner Vorstellung und durch seinen Willen erfahre. Dieser menschliche Wille aber ist nach Schopenhauers Ansicht eine Art Trieb, dem der Mensch ausgeliefert ist. Da dieser Trieb irra-

Arthur Schopenhauer

tional sei, müssen – so Schopenhauer – auch die Welt und das menschliche Leben irrational und letztendlich schlecht sein. Durch die Kunst, vor allem die Musik, und Mitleid mit anderen könne das Leben jedoch erträglich werden. Posthum fand Schopenhauer viele Verehrer und inspirierte u. a. Sigmund Freud (1856–1939).

Antwort 261

 c) Das tapfere Schneiderlein. Allerdings sind es nur Fliegen. Trotzdem geht der kleine Schneider mit seiner Heldentat hausieren und wird am Ende König. Der Hase dagegen wird vom Igel im Wettlauf besiegt, wobei dieser sich allerdings der Hilfe seiner Frau bedient. Hans im Glück verliert einen Goldklumpen, wird aber dennoch glücklich, weil er aller Last ledig ist. Das jähzornige Rumpelstilzchen dagegen wird von einer Müllerstochter überlistet und zerreißt sich am Ende selbst.

Antwort 262

Wartburgfest.

Antwort 263

Den Vorläufer des Fahrrads, die „Draisine". Karl Drais (1785–1851) meldete 1817 ein pedalloses Laufrad zum Patent an, ähnlich der Laufräder, die inzwischen für kleine Kinder wieder in Mode gekommen sind. Anfangs wurde der schrullige Erfinder noch

belächelt, doch dann wurde das Laufradfahren zur Modesportart. 1842 konstruierte Drais auch ein mechanisch angetriebenes Schienenfahrzeug, das z. B. für die Wartung von Eisenbahnnetzen genutzt wurde.

Antwort 264

b) Das Brüderchen wird zum Reh, als es trotz einer Warnung aus einer Quelle trinkt. Daraufhin muss es von Schwesterchen vor den Jägern des Königs beschützt werden. Schneeweißchen und Rosenrot erlösen einen zum Bären verwandelten Prinzen. Jorinde wird in einen Vogel verwandelt. Hänsel und Gretel werden nicht verwandelt, aber von der Hexe im Pfefferkuchenhaus gefangen gehalten.

Antwort 265

Das Naturmuseum Senckenberg befindet sich in Frankfurt am Main. Es befasst sich mit der Entwicklungsgeschichte der Erde und enthält eine der größten Sammlungen von Saurierskeletten, die größte Sammlung von präparierten Vögeln und viele Versteinerungen, darunter das „Messelpferdchen". Das Museum wurde 1904 von der Senckenbergischen Naturforschenden Gesellschaft gebaut. Diese wiederum wurde 1817 von Frankfurter Bürgern gegründet und ist nach dem Mäzen Johann Christian Senckenberg (1707–72) benannt.

Antwort 266

 Karl Marx (1818–83).

Antwort 267

Die Fraunhofergesellschaft zur Förderung der angewandten Forschung wurde nach Joseph Fraunhofer (1787–1826) benannt.

Antwort 268

a) Karl Marx wurde 1818 als Sohn eines jüdischstämmigen Anwalts in Trier geboren. In seinem Geburtshaus befindet sich heute ein Museum. In Trier lernte er auch seine Frau Jenny von Westphalen (1814–81) kennen. Später studierte er in Bonn und Berlin. 1848 wurde ihm und seinem aus Barmen stammenden Freund Friedrich Engels (1820–95) die deutsche Staatsbürgerschaft entzogen und sie emigrierten nach London, wo Marx 1883 starb.

Antwort 269

Die Karlsbader Beschlüsse wurden 1819 auf einer Geheimkonferenz der Minister der zehn größten deutschen Staaten im böhmischen Kurort Karlsbad ausgearbeitet. Treibende Kraft war der österreichische Außenminister Klemens Metternich (1773–1859). In Kraft traten sie durch Zustimmung der Bundesversammlung, in der alle deutschen Staaten vertreten waren. Die Beschlüsse richteten sich gegen die liberale Bewegung, vor allem gegen die studentischen Burschenschaften. Zu den Karlsbader Beschlüssen gehörten u. a. eine strenge Kontrolle der Universitäten, eine scharfe Pressezensur und die Verfolgung politisch missliebiger Personen als „Demagogen".

Antwort 270

d) *Kalif Storch* stammt von Wilhelm Hauff (1802–27). Andere Märchen von Hauff sind *Der kleine Muck* und *Zwerg Nase*, bekannte Sagen *Das Wirtshaus im Spessart* und *Das kalte Herz*.

Antwort 271

b) Fanny Hensel (1805–47) trat als Kind mit ihrem Bruder Felix (1809–47) auf. Doch ihre Familie verbot ihr, mit ihrer Musik Geld zu verdienen. Erst in jüngerer Zeit wurden Fannys Kompositionen wiederentdeckt, die denen ihres Bruders in nichts nachstanden. Luise Hensel (1798–1876) war Fannys Schwägerin. Sie dichtete und widmete sich der Mädchenerziehung. Bekannt ist vor allem ihr Gebet *Müde bin ich, geh zur Ruh*. Die Literatin Dorothea Schlegel (1773–1839) war eine Tante von Fanny und Felix und gehörte wie ihr Ehemann Friedrich Schlegel zur Jenaer Romantik. Rahel Varnhagen von Ense, geb. Levin (1771–1833), führte in Berlin einen berühmten Salon, in dem auch die Mitglieder der Familien Mendelssohn und Schlegel verkehrten.

Antwort 272

Die Heinzelmännchen. Die älteste Erwähnung der Sage um die kleinen Wesen, die den Bürgern Kölns nachts alle Arbeit taten, aber auf Nimmerwiedersehen verschwanden, als man ihnen auflauerte, stammt aus dem Jahr 1826. Über die Wurzeln weiß man nichts.

Antwort 273

 Der deutsche Idealismus.

Antwort 274

 c) Beim Hambacher Fest 1832, einem Treffen oppositioneller Gruppen. Die studentischen Burschenschaften, die den Kern der Oppositionsbewegung bildeten, verwendeten diese drei Farben, weil das Lützowsche Freikorps, dem viele Studenten angehört hatten, in den Befreiungskriegen gegen Napoléon schwarze Uniformen mit rotem Besatz und goldenen Knöpfen trug. Außerdem sollten die Farben den gegenwärtigen Zustand (Schwarz), den Kampf (Rot) und die leuchtende Zukunft (Gold) symbolisieren.

Antwort 275

Carl Spitzweg (1808–85).

Antwort 276

Kaspar Hauser (um 1812–33). Zum einen galt Hauser als wissenschaftliche Sensation, weil der etwa 16-Jährige große Teile seines Lebens in Gefangenschaft und völliger Isolation verbracht hatte. Seine Entwicklung und sein Lernverhalten wurden ausgiebig studiert. Zum anderen kam bereits damals die Vermutung auf, Hauser könne der 1812 geborene Erbprinz von Baden sein, den man gegen einen sterbenden Säugling vertauschte, um eine Nebenlinie an die Macht zu bringen. Kaspar starb schließlich an Stichverletzungen. Über die Umstände seines Todes wird bis heute genauso gerätselt wie über seine Identität.

Antwort 277

a) Ludwig I. (1786–1868). Ludwig regierte Bayern zunächst recht liberal, wurde aber dann zunehmend konservativer, womit er die liberalen Kreise gegen sich aufbrachte. Als er sich dann 1848 in eine Affäre mit der exzentrischen Tän-

Ludwig I. von Bayern

zerin Lola Montez (1821–61) stürzte, verlor er auch den Rückhalt der Konservativen und musste zugunsten seines Sohnes Maximilian II. (1811–64) abdanken.

Antwort 278

Bettina von Arnim, geborene Brentano (1785–1859), vertrat für eine Frau ihrer Zeit sehr unkonventionelle Ansichten und dachte politischer als alle männlichen Romantiker. Ihre sozialkritischen Werke wurden teilweise verboten, so etwa *Dieses Buch gehört dem König* (1935), ein fiktiver Briefwechsel zwischen Goethes Mutter und der Mutter des preußischen Königs. Sie setzte sich aktiv für eine bessere Armenfürsorge ein, forderte die Abschaffung der Todesstrafe und eine Gleichberechtigung der Juden und Frauen. Außerdem korrespondierte sie mit fast allen deutschen Geistesgrößen ihrer Zeit und dem preußischen König Friedrich Wilhelm IV. (1795–1861). Ihre Korrespondenz mit Goethe, die sie unter dem Titel *Goethes Briefwechsel mit einem Kinde* veröffentlichte, wurde zum Bestseller.

Antwort 279

Griechenland übernahm die bayerischen Landesfarben. Die weiß-blauen Rauten stellten ursprünglich das Wappen der Grafschaft Bogen dar. 1242 starb der letzte Graf und sein Halbbruder mütterlicherseits, der bayerische Herzog Otto II., erbte Grafschaft und Wappen.

Antwort 280

c) 1815 bis 1848. Allerdings umfasste das „Biedermeier" nicht die ganze Gesellschaft. Dieser „brave", beschauliche Lebensstil wurde vor allem von wohlsituierten, unpolitischen Beamtenfamilien gepflegt. Gleichzeitig herrschte aber auch die „Vormärz-Zeit", in der oppositionelle Kräfte für mehr bürgerliche Freiheiten oder ein vereintes Deutschland agierten. Und die Unterschicht litt in diesen Jahren durch die einsetzende industrielle Revolution große Not.

Antwort 281

Georg Wilhelm Friedrich Hegel (1770–1831).

Antwort 282

c) Die erste deutsche Bahnlinie wurde am 7. Dezember 1835 zwischen Nürnberg und Fürth in Betrieb genommen. Zwischen Bonn und Köln wurde 1932 die erste richtige deutsche Autobahn gebaut, in Berlin-Lichterfelde fuhr 1881 die erste elektrische Straßenbahn und zwischen Lathen und Dörpen im Emsland befindet sich die Teststrecke für den Transrapid.

Antwort 283

Sieben Professoren der Universität Göttingen, die 1837 vom hannoveranischen König Ernst August II. entlassen wurden, weil sie gegen die Aufhebung der Verfassung durch den König protestiert hatten. Unter ihnen waren die Brüder Jakob und Wilhelm Grimm und der Physiker Wilhelm Weber. Jakob Grimm und zwei Kollegen wurden sogar des Landes verwiesen. Diese Aktion führte in ganz Deutschland zu heftiger Empörung.

Antwort 284

d) August Hoffmann von Fallersleben (1798–1874). Mit dem *Deutschlandlied* brachte er seinen Wunsch nach einer Einigung der deutschen Staaten zum Ausdruck. Als Melodie benutzte er die *Kaiserhymne* von Joseph Haydn (1732–1809). Deutsche Nationalhymne wurde das *Deutschlandlied* 1922.

Antwort 285

c) „Danach lasst uns alle streben, brüderlich mit Herz und Hand! Einigkeit und Recht und Freiheit sind des Glückes Unterpfand. Blüh' im Glanze dieses Glückes, blühe, deutsches Vaterland!"

Antwort 286

Justus von Liebig (1803–73).

bert und Clara Schumann

Antwort 287

 c) Clara (1819–96) galt als musikalisches Wunderkind und komponierte bereits mit zehn oder elf Jahren. Ihr Vater sah es nicht gerne, dass sie sich in seinen nicht gerade gut betuchten Schüler Robert Schumann (1810–56) verliebte. Die beiden mussten sich das Recht auf ihre Ehe vor Gericht erstreiten. Obwohl sie acht Kinder bekam, trat Clara weiter auf, vor allem mit Kompositionen ihres Mannes, wurde aber von seinen musikalischen Vorstellungen und seiner Eifersucht auf ihren Erfolg auch stark eingeengt. Schumann starb schließlich in einer Nervenheilanstalt an den Folgen der Syphilis. Johannes Brahms (1833–97) war ab 1853 ein enger Freund Claras. Es wird sogar über eine Affäre spekuliert. Franz Liszt (1811–86) war vor allem als Pianist berühmt. Vor ihm durfte Clara als Kind spielen.

Antwort 288

a) – 3) Mann am 6. Juni 1875 in Lübeck
b) – 4) May am 25. Februar 1842 in Ernstthal/Sachsen
c) – 1) Brecht am 10. Februar 1898 in Augsburg
d) – 2) Grass am 16. Oktober 1927 in Danzig

Antwort 289

Kölner Dom oder offiziell Hohe Domkirche St. Peter und Maria in Köln. Der Bau wurde 1248 begonnen, aber um 1530 eingestellt. Über 300 Jahre lang klaffte zwischen Türmen und Chor eine riesige Lücke und auf einem der Türme moderte ein Baukran aus dem 15. Jahrhundert vor sich hin. Im 19. Jahrhundert erklärte eine Gruppe romantischer Akademiker rund um den Publizisten Joseph Görres (1776–1848) die Vollendung des Doms zum nationalen Prestigeprojekt. 1842 legte der preußische König Friedrich Wilhelm IV. (1795–1861) dann feierlich den Grundstein für den Weiterbau. Mit über 157 Metern ist der Kölner Dom die dritthöchste Kirche der Welt.

Antwort 290

 a) und c). Die deutsche Nationalversammlung erklärte am 18. Mai 1848 die schwarz-rot-goldene Trikolore zur deutschen Nationalfahne. Nach dem Scheitern der Revolution 1849 wurde die Flagge von den Bundesländern teils benutzt, teils verboten. Im Deutschen Kaiserreich galt dann das preußisch-brandenburgische Schwarz-Weiß-Rot. Von 1919 bis 1933 war die deutsche Nationalflagge wieder schwarz-rot-golden, bevor sie im Hitler-Deutschland durch die Hakenkreuzfahne und das kaiserliche Schwarz-Weiß-Rot wieder ersetzt wurde.

Antwort 291

Georg Büchner (1813–37).

Antwort 292

 d) Die Museen der Museumsinsel wurden von preußischen Architekten wie Schinkel und Stüler geschaffen. Leo vor

Klenze (1784–1864) war bayerischer Hofarchitekt und maßgeblich verantwortlich für die klassizistische Umgestaltung Münchens im Auftrag des griechenlandbegeisterten Königs Ludwig I.

Antwort 293

 Der bekannteste preußische Gartenkünstler. Sein Hauptwerk ist die Parklandschaft zwischen der Berliner Pfaueninsel und Park Sanssouci. In Berlin war Lenné (1789–1866), der aus einer Bonner Hofgärtnerfamilie stammte, auch als Stadtplaner tätig und sorgte dafür, dass die damals neu erschlossenen Stadtteile mit Grüngürteln und Kanälen durchzogen wurden.

Antwort 294

b) Die Weber. Die Heimarbeit der Weber wurde damals so schlecht entlohnt, dass Familien trotz härtester Arbeit aller Familienmitglieder, selbst der Kinder und Kranken, unter Hunger und Entbehrung litten. Daran war jedoch nicht nur die Hartherzigkeit der Verleger schuld, sondern auch die Tatsache, dass billiges englisches Tuch, das bereits unter industriellen Bedingungen hergestellt wurde, den Markt überschwemmte und die Preise drückte. Gerhart Hauptmann, selbst Enkel eines Webers, setzte dem Aufstand im Jahr 1893 mit seinem Stück *Die Weber* ein Denkmal. Das sozialkritische Drama ist eines der wegweisenden Werke des Naturalismus, der in der zweiten Hälfte des 19. Jahrhunderts in der Literatur in Mode kam.

Antwort 295

Landwehrkanal.

Antwort 296

 c) Siemens. Ihr Gründer Werner Siemens (1816–92) war ein Offizier und Ingenieur, der schon früh technische Erfindungen machte. 1847 gründete er die Telegraphenbauanstalt Siemens & Halske, die 1848 mit dem Bau einer Telegrafenleitung von Berlin nach Frankfurt am Main schlagartig berühmt wurde. Später entwickelte Siemens den ersten Dynamo, baute die erste elektrische Lokomotive, die erste Straßenbahn und den ersten elektrischen Aufzug und installierte in Berlin die erste elektrische Straßenbeleuchtung.

Antwort 297

d) 1848

Antwort 298

Vom *Manifest der Kommunistischen Partei*, das Karl Marx und Friedrich Engels als Programm für eine kommunistische Partei verfasst hatten. Auf dem europäischen Kontinent, wo wenig später die Märzrevolutionen begannen, fand es zunächst wenig Aufmerksamkeit.

Antwort 299

Vier alte Tiere, ein Esel, ein Hund, ein Kater und ein Hahn, die von ihren Besitzern verjagt werden, weil sie nutzlos geworden sind, und gemäß der Devise „Was Besseres als den Tod findest du überall" in Bremen Stadtmusikanten werden wollen. Dann aber verjagen sie auf ihrem Weg eine Räuberbande aus ihrem Haus und nisten sich dort ein.

Antwort 300

 Das war unterschiedlich, da es sich um eine breite Bewegung handelte. Kernpunkte waren aber einerseits eine Einigung der deutschen Länder zu einem Nationalstaat und andererseits mehr Demokratie, bürgerliche Freiheiten und politische Mitbestimmung. Auf Druck der Revolutionäre erklärten sich die deutschen Fürsten bereit, Abgeordnete für eine Nationalversammlung wählen zu lassen, die die Grundlagen für einen solchen Staat erarbeiten sollten.

Antwort 301

 In der Frankfurter Paulskirche.

Antwort 302

 Die Nationalversammlung in der Paulskirche diskutierte, ob die Einigung Deutschlands in „kleinem" oder „großem" Rahmen erfolgen sollte. Konkret hieß das: mit oder ohne Österreich. Österreich stellte ein Problem dar, weil das Haus Habsburg auch seine nicht deutschen Länder (Böhmen, Ungarn, Kroatien, Slowenien) in den geplanten deutschen Staat einbringen wollte. Das wurde aber von den Ländern selbst größtenteils abgelehnt. Auch die Abgeord-

neten in der Paulskirche kamen überein, dass sie kein Riesenreich mit feindlich gestimmten nationalen Minderheiten haben wollten. Auch Bismarck realisierte 1871 die „kleindeutsche" Einigung ohne Österreich. Ihm lag vor allem daran, die Habsburger Monarchen auszuschalten, die den preußischen Königen die deutsche Führungsrolle hätten streitig machen können.

Antwort 303

 Fünf. Das Alte Museum (erbaut 1830), das Neue Museum (1859), die Alte Nationalgalerie (1876), das Bodemuseum (1904) und das Pergamonmuseum (1930).

Das Alte Museum auf der Berliner Museumsinsel

Antwort 304

 Die Badische Revolution ist ein Teil der Märzrevolution von 1848. Diese hatte in Baden begonnen und verlief dort auch besonders heftig. In der Paulskirche forderten die Badener Abgeordneten am vehementesten die Einführung der Republik, während die Mehrheit für eine konstitutionelle Monarchie war. Als die Fürsten die Annahme der Paulskirchenverfassung verweigerten, brach in Baden die Revolution erneut aus. Sie wurde schließlich von preußischen Truppen am 23. Juli 1919 „in Rastatt auf der Schanz" niedergeschlagen. Führende Köpfe der Badischen Revolution waren der Journalist Gustav Struve, der Rechtsanwalt Friedrich Hecker und der Dichter Georg Herwegh.

jemals gab. Es erschien ab 1854 und umfasst 33 Bände. Sie selber kamen nur bis zum Buchstaben F. Die Arbeit wurde jedoch fortgesetzt und 1960 (!) auch vollendet.

Antwort 305

 Die Kneippkur ist eine Kur nach den Regeln des Pfarrers Sebastian Kneipp (1821–97). Kneipp entwickelte seine „Medizin", nachdem er selber nach einigen Kurzbädern in der eiskalten Donau seine Tuberkulose überwunden hatte.

Antwort 306

 Millowitsch. Mitglieder der Familie sind schon seit 1792 in Köln nachweisbar. Josef Caspar Millowitsch (1830–67) errichtete das erste feste Theater. Willy Millowitsch (1909–99) wurde dann im Nachkriegsdeutschland weit über Köln hinaus bekannt, sowohl durch die Schwänke, die im Millowitschtheater gespielt wurden, als auch als Fernsehschauspieler. Heute führt das Theater sein Sohn Peter (*1949), während seine Tochter Mariele (*1955) Schauspielerin ist.

Antwort 307

 b) und d). Jakob (1785–1863) und Wilhelm Grimm (1786–1859) sammelten außer Märchen auch noch alte Volkssagen, die sie aber ebenfalls stark bearbeitet herausgaben. Außerdem waren sie Sprachwissenschaftler und erstellten das größte Wörterbuch der deutschen Sprache, das es

Antwort 308

 Die Passionsspiele. Sie gehen auf das Jahr 1633 zurück. Damals gelobten die Einwohner, regelmäßig das Leiden Jesu nachzuspielen, wenn sie von der Pest verschont bleiben sollten. Mitte des 19. Jahrhunderts begannen die Spiele berühmt zu werden. Bei den bislang letzten Spielen im Jahr 2000 kamen über 500.000 Menschen. Die rund 2000 Mitwirkenden sind alle entweder in Oberammergau geboren oder leben dort seit mindestens 20 Jahren.

Antwort 309

 Adolph Kolping (1813–65).

Antwort 310

 Heinrich Heine (1797–1856). Heine schrieb journalistische Texte und Essays, vor allem aber Gedichte, teils romantisch, aber vorwiegend mit ironischer Brechung und voll beißender Gesellschaftskritik. Seine

Heinrich Heine

bekanntesten Werke sind *Nachtgedanken* („Denk' ich an Deutschland in der Nacht ..."), *Die schlesischen Weber* („Im düstern Auge keine Träne ...") und das zynische Versepos *Deutschland – Ein Wintermärchen*. Da er seine Außenseiterposition in Deutschland nicht überwinden konnte, emigrierte er 1831 nach Paris.

schen 150.000 und 40.000 v. Chr. lebte. Er wurde nach seinem Fundort, dem Neandertal, benannt.

Antwort 311

Die Loreley. Die Loreley ist ein 125 Meter hoher Felsen bei Sankt Goarshausen. Um ihn spinnt sich die Sage, dass dort oben eine schöne Nixe namens Loreley singe und ihr goldenes Haar kämme und die Schiffer dadurch so betöre, dass sie die gefährlichen Sandbänke und Strömungen, die es dort tatsächlich gibt, nicht beachten. Die älteste Erwähnung dieser Sage ist ein Gedicht von Clemens Brentano von 1801, sodass manche Forscher sogar glauben, Brentano habe die Sage erst erfunden.

Antwort 312

Otto von Bismarck (1815–98).

Antwort 313

Im Schlaraffenland. Das Land der Schlaraffen (= faulen Affen) kommt schon in den Werken von Sebastian Brant (um 1457–1521) und Hans Sachs (1495–1576) vor, wurde aber vor allem durch ein Märchen von Ludwig Bechstein (1801–60) bekannt.

Antwort 314

 Fuhlrott (1803–77) fand die Überreste eines inzwischen ausgestorbenen Verwandten des heutigen Menschen, der zwi-

Antwort 315

An den Cheruskerfürsten Arminius, der im Jahr 9 n. Chr. die Römer besiegte. Arminius wurde unter dem Namen Hermann im 19. Jahrhundert zu einem nationalen Mythos, der vor allem von fremdenfeindlichen und militaristischen Kreisen gepflegt wurde. Heute weiß man, dass Arminius im Deutschen mit Sicherheit nicht Hermann hieß, die Schlacht im Teutoburger Wald bei Bramsche im Osnabrücker Land stattfand und das Abschlachten der ahnungslosen römischen Soldaten in Wald und Sumpf vermutlich auch keine besonders heroische Leistung war. Tatsache jedoch bleibt, dass die Römer nach dieser Niederlage kein Interesse mehr daran hatten, das wirtschaftlich und strategisch nicht besonders attraktive Germanien zu erobern.

Antwort 316

Theodor Storm (1817–88). Der Titel des Werkes lautet *Der Schimmelreiter*, weil Deichgraf Hauke Haien bei einem Deichbruch mit seinem Schimmel umkommt, aber als Schimmelreiter angeblich immer noch auf dem Deich zu sehen ist, wenn diesem Gefahr droht. Neben dem *Schimmelreiter* sind das Weihnachtsgedicht *Knecht Ruprecht* („Von drauß' vom Walde komm ich her …") und die tragische Liebesgeschichte *Immensee* Storms bekannteste Werke.

Antwort 317

Elisabeth Amalie Eugenie, Herzogin in Bayern (1837–1898), besser bekannt als Sisi. Elisabeth stammte aus einer nicht regierenden Nebenlinie des Hauses Wittelsbach und war deshalb ohne Repräsentationspflichten aufgewachsen. In den berühmten Sissi-Filmen aus den 1950er-Jahren wird ihr Aufstieg zur Kaiserin Österreichs als Märchen verklärt, in Wahrheit jedoch war die legendär schöne Elisabeth sehr unglücklich und entzog sich den Erwartungen an ihre Rolle, soweit es ging.

Kaiserin Sisi

Antwort 318

Bei der des Telefons. 1861 demonstrierte der Physiklehrer Philipp Reis (1834–74) mit diesem und ähnlichen unsinnigen Sätzen, dass das Gerät, das er gebastelt hatte, mithilfe elektromagnetischer Wellen tatsächlich Sprache über große Entfernungen übertragen kann. Allerdings war es noch sehr primitiv und die Botschaften oft sehr schwer zu verstehen. Reis gelang es deshalb nicht, Geldgeber für eine Weiterentwicklung zu finden. Der Durchbruch gelang erst dem US-Amerikaner Alexander Bell im Jahr 1876.

Antwort 319

Otto von Bismarck (1815–98). Als „eisern" erwies er sich aber vor allem als preußischer Ministerpräsident. 1862 verweigerte der preußische Landtag dem König die Finanzmittel für eine Heeresreform. Wilhelm I. machte daraufhin Bismarck zum Ministerpräsidenten. Der regierte dann jahrelang gegen Parlament und Verfassung. Nachdem er 1871 die deutsche Einigung durchgesetzt hatte, regierte er außenpolitisch mit sehr viel diplomatischem Fingerspitzengefühl, während er im Inneren mit seinem eisernen Kurs, z. B. gegen Sozialdemokraten oder Katholiken, mehrmals scheiterte.

Antwort 320

b) Die fromme Helene ist die Heldin einer anderen Bildergeschichte von Wilhelm Busch (1832–1908). Sie ist nicht besser als Max und Moritz, allerdings vertuscht sie Untaten besser. Die bösen Buben Max und Moritz in Buschs bekanntester Bildergeschichte (1865) rauben der Witwe Bolte die Hühner, sägen Schneidermeister Böck die Brücke durch und füllen Lehrer Lämpel Schießpulver in die Pfeife. Außerdem bekommt Onkel Fritz Maikäfer ins Bett und dem Meister Bäcker verwüsten sie die Backstube. Als sie auch noch Bauer Mecke die Kornsäcke aufschneiden wollen, erwischt sie dieser und verarbeitet sie in der Mühle zu Hühnerfutter.

Max und Moritz durchsägen die Brücke von Schneider Böck

Antwort 321

 Ferdinand Lassalle (1825–64).

Antwort 322

 a) – 1) Dänemark
b) – 3) Österreich (inkl. seiner deutschen Verbündeten)
c) – 2) Frankreich
Mit dem Krieg gegen Dänemark schuf Bismarck eine nationale Stimmung, die ganz Deutschland vereinte. Dann drängte er Österreich, das ihm zu mächtig war, aus dem Deutschen Bund. Mit dem Krieg gegen Frankreich besiegte er schließlich Napoleon III., der eine Einigung Deutschlands nicht zu dulden gedachte.

Antwort 323

 Die BASF, der derzeit größte Chemiekonzern der Welt mit Hauptsitz in Ludwigshafen.

Antwort 324

 a) – 3) zweiter Ehemann
b) – 1) Vater
c) – 2) erster Ehemann
d) – 4) Freund
Cosima Wagner (1837–1930) war die uneheliche Tochter des Pianisten Franz Liszt (1811–86) und der geschiedenen Gräfin Marie d'Agoult (1805–76). Sie heiratete 1857 den Schüler ihres Vaters Hans von Bülow (1830–94) und hatte zwei Töchter mit ihm. 1864 begann sie eine Beziehung zu Bülows Lehrer und Freund Richard Wagner (1813–

83). Ein Jahr später bekamen sie eine Tochter. 1867 verließ Cosima Bülow, drei Jahre später heiratete sie Wagner. Nach seinem Tod verwaltete sie Wagners Erbe als strenge „Gralshüterin", wie ihr Kritiker vorwarfen.

Antwort 325

 Mit Bismarcks Krieg gegen Österreich und dessen Verbündeten im Jahr 1866 war der Deutsche Bund zerbrochen. Nach dem Sieg gründete Bismarck deshalb mit seinen Verbündeten den Norddeutschen Bund. Mit Bayern, Württemberg und Baden, die auf der Seite Österreichs gekämpft hatten, schloss er nur geheime Defensivbündnisse ab. Nach dem gewonnenen Krieg gegen Frankreich 1871 traten diese Länder dann dem Norddeutschen Bund bei, der dadurch zum Deutschen Kaiserreich wurde. Die Strukturen des Norddeutschen Bundes inklusive der dominanten Stellung Preußens blieben aber weitgehend erhalten.

Antwort 326

 Den *Struwwelpeter*. Hoffmann (1809–94) suchte ein Weihnachtsgeschenk für den dreijährigen Carl, fand alle Kinderbücher aber entweder zu kompliziert, zu albern oder zu moralsauer. Also setzte er sich hin und fabrizierte selbst eines, das zwar ebenfalls moralische Botschaften enthält, aber auf grotesk übertriebene Art.

Der Struwwelpeter hält nicht viel von Körperpflege

Antwort 327

 Die SPD. August Bebel (1840–1913) gründete zusammen mit Wilhelm Liebknecht (1826–1900) 1869 die Sozialdemokratische Arbeiterpartei (SDAP), die 1875 mit Lassalles Allgemeinem Deutschen Arbeiterverein vereinigt und 1890 in SPD umbenannt wurde. Bebel war ein gelernter Drechsler, der schon früh in der beginnenden Arbeiterbewegung aktiv war. Er war derjenige, der die verschiedenen Flügel der SPD während der Kaiserzeit zusammenhielt, und machte sich außerdem als glänzender Redner im Reichstag einen Namen.

Antwort 328

 Wolpertinger.

Antwort 329

 1870 war der Thron Spaniens vakant und als möglicher Kandidat wurde ein weit entfernter schwäbischer Verwandter des preußischen Königshauses gehandelt. Frankreich jedoch betrachtete eine solche Kandidatur als Versuch Deutschlands, eine politische Übermacht zu bekommen. Obwohl der Prinz seine Kandidatur schnell zurückzog, reiste der französische Botschafter nach Bad Ems, wo der preußische König Wilhelm zur Kur weilte. Er forderte die Erklärung, dass eine solche Kandidatur auch für alle Zukunft ausgeschlossen sei. König Wilhelm berichtete Bismarck von dieser Begebenheit in einem Telegramm. Bismarck veröffentlichte eine gekürzte Version des Telegramms, die das Auftreten des französischen Botschafters noch ungebührlicher wirken ließ, als es war. Dies führte in Frankreich zu großer öffentlicher Empörung und schließlich zur Kriegserklärung. Genau darauf aber hatte Bismarck spekuliert. Den Krieg gegen Frankreich wünschte er sich, um dessen Widerstand gegen die deutsche Einigung zu brechen. Er wollte jedoch um keinen Preis selbst als Angreifer dastehen.

Antwort 330

 Die Schlacht bei Sedan an der französisch-belgischen Grenze.

Antwort 331

Johannes Bückler (1779–1803), ein gelernter Abdecker (Schinder), der den Hunsrück durch Hunderte von Straftaten in Aufregung versetzte, bevor er schließlich gefasst und hingerichtet wurde. Später wurde er zu einer Art Robin Hood verklärt.

Antwort 332

a) verbrennt, weil sie mit Zündhölzern spielt
b) bekommt die Daumen abgeschnitten, weil er daran gelutscht hat
c) verhungert, weil er seine Suppe nicht isst
d) reißt alles vom Tisch, weil er auf seinem Stuhl zappelt
e) fällt in den Fluss, weil er immer in die Luft guckt
f) werden in ein Tintenfass getaucht, weil sie einen farbigen Jungen verspottet haben

Antwort 333

 Die Proklamation fand am 18. Januar 1871 im Spiegelsaal des Schlosses von Versailles statt. Dies lag daran, dass Kaiser Napoléon zwar schon von den Deutschen gefangen genommen war, aber der Krieg noch nicht beendet. Bismarck befand sich deshalb im Hauptquartier der deutschen Armee in Versailles, während er die Reichsgründung einfädelte.

Antwort 334

d) Die 17-jährige Effi wird mit dem mehr als 20 Jahre älteren Major von Instetten verheiratet, der immer ein Fremder für sie bleibt. Als Instetten zufällig entdeckt, dass ihn seine Frau vor Jahren betrogen hat, erschießt er den Nebenbuhler im Duell. Effi wird schuldhaft geschieden, von ihrer Tochter getrennt, von ihren Eltern verleugnet und stirbt schließlich an Schwindsucht. Auch in anderen Romanen Fontanes (1819–98) geht es um die preußischen Konventionen. In *Irrungen, Wirrungen* müssen sich zwei Liebende wegen zu großer Standesunterschiede trennen. Der Roman *Der Stechlin* und die *Wanderungen durch die Mark Brandenburg* allerdings sind Liebeserklärungen Fontanes an seine Heimat.

Theodor Fontane

Antwort 335

 Elsass-Lothringen.

Antwort 336

b) Bismarck verdächtigte die Katholiken, Befehlsempfänger aus Rom zu sein. Hintergrund war das Pontifikat von Pius IX. (1792–1878), der 1870 die Unfehlbarkeit der Päpste zum Dogma machte und tatsächlich erwartete, dass ihm die Katholiken weltweit bedingungslos Folge leisteten. Deshalb bekämpfte Bismarck die „katholische Kultur" in Deutschland mit Repressionen, wie z. B. Berufsverbot für missliebige Priester, Entzug aller staatlichen Zuwendungen und Verbot der meisten Orden. 1878 stellte er den Kulturkampf aber ein, weil er nichts brachte und Bismarck nun die katholischen Abgeordneten gegen die Sozialdemokratie brauchte. Dieser verbot er mit den Sozialistengesetzen alle politischen Aktivitäten außerhalb der Parlamente. Doch auch das schlug fehl. 1890 wurde die SPD stärkste Fraktion im Reichstag und konnte die Verlängerung der Gesetze kippen.

Antwort 337

Er gründete die Von Bodelschwinghschen Anstalten Bethel, in denen heute rund 100.000 psychisch Kranke, geistig Behinderte, Obdachlose und Jugendliche mit Problemen betreut werden. Bodelschwingh (1831–1910) wollte eigentlich Missionar werden, wurde dann aber im Rahmen der Inneren Mission aktiv, der Durchsetzung christlicher Werte, vor allem der Nächstenliebe, im eigenen Land.

Antwort 338

 c) Carl Gottfried von Linde (1842–1934) baute zwar nicht die erste künstliche Kühlanlage, doch das von ihm entwickelte Verfahren zur Verflüssigung von Luft und anderen Gasgemischen erlaubte den praktischen Einsatz in größerem Stil. 1879 gründete er die „Gesellschaft für Linde's Eismaschinen AG", die vor allem Kühlanlagen für Brauereien und Schlachtereien produzierte.

Antwort 339

Brehms Tierleben von Alfred Brehm (1829–84).

Antwort 340

d) Das Bayreuther Festspielhaus wurde von König Ludwig II. von Bayern extra für die Aufführung von Wagners Werken gebaut. Der Komponist (1813–83) hielt seine Frühwerke Die Feen, Das Liebesverbot und Rienzi aber nicht für wert, auf dem „grünen Hügel" gespielt zu werden. Also wird das Programm jedes Jahr nur aus folgenden Wagneropern ausgewählt: Der Fliegende Holländer, Tannhäuser und der Sängerkrieg auf Wartburg, Lohengrin, Der Ring des Nibelungen mit den vier Teilen Das Rheingold, Die Walküre, Siegfried, Götterdämmerung, außerdem Tristan und Isolde, Die Meistersinger von Nürnberg und Parsifal.

Richard Wagner

Antwort 341

 Der 1876 von Nikolaus Otto (1832–91) konstruierte Ottomotor.

Antwort 342

Auf dem Berliner Kongress moderierte Bismarck die politische Neuordnung des Balkans nach dem Russisch-Türkischen Krieg. Da Deutschland außenpolitisch „saturiert" sei, könne er als „ehrlicher Makler" agieren, argumentierte er. Ihm lag vor allem daran, zwischen seinen beiden Verbündeten Russland und Österreich zu vermitteln.

Antwort 343

Trotz Bismarcks Bemühungen zerbrach das Dreikaiserbündnis an den Rivalitäten zwischen Russland und Österreich auf dem Balkan. Offen musste Bismarck sich für Österreich entscheiden, im Geheimen schloss er jedoch 1887 einen Rückversicherungsvertrag mit Russland. Darin verpflichtete sich Deutschland, neutral zu bleiben, falls Österreich Russland unprovoziert angreifen sollte. Gleiches sicherte Russland im Falle eines französischen Angriffs auf Deutschland zu. 1890 schlug dann der neue Kaiser Wilhelm II. ein Angebot zur Verlängerung des Vertrages aus. Und es passierte das, was Bismarck immer hatte vermeiden wollen: Russland verbündete sich mit Frankreich.

Antwort 344

 Konrad Duden (1829–1911). Im Jahr 1902 wurde die Rechtschreibung des

Duden in ganz Deutschland für Schulen und Behörden verbindlich.

Antwort 345

 Friedrich Nietzsche (1844–1900). Nietzsche war Professor für Philologie, wurde aber mit 34 Jahren wegen zahlreicher Krankheiten arbeitsunfähig. In seinem Werk, von dem vor allem *Also sprach Zarathustra* (1883–85) bekannt ist, übte er ätzende Kritik an der gesamten abendländischen Kultur, die er als schwach und verlogen empfand. Er propagierte den Atheismus („Gott ist tot") und forderte, der Mensch müsse als „Übermensch" die Rolle Gottes übernehmen. Letztendlich konnte er die radikale Stärke, Rücksichtslosigkeit und Emotionalität, die er predigte, selbst nicht leben und starb in geistiger Umnachtung.

Antwort 346

b) und d). Das Schloss Hohenschwangau in der Nachbarschaft von Neuschwanstein geht auf eine mittelalterliche Burg zurück, die Ludwigs Vater Maximilian II. von Bayern (1811–64), der ebenfalls schon ein Faible für romantische Märchenschlösser hatte, radikal umbauen ließ. Schloss Berg ließen die bayerischen Kurfürsten bereits Ende des 17. Jahrhunderts errichten. Ludwig II. (1845–86) machte es zu

Schloss Neuschwanstein, erbaut von Ludwig II.

seiner Sommerresidenz und hielt sich in dem vergleichsweise bescheidenen Schloss weit mehr auf als in seinen Neubauten. Nach seiner Entmündigung am 9. Juni 1886 wurde er hierher gebracht und starb vier Tage später unter bis heute nicht geklärten Umständen im Starnberger See.

Antwort 347

b) Als erstes Auto gilt der dreisitzige Wagen, den Carl Benz (1844–1929) im Jahr 1885 zum Patent anmeldete. Daimler (1834–1900) konstruierte 1886 das erste vierrädrige Auto. Wilhelm Maybach (1846–1929) war Mitarbeiter von Daimler und entwickelte 1885 mit ihm zusammen das erste Motorrad. Rudolf Diesel (1858–1913) wurde nicht als Autokonstrukteur, sondern als Erfinder des Dieselmotors bekannt. Ein weiterer Autopionier ist Siegfried Marcus (1831–98), der 1870 den ersten bekannten Wagen mit Benzinmotor konstruierte, der aber sonst noch wenige Elemente eines Autos (z. B. Bremsen oder Lenkung) aufwies.

Antwort 348

c) Die Allgemeine Elektrizitäts-Gesellschaft AEG.

Antwort 349

c) Mit der Schaffung einer Renten-, Kranken- und Unfallversicherung zwischen 1884 und 1889 wollte Kanzler Otto von Bismarck der „Sozialdemokratie das Wasser abgraben" und die Arbeiter für sich gewinnen. Dies funktionierte nicht, aber die Versicherungen sind seine größte innenpolitische Leistung. Damit schuf er die Grundlage des modernen Sozialstaates.

Antwort 350

 Friedrich III. (1831–88), der Sohn von Wilhelm I. und Vater von Wilhelm II. Er galt als relativ liberal und viele Deutsche erhofften sich von ihm eine Modernisierung des Reiches. Doch Friedrich litt an Kehlkopfkrebs. Er starb am 15. Juni 1888, nur 99 Tage nach seinem Vater. Sein Sohn Wilhelm II. begeisterte sich zwar für moderne Technik, erwies sich politisch jedoch als reaktionär und kurzsichtig.

Antwort 351

Kaiser Wilhelm II. (1859–1941).

Antwort 352

Es handelt sich um die Robert Bosch GmbH. Robert Bosch (1861–1942), der u. a. bei Edison und Siemens tätig gewesen war, gründete seine Firma als „Werkstätte für Feinmechanik und Elektrotechnik". Heute sind 92 Prozent der Firmenanteile im Besitz der gemeinnützigen Robert-Bosch-Stiftung.

Antwort 353

Nach Prinzregent Luitpold (1821–1912). Als der bayerische König Ludwig II. 1886 entmündigt wurde, übernahm

sein Onkel Luitpold die Regierungsverantwortung. Vier Tage später starb Ludwig. Neuer König war nun sein jüngerer Bruder Otto (1848–1916). Der war jedoch ebenfalls geisteskrank und schon seit 1872 entmündigt. So blieb Luitpold zeitlebens Prinzregent. Politisch tat er eher wenig, was auch gar nicht anders möglich war, da Bayern längst Teil des Kaiserreiches war und die große Politik in Berlin gemacht wurde. Aber seine Volkstümlichkeit machte ihn sehr populär und die Prinzregentenzeit gilt vielfach noch immer als die „gute alte Zeit" in Bayern.

Antwort 354

 Der junge, neue Kaiser Wilhelm II. (1859–1941) entließ ihn im Jahr 1890, um ein „persönliches Regiment" zu führen. Die britische Zeitung *Punch* kommentierte den Vorgang mit der weltberühmt gewordenen Karikatur *Dropping the pilot* (*Der Lotse geht von Bord*). Wilhelm II. selbst erklärte: „Der Kurs bleibt der alte: Volldampf voraus!", und zerstörte dann mit Volldampf Bismarcks fein gesponnenes außendiplomatisches Bündnissystem.

Antwort 355

 a) Mutter; b) erste Ehefrau; c) Großmutter; d) zweite Ehefrau ab 1921

Antwort 356

Helgoland.

Antwort 357

Der von Rudolf Diesel (1858–1913) im Jahr 1892 entwickelte Motor hat einen besseren Wirkungsgrad als der ältere Ottomotor. Deswegen eignete er sich besonders für große Motoren, etwa für Schiffsantriebe, Lokomotiven, Lastwagen, große Maschinen oder Generatoren. Dieselmotoren gelten im Schnitt auch als robuster und zuverlässiger als Benzinmotoren, sind aber lauter. Außerdem stoßen sie mehr gesundheitsschädlichen Ruß aus, wenn sie nicht mit Partikelfiltern nachgerüstet sind.

Antwort 358

Sie waren alle Frauenrechtlerinnen. Helene Lange (1848–1930) und Gertrud Bäumer (1873–1954) waren Lehrerinnen, die für bessere Bildungschancen stritten. Die lesbische Juristin Anita Augspurg (1857–1943) gehörte einem radikaleren Flügel an, der vor allem für das Wahlrecht eintrat. Clara Zetkin (1857–1933) war neben Rosa Luxemburg die bedeutendste kommunistische Politikerin. Louise Otto-Peters (1819–95), Lily Braun (1885–1916) und Hedwig Dohm (1831–1919), die Großmutter von Thomas Manns Frau Katia, waren feministische Schriftstellerinnen.

Antwort 359

Röntgenstrahlen, entdeckt von Wilhelm Conrad Röntgen (1845–1923).

Röntgenaufnahme einer Wirbelsäule

Antwort 360

Nord-Ostsee-Kanal.

Antwort 361

Otto Lilienthal (*1848). Von einem richtigen Flugzeug kann man allerdings noch nicht reden. Lilienthal flog mit Gleitapparaten, die er nach einem eingehenden Studium des Vogelflugs konstruiert hatte. Als erster Mensch überhaupt flog er längere Strecken (bis zu 300 Meter). Am 9. August 1896 stürzte er am Gollenberg im Havelland aufgrund einer Böe ab und starb einen Tag später an den Verletzungen.

Antwort 362

a) Die Caritas ist ein 1897 gegründetes Hilfswerk der katholischen Kirche. Das Hilfswerk der evangelischen Kirche ist das Diakonische Werk. Daneben gibt es noch vier weitere Spitzenverbände der freien Wohlfahrtspflege in Deutschland: die Arbeiterwohlfahrt, den Paritätischen Wohlfahrtsverband, die Zentralwohlfahrtsstelle der Juden in Deutschland und das Rote Kreuz.

Antwort 363

Karl May (1842–1912). Der Kontakt mit der Gefängnisbibliothek des Zuchthauses Waldheim, wo er von 1870 bis 1874 einsaß, brachte den schon als Kind fantasievollen Hilfslehrer zum Schreiben. Er erfand Winnetou, seinen weißen Freund Old Shatterhand sowie den kauzigen Beduinenhäuptling Hadschi Halef Omar und den Helden Kara Ben

Nemsi. Mit wachsendem Ruhm behauptete er, tatsächlich Old Shatterhand und Kara Ben Nemsi zu sein. Seine Enttarnung zog ein soziales Desaster nach sich, der Beliebtheit seiner Werke tat das aber keinen Abbruch. Insgesamt wurden bislang etwa 200 Millionen Exemplare weltweit verkauft.

Antwort 364

 Das Deutsche Eck.

Antwort 365

Der Großadmiral und Marineminister des Deutschen Kaiserreichs. Tirpitz (1849–1930) gelang es, Kaiser Wilhelm II. für ein gewaltiges Flottenbauprogramm zu begeistern. So wollte man Großbritannien Paroli bieten. Das Programm war ungeheuer populär, schuf aber einen Konflikt mit Großbritannien, den es vorher gar nicht gegeben hatte, und ging zulasten des Landheeres.

Antwort 366

Die von Braun (1850–1918) konstruierte Braunsche Röhre bildete die Grundlage zur Konstruktion eines elektronischen Bildschirms und damit die des Fernsehapparates.

Antwort 367

Als Patin der Automarke Mercedes. Auf Anregung ihres Vaters, des österreichischen Diplomaten Emil Jellinek (1853–1918), baute Wilhelm Maybach (1846–1929) einen Vierzylinderrennwagen, dem Jellinek den Vornamen seiner Tochter gab. Jellinek fuhr selbst Rennen und handelte mit den ersten Mercedesautos. Ab 1903 nannte er sich sogar Jellinek-Mercedes.

Antwort 368

a) – 4) Starrluftschiff (1900); b) – 2) Hubschrauber (1939); c) – 1) Düsenflugzeug (1939); d) – 3) mehrere Flugzeugtypen, die wegweisend für den modernen Flugzeugbau wurden, darunter die besonders leichte Bf 108 im Jahr 1934.

Antwort 369

In Wuppertal. Die Wuppertaler Schwebebahn, die technisch korrekt eine Hängebahn ist, ist seit dem 1. März 1901 in Betrieb. Nur drei Monate später wurde in Dresden eine ähnliche, aber kleinere Bahn freigegeben. Damals waren solche Hängebahnen auch in anderen Großstädten geplant, wurden aber nicht realisiert. Seit 1984 bzw. 2002 gibt es auch im Dortmunder Univiertel und am Düsseldorfer Flughafen moderne Hängebahnen.

Antwort 370

Den Teddybären. Richards Tante Margarete Steiff (1847–1909) hatte bereits eine gut gehende Kuschel-

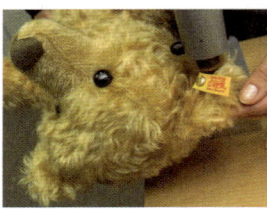

Heute werden Steifftiere aller Arten produziert – hier ganz klassisch ein Teddybär

tierfabrik. Aber der Teddy mit den beweglichen Gliedmaßen geht auf ihren Neffen Richard (1877–1939) zurück. Allerdings wurden kurz darauf auch in den USA erste Plüschbären produziert, vermutlich unabhängig davon.

Antwort 371

a) Sauerbruch (1875–1951) entwickelte u. a. eine Methode, mittels Unterdruckkammer im offenen Brustraum zu operieren, ohne dass die Lunge kollabiert. Koch (1843–1910) entdeckte die Erreger von Milzbrand, Tuberkulose und Cholera. Damit wies er nach, wie diese Krankheiten entstehen, und schuf die Grundlage zur Bekämpfung. Emil Adolf von Behring (1854–1917) entwickelte eine Serumtherapie gegen die Diphtherie. Virchow (1821–1902) revolutionierte die Medizin durch die Entdeckung, dass Krankheiten auf Störungen der Körperzellen beruhen. Er begründete damit die Pathologie. Außerdem engagierte er sich sehr für eine bessere Gesundheitsversorgung der breiten Bevölkerung, etwa durch öffentliche Krankenhäuser, städtische Parks und Spielplätze.

Antwort 372

a) Im Brücke-Museum in Berlin-Dahlem finden sich Werke der expressionistischen Künstlergruppe „Brücke", die 1905 in Dresden gegründet wurde. Die bedeutendsten Vertreter sind Karl Schmidt-Rottluff, Ernst Ludwig Kirchner, Max Pechstein und Emil Nolde.

Antwort 373

Thüringen.

Antwort 374

Die großen Kolonialmächte haben ihre Imperien teils schon im 16., 17. und 18 Jahrhundert erworben, als es noch gar keinen deutschen Staat gab. Auch Bismarck hatte kein Interesse an Kolonien. Er hielt sie für einen Klotz am Bein. Als dann ab 1880 ein regelrechter Wettlauf der Großmächte, allen voran Großbritannien und Frankreich, um die noch unbesetzten Teile Afrikas begann, wollten immer mehr Deutsche auch etwas „vom Kuchen" abhaben. Unter Wilhelm II. erklärte Deutschland dann, es habe auch ein Recht auf „einen Platz an der Sonne", und betrieb eine Politik der ständigen Konfrontation, um doch noch Kolonien abzubekommen. Damit provozierte es jedoch nur einen Schulterschluss der anderen Großmächte.

Antwort 375

b) Im Jahr 1904 gab es in der Kolonie Deutsch-Südwestafrika einen Aufstand der Hereros und Nama. Die deutsche Besatzungsmacht bekämpfte diese Erhebung so grausam, dass es breite Proteste in der deutschen Öffentlichkeit gab. Insgesamt zog sich der Krieg bis 1908 hin und kostete Zehntausenden von Afrikanern das Leben. Weniger bekannt ist, dass die deutsche Kolonialmacht auch in Kamerun und Deutsch-Ostafrika (Tansania, Ruanda und Burundi) ständig Krieg führte, um sich behaupten zu können. Möglicherweise kamen als Folge des Maji-Maji-Aufstandes 1905 in Deutsch-Ostafrika sogar mehr Menschen um als während des Herero-krieges. Die einzige afrikanische Kolonie, die relativ ruhig war und einen bescheidenen Gewinn abwarf, war Togo.

Antwort 376

 Sie wurden im Ersten Weltkrieg erobert und mussten anschließend an den Völkerbund abgetreten werden.

Antwort 377

Rosa Luxemburg (1871–1919).

Antwort 378

d) Thoma (1867–1921) schildert darin die Renitenz des jungen Ludwig gegen die Spießigkeit im bayerischen Königreich des ausgehenden 19. Jahrhunderts. Außerdem schrieb er die Satire *Der Münchner im Himmel* um den Dienstmann Alois, der nach seinem Tod mit dem Dasein eines frohlockenden Engels so gar nichts anfangen kann und wieder zurück zur Erde geschickt wird, um der bayerischen Regierung göttliche Ratschläge zu übermitteln, aber im Hofbräuhaus versumpft. Auch Graf (1894–1967) war ein kritischer bayerischer Schriftsteller, der aber mehr der Münchner Boheme verbunden war als Thoma. Anzengruber (1839–89) war ein österreichischer Dramatiker, der Volksstücke mit sozialkritischen Tendenzen schrieb wie *Der Meineidbauer* oder *Der Pfarrer von Kirchfeld*. In den – oft verfilmten – Romanen und Theaterstücken von Ganghofer (1855–1920)

wie *Die Herrgottschnitzer von Ammergau* oder *Der Jäger von Fall* ist dagegen nach der Bestrafung der Bösen die heile Alpenwelt immer wieder in Ordnung.

Antwort 379

Albert Einstein. Er wurde 1879 in Ulm geboren. Im Jahr 1905 veröffentlichte er die Relativitätstheorie, die das bis dahin maßgebliche physikalische Bild von Raum und Zeit revolutionierte. Für seine Erklärung des fotoelektrischen Effektes, bei der er zugrunde legte, dass Licht nicht nur Wellen-, sondern auch Teilchencharakter haben kann, erhielt er 1921 den Physiknobelpreis. 1932 reiste er in die Vereinigten Staaten und blieb wegen der Machtergreifung der Nationalsozialisten im Exil. Obwohl Einstein 1939 einen Brief an den amerikanischen Präsidenten Roosevelt unterzeichnete, mit der Aufforderung, eine Atombombe herzustellen, bevor Hitler dies gelänge, war er sowohl vor wie nach dem Krieg ein entschiedener Verfechter von Frieden und Völkerverständigung. Er starb 1955 in Princeton.

Antwort 380

Es handelt sich um das Deutsche Museum in München. Sein Gründer Miller (1885–1934) war ein Pionier bei der Nutzung von Elektrizität und Wasserkraft.

Das Deutsche Museum, München

Antwort 381

Ja. Der „Hauptmann" war ein Schuster namens Wilhelm Voigt (1849–1922). Er hatte wegen Vorstrafen seine Aufenthaltsgenehmigung für Berlin verloren. Am 16. Oktober 1906 zog er eine Uniform vom Trödler an, befahl zwei Trupps Gardesoldaten, mit ihm nach Köpenick zu kommen, verhaftete dort die Beamten des Rathauses und ließ sich die Stadtkasse aushändigen. Später behauptete er, er habe sich eigentlich nur neue Papiere besorgen wollen. Der Streich sorgte überall für Heiterkeit und Kaiser Wilhelm begnadigte Voigt. Die Geschichte wurde oft literarisch umgesetzt, vor allem von Carl Zuckmayer 1930. In der bekanntesten Verfilmung von 1956 spielte Heinz Rühmann den Hauptmann.

Antwort 382

Borussia ist eine latinisierte Form des Wortes „Preußen". Dass dieser Zusatz kurz nach der Jahrhundertwende in den westdeutschen, preußischen Provinzen im Kaiserreich bei der Namensgebung von Sportvereinen – etwa Borussia Mönchengladbach (gegründet 1900) und Borussia Dortmund (1909) – und Studentenverbindungen so beliebt war, soll aber weniger am Stolz auf den preußischen Staat als vielmehr am Bier der Dortmunder Borussia-Brauerei gelegen haben.

Antwort 383

Audi. August Horch (1868–1951) war ursprünglich Mitarbeiter von Carl Benz und gründete 1899 sein eigenes Unternehmen unter dem Namen „Horch". Finanzielle Schwierigkeiten und interne Querelen mit dem Aufsichtsrat führten dazu, dass er nach zehn Jahren ein neues Unternehmen aufbaute, das er nach der lateinischen Version seines Nachnamens „Audi" nannte. 1932 verschmolz das Werk mit den Firmen Horch, DKW und Wanderer zur Auto-Union (was zum Firmensymbol mit den vier Ringen führte). Seit 1964 gehört das Audiwerk in Ingolstadt zu VW.

Antwort 384

Die Nachfolgeorganisation ist das Kraftfahrzeugbundesamt in Flensburg, das unter anderem die Strafpunkteregister der Verkehrssünder führt.

Antwort 385

d) Durch die Entsendung des Kanonenbootes „Panther" nach Agadir im Jahr 1911. Damit wollte er Frankreich daran hindern, marokkanische Städte zu besetzen. Am Ende duldete er die französische Besatzung doch und erhielt als Kompensation ein wertloses Stück des Kongo. Bereits 1905 hatte er durch seinen Versuch, den französischen Einfluss in Marokko zu verhindern, eine Krise ausgelöst, die Deutschland im Kreis der Großmächte isolierte. Die Krügerdepesche, ein Glückwunschtelegramm an den Burenpräsidenten Paul Krüger zum Sieg über die Engländer und ein sehr arrogantes Interview mit dem *Daily Telegraph* waren diplomatische Schnitzer, die die britische Öffentlichkeit verstimmten. Seine Hunnenrede im Jahr 1900, bei der er das deutsche Kontingent zur Bekämpfung des chinesischen Boxeraufstands aufforderte, wie die Hunnen zu hausen, führte dazu, dass die Deutschen insgesamt den Ruf unzivilisierter, kriegslüsterner „Hunnen" bekamen.

Antwort 386

 Der Blaue Reiter.

Antwort 387

 Eine 1911 von dem Grafiker Ludwig Sütterlin (1865–1917) im Auftrag des preußischen Kultusministeriums entwickelte Schrift für den Schulgebrauch. Sie wurde 1941 wie alle „gebrochenen" Schriften von den Nazis verboten.

Sütterlin, die altdeutsche Schrift

Antwort 388

 Der Schlieffenplan war ein deutscher Kriegsplan, den der deutsche Generalfeldmarschall Alfred Graf von Schlieffen (1833–1913) im Jahr 1897 entwickelt hatte. Er sah vor, im Falle eines Zweifrontenkrieges gegen Russland und Frankreich mit fast allen Truppen über das neutrale Belgien in Frankreich einzumarschieren und dieses zu besiegen, bevor das riesige Russland die Mobilmachung seiner Truppen beendet hatte. Nach dem Attentat von Sarajewo im Juli 1914 war er der einzige Kriegsplan, den Deutschland hatte. Das war in mehrerer Hinsicht fatal. Zum einen konnte Deutschland

nicht abwarten, ob Russland wirklich zum Krieg entschlossen war. Man begann deshalb den Krieg am Tag, nachdem Russland angesichts der Krise vorsorglich mit der Mobilmachung begonnen hatte. Zum Zweiten bewegte der Überfall auf das neutrale Belgien Großbritannien zum Kriegseintritt. Und zum Dritten funktionierte die schnelle Eroberung Frankreichs nicht, was die meisten Militärhistoriker allerdings weniger dem ursprünglichen Plan als vielmehr der Unfähigkeit von Schlieffens Nachfolgern anlasten.

Antwort 389

 a) Benn (1886–1956), der sein Leben lang auch als Arzt arbeitete, ist einer der wichtigsten Vertreter der expressionistischen Literatur. In Gedichtsammlungen wie *Morgue* (*Leichenschauhaus*, 1912) kombinierte er Lyrik mit völlig unromantischen bis ekelerregenden Inhalten und wurde damit stilbildend für die moderne Dichtkunst. Hasenclever (1890–1940) und Heym (1887–1912) waren ebenfalls wichtige literarische Vertreter des Expressionismus. Benns Freund Klabund (Alfred Henschke, 1890–1928) dagegen verfasste Gedichte im Bänkelsängerstil, die Brecht inspirierten.

Antwort 390

Albert Schweitzer (1875–1965).

Antwort 391

Österreich war entschlossen, Krieg gegen Serbien zu führen, wo es die Hintermänner des Attentats vermutete. Deutschland sicherte seinem Verbündeten dafür Rückendeckung zu. Russland aber sah sich als Serbiens Schutzmacht und Frankreich war wiederum mit Russland verbündet.

Die deutsche Kriegsschuld

Wollte die deutsche Regierung den Ersten Weltkrieg oder nicht? Darüber haben sich Generationen von Historikern gestritten. Die Akten zeigen sehr klar, dass Deutschland nach dem Attentat von Sarajewo am 28. Juni 1914 Österreich geradezu drängte, Serbien ein bewusst unannehmbares Ultimatum zu stellen und dann einen Krieg zu beginnen, obwohl damit zu rechnen war, dass Russland eingreifen würde. Vermutlich hatte die deutsche Regierung Angst vor einer weiteren russisch-französischen Aufrüstung und wollte den für unvermeidlich gehaltenen Krieg lieber früher als später riskieren.

Antwort 392

 Paul von Hindenburg (1847–1934).

Antwort 393

 a) und c). Deutschland erklärte am 1. August 1914 Russland den Krieg und am 2. August Frankreich. Eine Kriegserklärung an Belgien gab es nicht. Die deutsche Regierung forderte eine Durchmarscherlaubnis. Als diese verwehrt wurde, marschierte man einfach ein. Dies führte dazu, dass wiederum Großbritannien Deutschland am 4. August den Krieg erklärte.

Antwort 394

 Nach dem Ausbruch des Ersten Weltkrieges, den die deutsche Regierung in der Öffentlichkeit so darstellte, als wäre Deutschland von Russland und Frankreich angegriffen worden, erklärten die Parteien im Reichstag, innenpolitische Streitigkeiten angesichts der Bedrohung begraben zu wollen. Kaiser Wilhelm II. verkündete: „Ich kenne keine Parteien mehr, nur noch Deutsche." Auch die meisten Abgeordneten der SPD, die noch am 28. Juni große Friedensdemonstrationen abgehalten hatten, bewilligten nun die Kriegskredite. Im Laufe des Jahres 1915 begann der „Burgfrieden" dann zu bröckeln.

Antwort 395

 b) Im Oktober und November des Jahres 1914 versuchte das deutsche Militär, rund um die Städte Ypern und Langemarck in Flandern den Durchbruch zu erzielen, nachdem der Aufmarsch zuvor durch die verlorene Marneschlacht am 12. September gestoppt worden war. Bei diesen Kämpfen fielen besonders viele junge, schlecht ausgebildete Kriegsfreiwillige. Der Kampf um die französische Grenzfestung Verdun, der Hunderttausende von Opfern auf beiden Seiten forderte, fand von Februar bis Dezember 1916 statt. Die Schlacht an der Somme dauerte vom 1. Juli bis 18. November 1916 und ist ähnlich verlustreich gewesen.

Antwort 396

 Richard Strauss (1864–1949). Strauss gilt als Vertreter der Romantik, obwohl diese Mode zu seinen Lebzeiten eigentlich schon vorbei war. Er wurde durch Richard Wagner und dessen Schüler Hans von Bülow inspiriert.

Richard Strauss, Gemälde von Max Liebermann

Antwort 397

Die Lusitania war ein britischer Passagierdampfer, der am 7. Mai 1915 von einem deutschen U-Boot versenkt wurde. Die Versenkung von Passagierschiffen verstieß gegen das Völkerrecht. Da die britischen Passagierschiffe aber teils auch Waffen transportierten, scherte sich die deutsche Heeresleitung nicht darum. Beim Untergang der Lusitania starben etwa 1200 Menschen, rund zehn Prozent davon US-amerikanische Zivilisten. Dies führte zu einem heftigen Protest der USA und Deutschland stoppte vorerst den uneingeschränkten U-Boot-Krieg. Als es ihn im April 1917 wieder aufnahm, erklärten die USA dem Deutschen Reich den Krieg.

Antwort 398

Über dem Eingang des Reichstagsgebäudes in Berlin. Nach der Wiedervereinigung sorgte eine Installation des Künstlers Hans Haacke (*1936) für viele Diskussionen. Er errichtete in einem Innenhof des Reichstagsgebäudes einen Trog mit der Leuchtschrift „Der Bevölkerung". Damit wollte er alle in Deutschland lebenden Menschen, auch jene, die keine deutschen Vorfahren haben, miteinbeziehen.

Antwort 399

b) Die USPD. Diese bildete sich, als die SPD jene Reichstagsabgeordneten, die die Kriegskredite nicht mehr bewilligen wollten, ausschloss. Während der Novemberrevolution bildete die USPD mit der SPD den Rat der Volksbeauftragten. In den folgenden Jahren ging sie dann zwischen staatstragender SPD einerseits und revolutionärer KPD andererseits unter. In dieser Zeit entstand auch der Jugendverband der SPD, die Jusos.

Antwort 400

c) Als Kohl- oder Steckrübenwinter wurde der Winter 1916/17 bezeichnet. Die englische Seeblockade einerseits und die Militärdiktatur der Obersten Heeresleitung (OHL), die alle Ressourcen für die Rüstung verwendete, führten zu einer dramatischen Hungersnot, in der Kohlrüben oft das einzige verfügbare Nahrungsmittel waren. Insgesamt starben während des Ersten Weltkriegs etwa 750.000 deutsche Zivilisten an Hunger und Entbehrung.

Die Kohlrübe – Hauptnahrungsmittel während der Hungersnot im Ersten Weltkrieg

Antwort 401

Deutsches Institut für Normung, das 1917 als Verein gegründet wurde. Durch einen Vertrag mit dem Bund ist es mittlerweile die offizielle deutsche Normungsstelle. Das DIN erstellt Normen für Produkte und Dienstleistungen, die Qualität, Sicherheit und Vergleichbarkeit garantieren sollen. Aktuell gibt es fast 30.000 DIN-Normen.

> ### Der Langemarckmythos
> In der Weimarer Republik und im Deutschland der Nazis wurde das Desaster von Langemarck zum Mythos überhöht. Die deutsche Jugend sei singend in die Schlacht gezogen und habe sich freiwillig für das Vaterland geopfert.

Antwort 402

 c) Am 7. November 1918 erklärte Kurt Eisner den bayerischen König für abgesetzt und Bayern damit zum Freistaat. Auch viele andere deutsche Länder benutzten damals diesen Begriff, gehalten hat er sich aber nur in Bayern und Sachsen.

Antwort 403

Der Jagdflieger Manfred von Richthofen (1892–1918).

Antwort 404

Karl Valentin (1882–1948). Zusammen mit seiner Partnerin Liesl Karlstadt (Elisabeth Wellano, 1892–1960) wurde er durch oft groteske und slapstickartige Sketche bekannt. Ein besonderes Markenzeichen war auch ein spitzfindiger Umgang mit der deutschen Sprache, etwa wenn er beharrte, dass ein Knödel, der aus mehreren Semmeln hergestellt sei, Semmelnknödel und nicht Semmelknödel heißen müsse.

Antwort 405

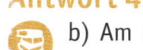 b) Am 29. September erklärte General Erich Ludendorff (1865–1937), dass der Krieg nicht mehr zu gewinnen sei und Deutschland sofort Waffenstillstandsverhandlungen beginnen müsse. Er forderte, diese Verhandlungen solle eine neue, unbelastete Regierung führen, um die Gegner milde zu stimmen. Als am 4. November 1918 in Deutschland die Revolution ausbrach, waren diese Verhandlungen längst im Gange. Da die endgültige Unterzeichnung der Kapitulation jedoch erst am 11. November stattfand, stellten Ludendorff und seine Gesinnungsgenossen die Sache so dar, als sei das siegreiche deutsche Heer erst durch den „Dolchstoß" der Revolution zur Kapitulation gezwungen worden. Mit dieser „Dolchstoßlegende" hetzten die konservativen Kräfte in der Weimarer Republik gegen Sozialisten und Demokraten und trugen wesentlich zum Scheitern der Republik bei.

Antwort 406

Prinz Max von Baden (1867–1929), ein Cousin des Großherzogs von Baden. Da der Prinz für seine liberalen Ansichten bekannt war und sich während des Krieges im Roten Kreuz engagiert hatte, schien er den deutschen Machthabern (Kaiser, OHL und bisherige Regierung) beim Zusammenbruch Deutschlands im September 1918 ein geeigneter Kandidat für einen Neuanfang. Am 3. Oktober 1918 wurde er zum neuen

Reichskanzler gewählt. Zusammen mit einer Regierung, der erstmals auch zwei Sozialdemokraten angehörten, versuchte er, eine politische Demokratisierung einzuleiten. Als die Novemberrevolution ausbrach, verkündete er eigenmächtig die Abdankung Kaiser Wilhelms II., die dann auch erfolgte. Angesichts der fortschreitenden Revolution übergab er die Kanzlerschaft jedoch am 9. November an Friedrich Ebert, der als SPD-Führer Chef der stärksten Partei war.

Antwort 407

c) Die Novemberrevolution entzündete sich, als die deutsche Marineleitung die Flotte eigenmächtig zu einer Prestigeschlacht gegen England auslaufen lassen wollte, obwohl die neue deutsche Regierung bereits um einen Waffenstillstand ersucht hatte. Es kam erst in Wilhelmshaven und dann in Kiel zum Matrosenaufstand, der am 4. November zum allgemeinen Aufstand wurde, mit dem sich die Bevölkerung gegen eine Fortführung des Krieges wehrte. Deutschlandweit wurden Fürsten und führende Militärs vertrieben und Arbeiter- und Soldatenräte gewählt. Die Revolution richtete sich jedoch weitgehend nur gegen die alten Kräfte, nicht gegen die neue Regierung Max von Badens. Deswegen gab es auch wenig Zerstörung und Gewalt.

Antwort 408

d) Die genormte, einfache Aufmachung der Reclamhefte geht allerdings nicht auf den Automatenverkauf zurück. Der Leip-

ziger Verleger Philipp Reclam junior begann schon 1867, eine möglichst einfache und billige „Universalbibliothek" der klassischen Werke herauszugeben. Die Verkaufsautomaten an den Bahnhöfen kamen erst 1917 auf.

Heutige Reclamhefte auf der Frankfurter Buchmesse

Antwort 409

Er war die meiste Zeit Meldegänger an der Westfront. Dabei wurde er mehrmals verwundet und erhielt das Eiserne Kreuz zweiter Klasse. Er war jedoch ein unbeliebter Einzelgänger und wurde nicht über den Gefreitenrang hinaus befördert, da er als untauglich zum Vorgesetzten galt.

Antwort 410

Die neu entstandene Sowjetunion mit Deutschland und seinen Verbündeten. Da Lenin unbedingt einen Frieden wollte, setzte die deutsche OHL in diesem Friedensvertrag vom 3. März 1918 überaus harte Bedingungen durch, etwa hohe Reparationszahlungen und eine Abtretung des Baltikums an Deutschland. Doch trotz des Friedens im Osten endete die anschließende deutsche Offensive im Westen mit dramatischen Verlusten.

Antwort 411

Am 9. November 1918 gegen 14 Uhr rief der SPD-Politiker Philipp Scheidemann (1865–1939), Mitglied der Regierung Max von Baden, auf einem Balkon des Berliner Reichstages eigenmächtig die Republik aus. Er hielt dies für nötig, um den Einfluss der Regierung auf die revolutionären Massen zu wahren. Mit seiner Aktion kam er Karl Liebknecht knapp zuvor, der zwei Stunden später eine sozialistische Republik proklamierte.

Ausrufung der Weimarer Republik

Antwort 412

a) Ludwig III. musste am 7. November fliehen, als Kurt Eisner (1867–1919) Bayern zur Republik erklärte. Kaiser Wilhelm II. wurde am 9. November von Max von Baden für abgesetzt erklärt, floh am 10. November in die Niederlande und dankte am 28. November offiziell ab. Friedrich August von Sachsen verzichtete am 13. November auf den Thron, angeblich mit den Worten „Macht eiern Dreck doch alleene". Als letzter deutscher Fürst dankte Günther Victor von Schwarzburg am 25. November ab.

Antwort 413

Am 11. November 1918 unterzeichnete Matthias Erzberger, Mitglied der Regierung Max von Baden, in Compiègne die bedingungslose Kapitulation.

Antwort 414

d) Während der Novemberrevolution wurden überall in Deutschland von Firmenbelegschaften oder Heeresteilen Arbeiter- und Soldatenräte gewählt. Diese legitimierten eine provisorische Regierung, den „Rat der Volksbeauftragten" unter SPD-Führer Friedrich Ebert (1871–1925). Als es zum Streit über den künftigen politischen Kurs kam, stimmte die Mehrheit der Räte auf einem Kongress, der vom 16. bis 21. Dezember 1918 in Berlin stattfand, für Parlamentswahlen und damit für eine parlamentarische Demokratie.

Antwort 415

 Die Spanische Grippe.

Antwort 416

b) Die Wahl zur Nationalversammlung am 19. Januar 1919, die die Verfassung der Weimarer Republik ausarbeiten sollte, war die erste ordentliche Wahl nach dem Ersten Weltkrieg und auch die erste, an der Frauen teilnahmen. Zuvor hatte der Rat der Volksbeauftragten im November 1918 die Einführung eines allgemeinen Wahlrechts beschlossen, das auch für Frauen galt.

Antwort 417

Bei der Wahl zur Nationalversammlung am 19. Januar 1919 standen auch erstmals weibliche Kandidaten zur Wahl. In der Nationalversammlung saßen dann 31 Frauen, darunter etwa Gertrud Bäumer (1873–

1954) und Marie Elisabeth Lüders (1878–1966) für die liberale DDP oder Louise Schroeder (1887–1957) für die SPD.

ner siebenjährigen Amtszeit an einer verschleppten Blinddarmentzündung starb, wurde Paul Hindenburg sein Nachfolger.

Antwort 418

 a) Das Bauhaus wurde 1919 von Walter Gropius (1883–1969) in Weimar als Kunstschule gegründet. Obwohl es vor allem durch seine Architektur berühmt wurde, entstanden auch viele andere Dinge (z. B. Möbel, Geschirr) im schnörkellosen Bauhausdesign. 1925 zog das Bauhaus nach Dessau um. Das neue Gebäude der Schule wurde von Gropius selbst entworfen und gilt als exemplarisch für den Bauhausstil.

Antwort 419

b) In seinem *Steppenwolf* schildert Hesse (1872–1962), wie sich sein Held Harry Haller gleichzeitig als einsamer Wolf abseits der Gesellschaft fühlt und doch zu Kunst und Kultur hingezogen. Das Buch erlebte nach 1968 ein furioses Revival. *Kleiner Mann, was nun?* beschäftigt sich dagegen mit Arbeitslosigkeit und Existenzängsten der Weimarer Zeit, *Der Untertan* mit der Obrigkeitshörigkeit der Kaiserzeit und *Im Westen nichts Neues* mit den Kriegsgräueln des Ersten Weltkrieges.

Antwort 420

a) Friedrich Ebert (1871–1925), der Führer der stärksten Partei, wurde am 11. Februar 1919 von der Weimarer Nationalversammlung zum ersten Präsidenten der Republik gewählt. Als Ebert vor Ablauf sei-

Antwort 421

Die Arbeiter- und Soldatenräte waren so etwas wie Abgeordnete, die im November 1918 nicht von der gesamten Bevölkerung eines Wahlbezirks, sondern von den Belegschaften von Fabriken oder von Heeresteilen mehr oder weniger spontan gewählt wurden. Das Konzept einer sozialistischen Räterepublik sah vor, dass diese Räte dann sowohl die Funktionen von Parlament und Regierung als auch die der Justiz übernähmen, es also keine Gewaltenteilung gäbe.

Antwort 422

Käthe Kollwitz (1867–1945).

Antwort 423

d) Neue Sachlichkeit. Dies war auch der Titel einer Ausstellung in Mannheim im Jahr 1925, in der Künstler ihre Werke ausstellten, die nicht abstrakt malten und ihre Subjekte auch nicht effektvoll verfremdeten wie etwa die Expressionisten. Grosz (1893–1959) und Dix (1891–1969) bildeten vielmehr die Wirklichkeit ab, jedoch so, dass eine Wertung enthalten war. Etwa, indem das Treiben der Neureichen besonders grell und hohl dargestellt wurde oder das Elend der Armen ohne Beschönigung. Der vorausgegangene Dadaismus (Hannah Höch, Kurt

Schwitters) hatte auf bewussten Nonsens und die Technik der Collage gesetzt. Der Kubismus (Picasso) verfremdete die gemalten Gegenstände zu geometrischen Figuren.

Antwort 424

 Der Friedensvertrag von Versailles.

Antwort 425

 Während der Novemberrevolution 1918 kämpften die Kommunisten für einen radikalen Umsturz, an dessen Ende eine sozialistische Volksrepublik stehen sollte. Als die Mehrheit der Räte für Parlamentswahlen votierte, versuchten die Kommunisten im Januar 1919 durch Massendemonstrationen, öffentliche Agitation und Straßenkämpfe doch noch eine Wendung in ihrem Sinn herbeizuführen. Die SPD-geführte Übergangsregierung schlug den „Spartakusaufstand" aber mithilfe rechtsradikaler Freikorps nieder. Diese verhafteten am 15. Januar Rosa Luxemburg (1871–1919) und Karl Liebknecht (1871–1919) und ermordeten sie. Während Liebknecht wirklich an einem Sturz der Übergangsregierung gearbeitet hatte, war Luxemburg für eine Teilnahme der KPD an den Wahlen eingetreten, da sie für eine sozialistische Revolution die Unterstützung der Mehrheit des Volkes für notwendig hielt.

Antwort 426

 Nicht wirklich. Vorläufer der NSDAP war die Deutsche Arbeiterpartei, die am 5. Januar 1919 u. a. von dem Arbeiter Anton Drexler und dem Sportjournalisten Karl Harrer als antisemitische, antibolschewistische, aber arbeiterorientierte Partei gegründet wurde. Hitler trat am 19. Oktober bei und fiel durch sein Rednertalent auf. Am 24. Februar 1920 wurde die Partei auf seine Initiative hin in NSDAP umbenannt, 1921 dann Drexler von Hitler entmachtet.

Antwort 427

 Gegen die SPD-geführte Regierung und die Republik überhaupt. Am 13. März 1920 besetzten rechtsextreme paramilitärische Einheiten das Berliner Regierungsviertel, erklärten die Regierung für abgesetzt und den Beamten Wolfgang Kapp (1858–1922) zum Reichskanzler. Die Reichswehr weigerte sich, den Putsch niederzuschlagen, da man sonst auf „alte Kameraden" schießen müsse. Doch infolge eines Generalstreiks, zu dem die SPD aufrief und an dem sich auch die Berliner Beamtenschaft beteiligte, gaben die Putschisten, die sich zudem untereinander nicht eins waren, am 17. März auf.

Antwort 428

 a) *Nosferatu* (1922) ist ein Film von Friedrich Wilhelm Murnau. Murnau (1888–1931) und der aus Österreich stammende Fritz Lang (1890–1976) waren die Stars des expressionistischen deutschen Stummfilms.

Antwort 429

 Sturmabteilung, kurz SA.

Antwort 430

 Eine katholische Partei, die 1870 gegründet wurde. Sie gehörte im Kaiserreich zur Opposition und gelangte in der Regierung Max von Baden erstmals an die Macht. Mit der Gründung der CDU verlor sie an Bedeutung, existiert aber als Kleinpartei immer noch.

Antwort 431

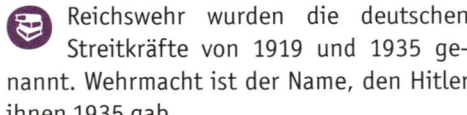 Nach Max Planck (1858–1947).

Max Planck

Antwort 432

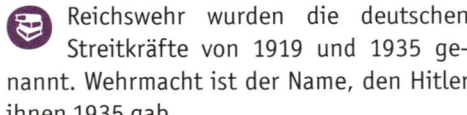 c) und d). Erzberger (1875–1921) von der Zentrumspartei war Finanzminister und den Rechten wegen der Kapitulationsunterzeichnung besonders verhasst. Auch der liberale, jüdische Außenminister Rathenau (1867–1922) galt als „Erfüllungsgehilfe" der einstigen Kriegsgegner, obwohl er mit dem Vertrag von Rapallo einen Verzicht auf sowjetische Reparationsleistungen erreicht hatte. In seiner Gedenkrede auf Rathenau prägte der damalige Kanzler Joseph Wirth die Warnung: „Der Feind steht rechts."

Antwort 433

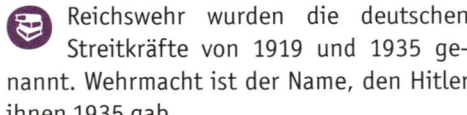 Eine Hyperinflation. Das Ruhrgebiet war von den Franzosen besetzt worden, weil Deutschland mit seinen Reparationszahlungen im Verzug war. Die Bevölkerung reagierte mit passivem Widerstand und Streik. Um diesen finanzieren zu können, druckte die Regierung immer mehr Geld, was zu einer rasanten Entwertung führte. Am Ende war der Dollar 4,6 Millionen Mark wert. Im November des Jahres beendete der neue Kanzler Gustav Stresemann (1878–1929) die Inflation, indem er den Ruhrkampf abbrach und die an den Dollar gekoppelte Rentenmark einführte.

Antwort 434

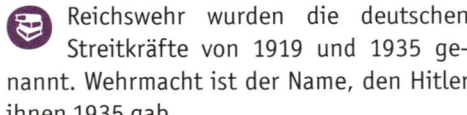 Reichswehr wurden die deutschen Streitkräfte von 1919 und 1935 genannt. Wehrmacht ist der Name, den Hitler ihnen 1935 gab.

Antwort 435

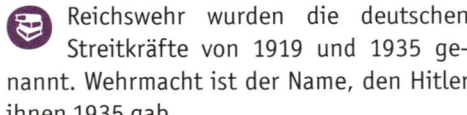 Mit Adolf Hitler (1889–1945). Er und Ludendorff (1865–1937) planten, mit bayerischen Reichswehreinheiten und Freikorps nach Berlin zu marschieren und dort die Macht zu übernehmen, wurden jedoch am 9. November schon bei ihrem Zug zur Münchner Feldherrnhalle von der Polizei gestoppt. Hitler kam mit neun Monaten relativ bequemer Festungshaft davon, Ludendorff wurde wegen seiner militärischen Verdienste im Ersten Weltkrieg freigesprochen.

Antwort 436

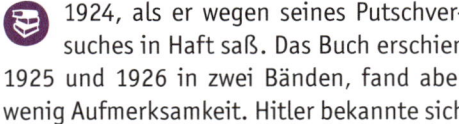 1924, als er wegen seines Putschversuches in Haft saß. Das Buch erschien 1925 und 1926 in zwei Bänden, fand aber wenig Aufmerksamkeit. Hitler bekannte sich

darin zum radikalen Antisemitismus und forderte die Abschaffung der Demokratie, die Vernichtung des Marxismus, einen Eroberungskrieg im Osten, einen „völkischen" Führerstaat und den Anschluss Österreichs an Deutschland.

Antwort 437

Bertolt Brecht (1898–1956). Brecht schrieb zwar auch Gedichte und Prosatexte, wurde aber vor allem für seine Dramen bekannt. Er entwickelte einen völlig neuen Ansatz des Theaters. Während das klassische „aristotelische" Theater den Zuschauer emotional in das Geschehen auf der Bühne verwickeln und so seine Gefühle „läutern", etwa Ängste und Aggressionen abbauen oder Mitgefühl erzeugen wollte, propagierte Brecht ein politisches Theater, das die Zuschauer zu aktivem Handeln bewegen soll.

Antwort 438

d) Nach den Wahlen vom 19. Januar 1919 tagte die gewählte Nationalversammlung im ruhigeren Weimar und erarbeitete eine Verfassung für die neu entstandene Republik, die am 11. August 1919 in Kraft trat.

Das Stadtschloss in Weimar

Antwort 439

b) In Bayern wurde am 21. Februar 1919 Ministerpräsident Eisner von

einem rechtsradikalen Adligen ermordet. Es kam zu Unruhen. Zwar wählte der bayerische Landtag eine neue Regierung, doch die wurde von den revolutionären Kräften vertrieben. Am 7. April rief der Revolutionäre Arbeiterrat eine Räterepublik aus. Zu den Initiatoren gehörten viele Intellektuelle wie Erich Mühsam, Eugen Leviné und Ernst Toller. Doch mit der Zeit übernahmen mehr und mehr die Kommunisten die Kontrolle. Anfang Mai schlug die Reichswehr die Republik mithilfe rechter Freikorps nieder.

> ### Die deutschen Friedensnobelpreisträger
> 1926 Gustav Stresemann, Politiker
> 1927 Ludwig Quidde, Historiker
> 1935 Carl von Ossietzky, Journalist
> 1952 Albert Schweitzer, Arzt
> 1971 Willy Brandt, Politiker

Antwort 440

c) Stresemann (1878–1929) erkannte als Außenminister mit den Locarnoverträgen die deutschen Nachkriegsgrenzen an. Im Gegenzug konnte er die politische Isolation Deutschlands beenden und eine Aufnahme in den Völkerbund erreichen. Vor allem gegenüber dem „Erbfeind" Frankreich betrieb er eine Aussöhnungspolitik. Dafür erhielten er und sein französischer Kollege Aristide Briand (1862–1932) den Nobelpreis. Durch seinen Tod, wenige Wochen vor dem Ausbruch der Weltwirtschaftskrise, verlor Deutschland im Augenblick der größten Herausforderung der Weimarer Zeit seinen wichtigsten Politiker.

Antwort 441

 Heinz Rühmann (1902–94).

Antwort 442

 Die *Dreigroschenoper*. Eine richtige Oper ist sie nicht, sondern eher ein Musical, das unter den Huren und Kriminellen Londons spielt. Den Text entlehnte Brecht der englischen *Beggar's Opera* von John Gay (1728), die er aber stark bearbeitete. Für die Musik verwendete Weill (1900–50) Elemente der klassischen Oper, aber auch des Jazz, Blues und der Jahrmarktmusik. Der populärste Song, *Die Moritat von Mackie Messer,* entstand erst kurz vor der Premiere. Von den Nazis wurde das Stück sofort verboten, aber überall im Ausland weitergespielt.

Antwort 443

 1929.

Antwort 444

 Alfred Hugenberg (1865–1951).

Antwort 445

 Ludwig Mies van der Rohe (1886–1969).

Antwort 446

 b) In Döblins *Berlin Alexanderplatz* (1929) dreht sich alles um den ehemaligen Sträfling Franz Biberkopf, der versucht, im Leben wieder Fuß zu fassen, aber immer tiefer in die Kriminalität rutscht. Ganz ähnlich geht es auch Willi Kufalt in Falladas *Wer einmal aus dem Blechnapf frisst* (1934). Irmgard Keuns 1932 erschienener Roman *Das kunstseidene Mädchen* hat eine Heldin: die schnoddrige junge Doris, die sich mit allerlei Männern und Jobs durch das Berlin der Weltwirtschaftskrise schlägt. 1924 erschien Thomas Manns *Zauberberg*. Doch sein Held Hans Castorp scheitert nicht an den sozialen Verhältnissen seiner Zeit, sondern in der unwirklichen Welt eines Schweizer Sanatoriums.

Antwort 447

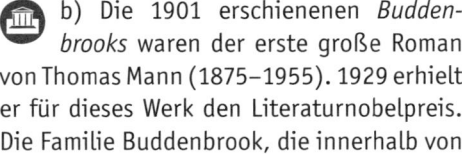 Magda Goebbels (1901–45). Sie war in erster Ehe mit dem Unternehmer Günther Quandt (1881–1954) verheiratet, der sich jedoch 1929 wegen ihrer Untreue scheiden ließ. Quandt trat im März 1933 in die NSDAP ein, wurde als „Wehrwirtschaftsführer" einer der führenden Industriellen des NS-Reiches und profitierte im Krieg von Zwangsarbeit. Nach dem Krieg übernahmen seine beiden Söhne, von denen einer aus der Ehe mit Magda Goebbels stammte, das Unternehmen. Die Familie Quandt ist mit Beteiligungen an mehreren Firmen, darunter VARTA, Altana und über 46 Prozent bei BMW, eine der reichsten Familien Deutschlands.

Antwort 448

b) Die 1901 erschienenen *Buddenbrooks* waren der erste große Roman von Thomas Mann (1875–1955). 1929 erhielt er für dieses Werk den Literaturnobelpreis. Die Familie Buddenbrook, die innerhalb von

Die deutschen Literaturnobelpreisträger und ihre Hauptwerke

Theodor Mommsen (Historiker)	1902	*Römische Geschichte*
Rudolf Eucken (Philosoph)	1908	*Der Sinn und Wert des Lebens*
Paul Heyse	1910	*Kinder der Welt*
Gerhart Hauptmann	1912	*Die Weber*
Thomas Mann	1929	*Die Buddenbrooks*
Hermann Hesse	1946	*Der Steppenwolf*
Nelly Sachs	1966	*In den Wohnungen des Todes*
Heinrich Böll	1972	*Ansichten eines Clowns*
Günther Grass	1999	*Die Blechtrommel*

drei Generationen immer lebensuntüchtiger wird, ist in großen Teilen seiner eigenen Familie nachgezeichnet.

Antwort 449

 a) Heinrich (1871–1950); b) Erika (1905–69); c) Klaus (1906–49); d) Golo (1909–94)

Antwort 450

 Schickedanz (1895–1977) gründete 1927 das Versandhaus Quelle. Seit 1999 gehört es zur Arcandor AG (früher Karstadt-Quelle AG). Die Familie Schickedanz hält noch über ein Viertel der Aktien und ist damit eine der reichsten Familien Deutschlands.

Antwort 451

Ernst Barlach (1870–1938). Der 1930 entstandene *Klosterschüler* ist eines seiner Hauptwerke. In dem Roman *Sansibar oder der letzte Grund* von Alfred Andersch spielt die – fiktive – Rettung dieser Plastik

vor den Nazis eine zentrale Rolle. Die Nationalsozialisten betrachteten Barlachs Werke tatsächlich als „entartete Kunst", vor allem seine zahlreichen sehr unheroischen, von Leid gekennzeichneten Ehrenmale für die gefallenen Soldaten des Ersten Weltkrieges.

Antwort 452

 Heinrich Mann (1871–1950) mit seinem 1905 erschienen Roman *Professor Unrat oder Das Ende eines Tyrannen*. Er handelt von dem tyrannischen Lehrer Raat, der einer Tingeltangelsängerin aus dem „Blauen Engel" verfällt und schließlich seine ganze Existenz zerstört.

Antwort 453

 Nein. Erich Kästner (1899–1974) ist heute zwar vor allem für Kinderbücher wie *Emil und die Detektive, Das doppelte Lottchen, Pünktchen und Anton* oder *Das fliegende Klassenzimmer* bekannt, doch während der Weimarer Zeit schrieb er vor allem sehr bissige und oft ganz und gar nicht jugendfreie Gedichte sowie den Roman *Fabian. Die Geschichte eines Moralisten* (1931), in dem er sehr unverhohlen die Abgründe seiner Zeit beschreibt.

Antwort 454

 Carl von Ossietzky (1889–1938).

Antwort 455

Von Kurt Tucholsky (1890–1935). Er erschien 1931 in einer Glosse in der *Weltbühne*, in der sich Tucholsky darüber ausließ, dass im Krieg Mord teils obligatorisch sei, teils streng verboten. Carl von Ossietzky wurde daraufhin als verantwortlicher Redakteur wegen Beleidigung der Reichswehr angeklagt, aber freigesprochen, da eine unbestimmte Masse wie „Soldaten" nicht beleidigt werden könne. Dies wurde 1995 vom Bundesverfassungsgericht noch einmal bestätigt.

Antwort 456

c) rund 30 Prozent

Antwort 457

So nannte der Volksmund die Junkers Ju 52/3m, ein dreimotoriges Flugzeug, das Hugo Junkers (1859–1953) im Jahr 1932 konstruierte. Die „Ju" setzte sich schnell in der internationalen zivilen Luftfahrt gegen Konkurrenzmodelle durch, weil sie äußerst zuverlässig war und auch Komfort für die Fluggäste bot. Sie war aber auch leicht für militärische Zwecke umzurüsten. Heute existie-

ren noch acht flugfähige Exemplare. Eines davon war bis 2008 in Berlin-Tempelhof stationiert und wurde für Stadtrundflüge genutzt.

Antwort 458

b) *Das Beil von Wandsbek* ist eine Erzählung von Arnold Zweig (1887–1968) um den Schlachtermeister Teetjen, der sich dazu hergibt, im Dienst der NS-Behörden die Angeklagten des Altonaer Blutsonntags, einer Schießerei zwischen Nazis und Kommunisten aus dem Jahr 1932, hinzurichten. Der Stoff wurde 1951 von der DEFA mit Erwin Geschonnek (1906–2008) in der Titelrolle verfilmt. Weitere Werke von Zweig sind *Der Streit um den Sergeanten Grischa*, *Junge Frau von 1914* und *Erziehung vor Verdun*.

Antwort 459

 Brüning (1885–1970) war von 1930 bis 1932 deutscher Kanzler. Er fand im Parlament jedoch keine Mehrheiten für seine rigide Sparpolitik. Deshalb agierte er mithilfe von Notverordnungen und der Rückendeckung des Reichspräsidenten Hindenburg. Brüning erreichte bei den Alliierten ein Ende der Reparationen, nicht aber die wirtschaftliche Konsolidierung Deutschlands. Deswegen ließ Hindenburg ihn am 20. Mai 1932 fallen.

Antwort 460

Nach Brünings Sturz ernannte Hindenburg erst Papen (1879–1969) und dann Schleicher (1882–1934) zum Kanzler, ließ sie aber schnell wieder fallen.

Antwort 461

 b) Am 30. Januar 1933 ernannte Reichspräsident Hindenburg auf Anraten seiner engsten Vertrauten Adolf Hitler (1889–1945), den Führer der stärksten Parlamentsfraktion, zum Reichskanzler. Die Na-

tionalsozialisten kamen also auf legalem Weg ans Ruder. Die eigentliche „Machtergreifung" erfolgte dann in den Monaten nach Hitlers Ernennung.

Hitler, Hindenburg und Göring

Antwort 462

 Das Horst-Wessel-Lied.

Antwort 463

Die Spitzen der Reichswehr verständigten sich bereits im Februar 1933 mit Hitler auf eine Kooperation, vor allem, um eine Revision des Versailler Vertrages zu erreichen. Im Krieg gab es vereinzelt Widerstand innerhalb der Wehrmacht, es wurden aber auch Kriegsverbrechen von ihr begangen.

Antwort 464

In der Nacht vom 27. auf den 28. Februar brannte der Reichstag in Berlin. Bereits am nächsten Tag setzte Adolf Hitler mit einer „Verordnung des Reichspräsidenten zum Schutz von Volk und Staat" die Verfassung und die Grundrechte praktisch außer Kraft und begann, seine politischen Gegner, insbesondere Sozialdemokraten und Kommunisten, zu beseitigen. Diese Verord-

nung war ein so entscheidender Schritt zur Durchsetzung des NS-Terrorregimes, dass der Verdacht, die Nazis hätten den Reichstag selbst angezündet, nie ganz verstummte. Vermutlich aber war es ein geistig verwirrter, holländischer Kommunist namens Marinus van der Lubbe (1909–34).

Antwort 465

Am 20. März 1933 in Dachau.

Antwort 466

Am 1. April 1933 organisierte die SA den ersten Boykott jüdischer Geschäfte. Am 7. April erhielten jüdische und jüdischstämmige Beamte Berufsverbot. Dies wurde schnell auf andere Institutionen und Berufe ausgedehnt.

Antwort 467

b) Eine Geheimpolizei, die politische Gegner beobachten sollte, hatte es bereits in Preußen gegeben. Ihr Chef wurde mit der NS-Machtübernahme 1933 Hermann Göring. Dieser gründete am 26. April 1933 das Geheime Staatspolizeiamt, das ihm direkt unterstellt war.

Antwort 468

Es gab seit Herbst 1932 eine allgemeine Erholung der Weltwirtschaft. Außerdem gelang es Hitler, die Arbeitslosigkeit durch Arbeitsbeschaffungsmaßnahmen, Arbeitsdienst für Jugendliche, Verdrängung der Frauen aus dem Berufsleben und gewaltige Investitionen in die Rüstung abzubauen. Allerdings waren die Investitionsprogramme auf Pump finanziert und sollten durch einen gewonnenen Krieg bezahlt werden. Das Lohnniveau war im Schnitt noch niedriger als in der Weimarer Zeit.

Studentenschaft" am 10. Mai 1933 organisiert. Sie fand insgesamt in 22 Städten statt, aber bekannt ist vor allem der Auftritt von Joseph Goebbels (1897–1945) auf dem Opernplatz in Berlin. Die dabei verwendeten Verwünschungen waren vorher ausgearbeitet worden und in allen Städten fast gleich.

Antwort 469

c) Am 23. März 1933 nötigte Hitler die im Reichstag vertretenen Parlamentarier, ihn mit dem Ermächtigungsgesetz für vier Jahre zum alleinigen Gesetzgeber zu machen. Bis auf die SPD stimmten alle Parteien unter Druck zu. Die Abgeordneten der KPD waren zu diesem Zeitpunkt schon im Gefängnis oder auf der Flucht.

Antwort 470

„Pimpf" war schon in den 1920er-Jahren in der Jugendbewegung als Bezeichnung der jüngsten Mitglieder verbreitet. In der Hitlerjugend wurden die Zehn- bis 14-Jährigen offiziell so genannt, um ihnen klarzumachen, dass sie in der Hierarchie noch nichts waren. Sowohl die Hitlerjugend wie der Bund Deutscher Mädel waren schon 1926 bzw. 1930 gegründet worden. Ab 1936 waren sie die einzigen erlaubten Jugendorganisationen und die Mitgliedschaft für Zehn- bis 18-Jährige Pflicht.

Antwort 471

 b) Die Bücherverbrennung wurde von der nationalsozialistischen „Deutschen

Antwort 472

Eine im September 1933 gegründete NS-Stiftung, die durch massive Spendenkampagnen Geld und Sachmittel für Bedürftige einsammelte. Die Erträge im dreistelligen Millionenbereich pro Jahr wurden verwendet, um den Staat bei der Unterstützung der Armen zu entlasten.

Antwort 473

Im Sommer 1933 beschloss Hitler ein groß angelegtes Programm zum Bau von Autobahnen und nahm am 23. September 1933 unter großem Getöse den ersten Spatenstich vor. Sowohl die Pläne als auch die Bewilligung eines Kredits für Arbeitsbeschaffungsmaßnahmen waren schon unter seinem Vorgänger von Schleicher auf den Weg gebracht worden. Insgesamt wurden in der NS-Zeit knapp 4000 Kilometer Autobahn gebaut, etwa ein Drittel dessen, was geplant war.

Antwort 474

Ja. Die erste Wahl fand am 5. März 1933 statt. Sie war allerdings vom Terror der SA überschattet. Bei diesen Wahlen bekam die NSDAP 43,9 Prozent der Stimmen, die DNVP 8,0, das Zentrum 11,3, die SPD 18,3 und die KPD 12,3. Im Juni 1933 wurde die NSDAP zur einzig erlaubten Partei. Trotzdem gab es im November 1933, 1936 und 1938 noch einmal Reichstagswahlen. Insgesamt trat der Reichstag, der keine faktische Bedeutung mehr hatte, während der ganzen NS-Diktatur aber nur 20-mal zusammen, das letzte Mal im April 1942.

Antwort 475

 Röhmputsch, Ernst Röhm (1887–1934).

Antwort 476

Kurt Tucholsky (1890–1935). Er war einer der bissigsten Gesellschaftskritiker der Weimarer Republik gewesen, der vehement vor dem Erstarken der Nazis warnte. Von ihm stammt der Ausspruch, Satire dürfe alles. 1930 hatte er das Gefühl, die Entwicklungen in Deutschland nicht mehr aufhalten zu können, und emigrierte nach Schweden.

Antwort 477

Im Gegenteil. Als kurz nach der Machtübernahme mehr als 1,5 Millionen Menschen in die Partei eingetreten waren, wurde sogar bis 1939 ein Aufnahmestopp verhängt. Nur Prominente und Staatsbeamte wurden zum Eintritt gedrängt.

Antwort 478

Nürnberger Rassengesetze.

Antwort 479

c) Im Rheinland, das durch den Versailler Vertrag entmilitarisierte Zone war. Hitler nutzte dies als Test für die Bereitschaft der Siegermächte des Ersten Weltkrieges, ihm in den Arm zu fallen. Doch Großbritannien und Frankreich beließen es bei Protesten. Der Einmarsch in Österreich mit dem erzwungenen Anschluss und die Besetzung des Sudetenlandes fanden 1938 statt. Das Saarland war nach dem Krieg eigenständig verwaltet worden, aber 1935 durch eine Volksabstimmung wieder an Deutschland zurückgefallen.

Antwort 480

Max Schmeling (1905–2005). Der Sieg über den „Braunen Bomber" durch k. o. in der zwölften Runde war eine Sensation, da Louis (1914–81) als unschlagbar galt. Den Rückkampf zwei Jahre später gewann Louis. Obwohl Schmelings erster Sieg gegen Louis von der NS-Presse für rassistische Propaganda ausgenutzt wurde, blieben die beiden Boxer freundschaftlich verbunden. Schmeling war von 1930 bis 1932 Weltmeister im Schwergewichtsboxen, Louis von 1937 bis 1949.

Antwort 481

Leni Riefenstahl (1902–2003). Riefenstahl war eine Meisterin der heroischen Ästhetik, was sie nicht nur in den Olympiafilmen *Fest der Völker* und *Fest der Schönheit*, sondern u. a. auch in Filmen über die NS-Reichstage unter Beweis stellte. Ihr außergewöhnliches Können einerseits und ihre Verstrickung in die NS-Propaganda andererseits machen sie zu einer der umstrittensten Regisseurinnen überhaupt.

Antwort 482

Der US-Amerikaner Jesse Owens (1913–80), der die 100 Meter, die 200 Meter, den Weitsprung und mit der 4-mal-100-Meter-Staffel gewann.

Antwort 483

Alfried Krupp von Bohlen und Halbach (1907–67). 1968 vermachte Krupp seine Firmenanteile einer Stiftung. 1999 fusionierte das Unternehmen mit der Thyssen AG zu ThyssenKrupp.

Antwort 484

d) Die Hindenburg hieß auch LZ 129 und war der größte Zeppelin, der je gebaut wurde. Auf einem Linienflug in die USA fing sie bei der Landung in Lakehurst plötzlich Feuer und brannte aus. Dabei kamen 25 Menschen ums Leben. Dank Filmaufnahmen und einer dramatischen Radioreportage war die öffentliche Wirkung ungeheuer. Die Toten wurden mit einem Staatsakt geehrt, die Luftfahrt mit Zeppelinen gänzlich eingestellt. Vermutlich entstand durch das Reißen eines Spannseils ein Leck, durch das dann Gas ausströmte, welches sich aufgrund atmosphärischer Störungen – es herrschte Gewitter – entzündete.

Antwort 485

Ein Korps der deutschen Wehrmacht, das im Spanischen Bürgerkrieg auf der Seite General Francos kämpfte. Es sollte vor allem neue Waffensysteme und Kriegstaktiken proben. Bekannt wurde es durch die Vernichtung der Stadt Guernica.

Antwort 486

d) *Mutter Courage*. Das Stück wurde 1941 in Zürich uraufgeführt. Der tapferen Heldin gelingt es, im Krieg zu überleben und sogar gute Geschäfte zu machen, aber sie verliert ihre drei Kinder, ohne daraus eine Lehre zu ziehen und den Krieg als die Wurzel des Übels zu sehen.

Antwort 487

Die Beschlagnahmung jüdischer Vermögenswerte, die dann in die Hände sogenannter „arischer", also im NS-Sinn erwünschter Besitzer übergingen. Das galt besonders für die „Arisierung" von jüdischen Betrieben und Geschäften. Diese systematische Beschlagnahmung begann 1937. 1939 wurde es den Juden verboten, überhaupt Geschäfte zu betreiben.

Antwort 488

c) Göring (1893–1946) erhielt diesen sonst nie verwendeten Titel 1940. Er war jedoch keineswegs der oberste Militär, sondern nur Oberbefehlshaber der Luftwaffe. Offiziell war Göring, der bei der Machtübernahme eine wichtige Rolle gespielt hatte, zweiter Mann im Staat, was er mit großem öffentlichem Pomp inszenierte. Sein tatsächlicher Einfluss schwand jedoch mit der Zeit, da er sich als unzuverlässig und auf militärischem Gebiet als Versager erwies.

Antwort 489

 Ernst Jünger (1895–1998).

Antwort 490

 Wolfsburg. Hier legte Hitler 1938 den Grundstein für das Volkswagenwerk. Aus den umliegenden Ortschaften sollte eine Stadt für die Mitarbeiter werden. Nach dem Krieg benannten die Briten die Stadt nach dem Schloss Wolfsburg.

Antwort 491

d) Der Chemiker Otto Hahn (1879–1968) und sein Assistent Fritz Strassmann (1902–80) wollten im Dezember 1938 sogenannte Transurane herstellen, indem sie Uran mit Neutronen beschossen. Doch stattdessen entstand leichteres Barium, das nur das Ergebnis einer Atomspaltung sein konnte, die man bis dato für ausgeschlossen gehalten hatte. Die physikalische Erklärung lieferte Hahns jüdische Kollegin Lise Meitner (1878–1968), die zu diesem Zeitpunkt schon emigriert war. Die Entdeckung führte im Ausland zur großen Angst, Hitlerdeutschland könne nun eine Atombombe bauen. Tatsächlich gab es solche Bestrebungen, an denen Hahn jedoch nicht mitwirkte. Nach dem Krieg setzte er sich unter dem Eindruck

der Atombombenabwürfe auf Hiroshima und Nagasaki vehement gegen die atomare Aufrüstung ein.

Antwort 492

 In der Nacht vom 9. auf den 10. November 1938. Sie wurde früher auch Reichskristallnacht genannt, was vielen aber zu harmlos klang. Aber auch der Begriff Pogromnacht ist umstritten, weil es eben keine spontanen Ausschreitungen der Bevölkerung (Pogrom) gegen die Juden gegeben hat, sondern nationalsozialistische Kräfte ein Pogrom vortäuschten. In dieser Nacht wurden in Deutschland etwa 400 Juden ermordet, fast alle Synagogen sowie Zehntausende von jüdischen Geschäften und Wohnungen zerstört. Am nächsten Tag begannen Massenverhaftungen, die etwa 30.000 Juden in die Konzentrationslager brachten.

Antwort 493

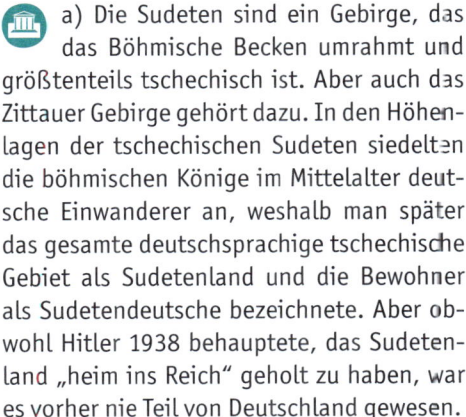 a) Die Sudeten sind ein Gebirge, das das Böhmische Becken umrahmt und größtenteils tschechisch ist. Aber auch das Zittauer Gebirge gehört dazu. In den Höhenlagen der tschechischen Sudeten siedelten die böhmischen Könige im Mittelalter deutsche Einwanderer an, weshalb man später das gesamte deutschsprachige tschechische Gebiet als Sudetenland und die Bewohner als Sudetendeutsche bezeichnete. Aber obwohl Hitler 1938 behauptete, das Sudetenland „heim ins Reich" geholt zu haben, war es vorher nie Teil von Deutschland gewesen.

Antwort 494

Ferdinand Porsche (1875–1951) gründete 1930 ein Konstruktionsbüro, das für verschiedene Autofirmen arbeitete. Unter anderem entwarf es 1934 den VW-Käfer, wobei allerdings Vorarbeiten anderer Konstrukteure benutzt wurden. 1938 wurde Porsche Hauptgeschäftsführer des Volkswagenwerkes, widmete sich dann allerdings weniger dem Autobau als der Militärtechnik. Porsches Sohn Ferry (1909–98) entwarf 1948 den ersten „Porsche", den 356 Nr. 1 Roadster, und machte aus dem Büro seines Vaters den Automobilhersteller Porsche. Ferdinand Porsches Enkel Ferdinand Piëch (*1937) ist seit 2002 Aufsichtsratsvorsitzender bei VW. Gleichzeitig hält die Firma Porsche, die noch immer weitgehend Familienbesitz ist, einen beträchtlichen Teil der VW-Aktien.

Antwort 495

Die Abkürzung SS stand für Schutzstaffel. Diese war 1925 als persönliche Leibgarde für Adolf Hitler gegründet worden und wurde ab 1929 von Heinrich Himmler (1900–45) geleitet. SS und Waffen-SS waren maßgeblich für die Ausführung sowohl der meisten Kriegsverbrechen als auch des Holocaust und der Ermordung anderer vom Regime verfolgter Gruppen (Sinti und Roma, Homosexuelle, Behinderte usw.) verantwortlich.

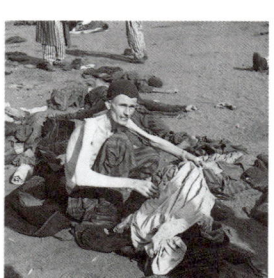

KZ-Häftling

Antwort 496

Die Tschechoslowakei wurde 1938 zur Abtretung des Sudetenlandes gezwungen. Im März 1939 besetzte Hitler dann auch noch den Rest Tschechiens, während aus der Slowakei ein Vasallenstaat der Nazis wurde. Am 1. September 1939 wurde Polen überfallen. Am 9. und 10. April 1940 nahm Hitler handstreichartig Dänemark und Norwegen ein, um die Erzlieferungen aus Schweden über die norwegischen Häfen zu kontrollieren. Am 10. Mai griff er Frankreich an, das am 17. Juni kapitulierte. Danach wurde Großbritannien angegriffen, konnte Invasionsversuche aber abwehren. Am 6. Juni 1941 überfielen die Nazis Jugoslawien und Griechenland, am 22. Juni desselben Jahres die Sowjetunion. Am 11. Dezember erklärte Hitler den USA den Krieg, was einen Angriff der Amerikaner gegen Deutschland zur Folge hatte.

Antwort 497

a) – 3) die Landung der Alliierten in der Normandie; b) – 4) der deutsche Angriff auf die Sowjetunion; c) – 2) der Überfall auf Dänemark und Norwegen; d) – 1) der Angriff auf Kursk

Antwort 498

Georg Elser (1903–45) war ein Schreiner, der am 8. November 1939 versuchte, Adolf Hitler im Münchner Bürgerbräukeller umzubringen. Denn er war überzeugt, dass dessen Kriegskurs Deutschland in die Katastrophe führe. Da jedoch am Tag des Attentats schlechtes Wetter war, musste Hitler mit der Bahn anstatt mit dem Flugzeug nach Berlin zurückreisen und verließ den Bürgerbräukeller früher als geplant. 13 Minuten später explodierte Elsers Bombe und tötete acht Menschen. Er wurde bei der Flucht festgenommen und später in Dachau erschossen.

Antwort 499

 Carmina Burana.

Titelblatt der Carmina Burana

Antwort 500

 c) Die Bezeichnung „Achsenmächte" geht auf den Freundschaftsvertrag zurück, den Deutschland 1936 mit Italien schloss. Mussolini sprach damals von einer „Achse Berlin-Rom". Die damaligen Kriegsgegner Deutschlands werden als Alliierte bezeichnet. Die anderen beiden Begriffe stammen aus der Zeit vor dem Ersten Weltkrieg. Den Dreibund hatte Deutschland mit Österreich-Ungarn und Italien geschlossen. Die Entente bestand zwischen Großbritannien, Frankreich und Russland.

Antwort 501

c) Moltke (1907–45) gründete 1940 auf seinem Gut Kreisau in Niederschlesien zusammen mit Peter Graf Yorck von Wartenburg (1904–44) den Kreisauer Kreis. Die Gruppe besprach Pläne für eine politische Neuordnung nach einem Sturz Hitlers. Als Moltke 1944 festgenommen wurden, schlos-

sen sich einige Mitglieder, darunter Yorck von Wartenburg, der Gruppe um Stauffenberg an und wurden nach dem gescheiterten Attentat vom 20. Juli 1944 teilweise hingerichtet. Moltke wurde im Januar 1945 von den Nazis erhängt.

Antwort 502

Bertolt Brecht (1898–1956).

Antwort 503

c) Den gelben Stern mussten die Juden in Deutschland ab dem 19. September 1941 tragen. In Polen war er direkt nach der Eroberung 1939 eingeführt worden. Die Pässe der deutschen Juden waren schon ab 1938 mit einem J gekennzeichnet, außerdem mussten alle Juden einen eindeutig jüdisch klingenden Vornamen annehmen.

Antwort 504

Rudolf Heß (1894–1987). Heß war bereits seit den Anfängen der NSDAP mit Hitler verbunden. Später galt er als „Stellvertreter des Führers" innerhalb der NSDAP, hatte aber politisch eher wenig Macht. Am 10. Mai 1941 flog er nach Schottland und geriet in britische Kriegsgefangenschaft. Der Zweck dieses Fluges blieb unklar. Es wird gemutmaßt, dass Heß – aus eigenem Antrieb oder sogar im Einvernehmen mit Hitler – über einen Sonderfrieden mit England verhandeln wollte, damit sich NS-Deutschland ganz dem Krieg im Osten widmen konnte. Bei den Nürnberger Prozessen wurde Heß zu lebenslanger Haft verurteilt. Er wurde nie begnadigt und von der rechtsradikalen Szene zum „Märtyrer" stilisiert.

Antwort 505

 Anna Seghers (1900–83).

Antwort 506

a) „Aktion Reinhardt" war der Tarnname für die Deportierung der Juden und Roma im besetzten Polen. Zwischen Juli 1942 und Oktober 1943 wurden etwa zwei Millionen Menschen in Vernichtungslagern umgebracht. Die Vergeltungsaktionen der Nazis nach der Ermordung von Himmlers „rechter Hand" Heydrich (1904–42) waren Massaker in den tschechischen Orten Lidice und Ležáky.

Antwort 507

Eine deutsche Heilige. Edith Stein (1891–1942) stammte aus einer jüdischen Familie, wurde aber katholische Nonne. Sie studierte Philosophie, lehrte am Institut für wissenschaftliche Pädagogik in Münster und setzte sich sehr für die Emanzipation der Frau und die Mädchenbildung ein. Die Nazis brachten sie in Auschwitz um.

Antwort 508

Die Rote Kapelle war eine Widerstandsgruppe um die Familien Schulze-Boysen und Harnack in Berlin, die mit anderen Gruppen lose vernetzt war. Insgesamt handelte es sich um etwa 150 Personen. Sie halfen Juden und anderen Verfolgten bei der Flucht, verteilten Flugblätter und versuchten, Kontakte zu knüpfen, darunter auch Funkkontakt zur Sowjetunion. Von der Gestapo wurden sie deshalb als „Rote Kapelle" bezeichnet. Die Kontakte führten im Juli 1942 auch zur Enttarnung und zu zahlreichen Todesurteilen. Im Gegensatz zu anderen Widerstandsgruppen waren in der Roten Kapelle sehr viele Frauen engagiert, die ebenfalls hingerichtet wurden.

Antwort 509

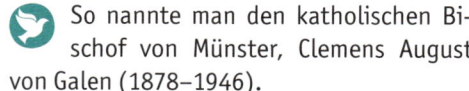 b) Als Z3 bezeichnet man eine Rechenmaschine, die Konrad Zuse (1910–95) im Jahr 1941 baute. Sie gilt als der erste moderne Computer, weil sie im Gegensatz zu den Vorläufermodellen auf dem binären Zahlencode basierte und programmierbar war. Die Nazis erkannten die Bedeutung der Erfindung jedoch nicht, sodass Zuse keine Förderung erhielt. Erst mit dem 1949 gebauten Z4, der in der Eidgenössischen Technischen Hochschule in Zürich aufgestellt wurde, begann der Siegeszug des Computers.

Antwort 510

So nannte man den katholischen Bischof von Münster, Clemens August von Galen (1878–1946).

Antwort 511

 Berlin sollte zu „Germania" umgebaut werden. Dafür wurden bereits Teile der

Innenstadt niedergerissen. Hitler plante z. B. in der Nähe des Reichstages die „Große Halle", einen 290 Meter hohen Kuppelbau. 1939 ließ Hitlers Architekt Albert Speer (1905–81) die Siegessäule auf die heutige Straße des 17. Juni versetzen und zu Hitlers Geburtstag als erstes Teilstück der geplanten 50 Kilometer langen Ost-West-Achse mit einer Lichtinszenierung einweihen.

Antwort 512

b) Martin Bormann (1900–45). Er bekam während der NS-Zeit zunehmend Einfluss darauf, wer überhaupt zu Hitler vorgelassen wurde, weswegen ihn manche Historiker als de facto zweitmächtigsten Mann des Naziregimes sehen. Außerdem war er für viele illegale Hinrichtungen und andere inoffizielle Vorgänge verantwortlich. Vermutlich beging er bei Kriegsende auf der Flucht aus dem Führerbunker Selbstmord. Traudl Junge (1920–2002), die durch ihre Schilderung der letzten Tage im Führerbunker bekannt wurde, war eine Schreibkraft, eine von mehreren Privatsekretärinnen Hitlers.

Antwort 513

Diesen Titel trägt ein Theaterstück von Carl Zuckmayer (1896–1977) aus dem Jahr 1946. Zuckmayer schildert darin, wie der begeisterte Flieger Harras sich von den Nazis vor den Karren spannen lässt, schließlich aber bewusst in den Tod fliegt und mit dieser Aktion seine Kameraden rettet. Vorbild für den Helden war Zuckmayers Freund Ernst Udet. Auch dieser war ein hochdekorierter Held des Ersten Weltkriegs und begeisterter Flieger im Dienst der Nazis, der sich aber 1941 erschoss.

Antwort 514

Die sogenannte „Endlösung der Judenfrage". Am 20. Januar 1942 trafen sich 15 hochrangige SS-Funktionäre unter Vorsitz von Reinhard Heydrich (1904–42) in einer Villa am Großen Wannsee in Berlin und arbeiteten einen Plan aus, wie die gesamte jüdische Bevölkerung Europas in den Osten deportiert und dort umgebracht werden sollte. Der Völkermord war zu diesem Zeitpunkt schon beschlossen. Bei der Konferenz ging es um die Umsetzung.

Massenvernichtung im Dritten Reich

Antwort 515

Roland Freisler (1893–1945).

Antwort 516

Über die Nazis. Die Komödie des gebürtigen Berliner Juden Ernst Lubitsch (1892–1947) dreht sich um eine Schauspielertruppe, die verkleidet als Hitler & Co. im Warschau des Jahres 1939 polnische Widerständler – und sich selbst – vor der Gestapo rettet. Als der Film 1942 in den USA erschien, wurde er angesichts der fortdauernden Nazigräuel allerdings teilweise auch als geschmacklos empfunden.

Antwort 517

Generalfeldmarschall Erwin Rommel (1891–1944). Rommel war der populärste Offizier des deutschen Heeres. Ab 1940 unterstützte er Italien in Nordafrika gegen die Briten. Dabei agierte er bemerkenswert „ritterlich" und genoss deshalb auch die Achtung des Gegners. Nach dem Attentat vom 20. Juli 1944 wurde er als angeblicher Mitverschworener – der er jedoch nicht war – zum Selbstmord gezwungen und dann in einem Staatsakt beigesetzt.

Antwort 518

b) Im Herbst und Winter 1942 wurde die deutsche Armee in Stalingrad eingekesselt. Obwohl die Lage schon bald aussichtslos war, ergaben sich die Deutschen, denen Hitler eine Kapitulation verbot, erst am 2. Februar 1943. Die Niederlage markierte den Endpunkt der deutschen Siege. Der Versuch, England durch einen Luftkrieg zu besiegen, hatte bereits von Mitte 1940 bis Mitte 1941 stattgefunden. Die Ardennenoffensive war die letzte deutsche Offensive an der Westfront im Winter 1944/45 und die Schlacht um die Seelower Höhen der letzte Versuch, die Rote Armee am 16. bis 19. April 1945 an der Oder aufzuhalten.

Antwort 519

 Wernher von Braun (1912–77).

Antwort 520

Josef Mengele (1911–79). Mengele war ab 1943 Lagerarzt in Auschwitz und führte an den Häftlingen, vor allem auch an Kindern, grausame medizinische Experimente durch, die meist tödlich endeten. Nach dem Krieg floh er nach Südamerika.

Antwort 521

c) Am 18. Februar 1943, 16 Tage nach der Kapitulation in Stalingrad. Diese Rede ist auch als „Sportpalastrede" bekannt, da sie im Sportpalast in Berlin-Schöneberg gehalten wurde. Um sich seines Erfolgs gewiss zu sein, war das Publikum von Goebbels sorgsam ausgewählt worden. Es war also keine zufällig versammelte Menge, die die Frage „Wollt ihr den totalen Krieg?" mit euphorischer Zustimmung beantwortete.

Antwort 522

Das hebräische Wort bedeutet „Katastrophe". Die Juden benutzen meistens diesen Begriff, wenn sie von der Ermordung ihres Volkes durch die Nazis sprechen.

Antwort 523

d) Am 22. Februar 1943 wurden die Geschwister Hans (1918–43) und Sophie Scholl (1921–43) hingerichtet, die beim Verteilen eines Flugblattes ihrer Widerstandsgruppe Die Weiße Rose gefasst worden waren, außerdem ihr Freund Christoph Probst (1919–43), da ein Entwurf des Flugblattes in seiner Handschrift gefunden wurde. Alexander

Schmorell (1917–43) und Professor Kurt Huber (1893–1943) wurden im Juli 1943 hingerichtet, Willi Graf (1918–43) im Oktober.

Die Geschwister Scholl mit Christoph Probst

Antwort 524

 Am 20. Juli 1944. Das Attentat in der Wolfsschanze in Rastenburg (Masuren) schlug jedoch fehl und nicht nur Stauffenberg, sondern auch 200 andere Mitverschworene oder Personen aus dem Umfeld der Verschwörer wurden hingerichtet.

Antwort 525

b) Der Warschauer Aufstand war eine Erhebung der polnischen Heimatarmee, die am 1. August 1944 begann und am 3. Oktober desselben Jahres von den deutschen Truppen niedergeschlagen wurde. Er kostete Hunderttausende von Menschen das Leben. Die Rote Armee hatte von ihrer Führung Weisung, nicht einzugreifen. Der Aufstand im Warschauer Getto dagegen hatte bereits im April 1943 stattgefunden. Die ZOB wehrte sich damit gegen die Auflösung des Gettos und die Deportation seiner Bewohner. Sie konnte die Liquidierung aber nur um einige Wochen verzögern.

Antwort 526

Admiral Wilhelm Canaris (1887–1945).

Antwort 527

c) Aachen wurde am 21. Oktober 1944 eingenommen. Bei Remagen konnten die Alliierten am 7. März 1945 die einzige noch intakte Rheinbrücke erobern. Am 22. März gelang es ihnen dann, auch bei Oppenheim den Rhein zu überqueren. Die Einnahme von Berlin durch die Rote Armee am 3. Mai 1944 hatte die endgültige Kapitulation Deutschlands zur Folge.

Antwort 528

Das letzte militärische Aufgebot des NS-Regimes. Am 25. September 1944 wurden alle Männer zwischen 16 und 60 Jahren, die noch nicht als Soldaten im Einsatz waren, zur „Verteidigung des Heimatbodens" einberufen. Die meisten Mitglieder waren nur unzureichend militärisch ausgebildet und schlecht bewaffnet. Ihr militärischer Nutzen war gering und die Opferzahlen hoch.

Antwort 529

c) Vermutlich 1,1 Millionen Menschen kamen während des Naziterrors im Lager Auschwitz, speziell im Vernichtungslager Auschwitz-Birkenau, um. Treblinka dürfte mit mindestens 900.000 Toten den zweiten Platz in dieser Statistik des Schreckens einnehmen. Die deutschen KZs wie Dachau, Sachsenhausen, Bergen-Belsen, Ravensbrück, Flossenbürg oder Buchenwald waren keine Vernichtungslager. Trotzdem starben auch hier jeweils einige Zehntausend Menschen an Schikanen, Entbehrungen und willkürlichen Hinrichtungen.

Antwort 530

b) Martin Niemöller (1892–1984). Der evangelische Theologe war ursprünglich ein Anhänger der Nationalsozialisten, wandelte sich durch das Berufsverbot für konvertierte Juden zum entschiedenen Gegner und gründete die oppositionelle „Bekennende Kirche". Von 1937 bis Kriegsende war er im KZ interniert. Nach dem Krieg engagierte er sich als radikaler Pazifist. Der Jesuit Alfred Delp (1907–45) und der evangelische Theologe Dietrich Bonhoeffer (1906–45) gehörten dem Kreisauer Kreis bzw. dem Kreis um Canaris an und wurden deswegen 1945 hingerichtet. Der Hunsrücker Pfarrer Paul Schneider (1897–1939) wurde wegen seiner offen antinationalsozialistischen Haltung 1937 ins KZ Buchenwald gebracht, wo er bis zu seiner Ermordung trotz ständiger Strafen als Prediger agierte.

Antwort 531

Die Stadt wurde von britischen und amerikanischen Luftstreitkräften bombardiert. Dabei kamen Zehntausende von Menschen um und große Teile der Innenstadt wurden zerstört. Obwohl andere Städte noch schwerer geschädigt wurden – in Hamburg etwa starben an die 50.000 Menschen – gilt die Zerstörung Dresdens als Symbol für die umstrittenen Bombardierungen deutscher Städte, die nicht strategischen und militärischen Zwecken dienten, sondern ausdrücklich das Ziel hatten, die Moral der Bevölkerung durch Tod und Zerstörung zu brechen. Dem stehen die mindestens so verheerenden Angriffe entgegen, die die deutsche Luftwaffe zuvor gegen Städte wie London, Coventry, Rotterdam oder Warschau geflogen war.

Antwort 532

Anne Frank. Sie wurde 1929 in Frankfurt am Main geboren, doch ihre jüdische Familie floh 1934 vor den Nazis nach Amsterdam. Ab 1942 mussten sie sich auch dort verstecken, was Anne in ihrem Tage-

Anne Frank

buch festhielt. Ihr Vater, der als Einziger überlebte, veröffentlichte es nach dem Krieg. Es gilt als eines der bewegendsten Dokumente über den Holocaust und über Verfolgung überhaupt.

Antwort 533

Am 8. Mai 1945.

Antwort 534

c) Die Zahl der Todesopfer wird auf mindestens 55 Millionen Menschen geschätzt, etwa die Hälfte davon Zivilisten. Manche Historiker gehen sogar von Zahlen knapp über 70 Millionen aus. Deutsche kamen etwa 5,5 bis 6,5 Millionen um, das waren rund 10 Prozent der Bevölkerung. Die höchsten Opferzahlen hatte die Sowjetunion mit etwa 18 bis über 20 Millionen Toten. Der Völkermord an den Juden forderte etwa sechs Millionen Opfer.

Antwort 535

a) USA
b) Großbritannien
c) Frankreich

Antwort 536

Die Potsdamer Konferenz. Die Konferenzräume können in Schloss Cecilienhof im Neuen Garten in Potsdam besichtigt werden.

Antwort 537

c) Rudolf Augstein (1923–2002) erhielt 1947 von der britischen Militärverwaltung die Lizenz für ein politisches Magazin. Lange Zeit war der *Spiegel* das einzige Nachrichtenmagazin Deutschlands. Erst 1993 brachte der Burdaverlag mit dem *Focus* ein Konkurrenzprodukt auf den Markt, dessen Chefredakteur Markwort (*1936) ist. Aust (*1946) war von 1994 bis 2008 Chefredakteur des *Spiegel*. Nannen (1913–96) gründete 1948 mit einer Lizenz der Alliierten das Magazin *Stern*, eine bunte Mischung aus Unterhaltung und Politik.

Rudolf Augstein

Antwort 538

Historisch gesehen sind es geteilte Städte. Zgorzelec war früher eine Vorstadt von Görlitz, Słubice von Frankfurt/Oder und Gubin ein Teil von Guben. Die Teilung entstand durch die neue Grenzziehung nach dem Zweiten Weltkrieg.

Antwort 539

Ja. Sie erhielten einen Stundenlohn von etwa 70 Pfennig und eine Schwerarbeiterzulage bei den Lebensmittelkarten. Viele Frauen meldeten sich deshalb freiwillig, andere wurden durch ein Gesetz der Alliierten rekrutiert. Insgesamt wird geschätzt, dass die Trümmerfrauen zwischen 1945 und 1946 fast fünf Millionen Tonnen Schutt mit bloßen Händen und einfachsten Werkzeugen beseitigten.

Antwort 540

c) 1946. Der Verlegersohn Axel Springer (1912–85) erhielt 1945 von den britischen Besatzern eine Drucklizenz. Er gab zunächst eine Zeitschrift zum Rundfunkprogramm des NWDR heraus, dann die *Hörzu* und ab 1948 die *BILD*-Zeitung, mit der er britische Boulevardzeitungen kopierte.

Antwort 541

Ja. Im ersten Prozess gegen die NS-Hauptverbrecher wurden zwölf Menschen zum Tode verurteilt, darunter die Demagogen Julius Streicher und Alfred Rosenberg, Hans Frank, der „Schlächter von Polen", und der Oberkommandierende der Wehrmacht, Wilhelm Keitel. Hermann Göring brachte sich vor der Hinrichtung selbst um. In zwölf weiteren Prozessen wurden nochmals zwölf Todesurteile verhängt.

Antwort 542

 Eine Bestätigung der Alliierten, dass der Inhaber nicht als Nazi einzustufen sei. Damit war z. B. die Erlaubnis verbunden, qualifizierte Arbeit anzunehmen. Der ironische Ausdruck kam auf, da sich so mancher alte Nazi mithilfe falscher Zeugen „reinwusch".

Antwort 543

Nein. Als die Alliierten die Entnazifizierung 1948 wegen des Kalten Krieges beendeten, hatten sie etwa 3,6 Millionen Deutsche „unter die Lupe" genommen. Davon wurden die meisten als Mitläufer eingestuft oder freigesprochen. In den Westzonen wurden allerdings auch 486 Todesurteile vollstreckt, in der Sowjetzone starben mindestens 43.000 Menschen, die entweder als Nazi oder als „Klassenfeind" galten, in Lagern. Im Westen dagegen hatte man vielfach mit den „leichten Fällen" begonnen und ließ dann 1948 bewusst NS-Größen aus Wirtschaft, Justiz und Beamtentum ungeschoren, weil man glaubte, sie für den Wiederaufbau zu brauchen.

Antwort 544

Ein Theaterstück von Wolfgang Borchert (1921–47). Es wird der sogenannten „Trümmerliteratur" zugerechnet und dreht sich um einen Kriegsheimkehrer, der kein Zuhause mehr vorfindet.

Wolfgang Borchert
auf einer Briefmarke zu
seinem 75. Geburtstag

Antwort 545

Die Mitglieder der FDJ (Freie Deutsche Jugend). Sie wurde 1946 als sozialistischer Jugendverband gegründet und war in der DDR die einzige staatlich geförderte Jugendorganisation.

Antwort 546

a) Kaliningrad
b) Wrocław
c) Gdansk
d) Cheb

Antwort 547

Gegen eine Spende von zehn Dollar schickte die US-Hilfsorganisation CARE je ein Paket nach Europa. Die Spender konnten bestimmen, an wen es gehen sollte. Bis 1960 wurden so fast zehn Millionen Pakete verschickt. CARE ist auch heute noch als Hilfswerk aktiv.

Antwort 548

Gruppe 47.

Antwort 549

 c) Die Hannovermesse ist die größte Industriemesse der Welt. Sie wurde 1947 ins Leben gerufen. Die größte Messe für Informationstechnik, die CeBIT (Centrum für Büroautomation, Informationstechnologie und Telekommunikation) war ursprünglich Bestandteil der Hannovermesse, wurde aber 1986 ausgegliedert. Die Expo 2000 in

Hannover war die bislang einzige Weltaus-stellung, die in Deutschland stattfand.

Antwort 550

 SED, die Sozialistische Einheitspartei.

Antwort 551

 Auf Anregung von Außenminister George C. Marshall (1880–1959) stell-ten die USA rund 13 Milliarden Dollar für das vom Krieg gebeutelte Europa bereit. Erstens, um die Menschen dort vor dem Ver-hungern zu retten, zweitens, um die Länder politisch zu stabilisieren, und drittens, um langfristig wieder Absatzmärkte für US-Produkte zu haben. Das Angebot galt ganz Europa. Die sozialistischen Länder beka-men aber von Moskau eine Teilnahme ver-boten. Im Westen dagegen sorgten die Finanzhilfen für eine schnelle wirtschaftli-che Erholung. Der Marshallplan zementierte aber auch die deutsche Teilung. Denn Vo-raussetzung für die Teilnahme war eine Wäh-rungsreform. Da die vier Besatzungsmächte sich nicht einigen konnten, wurden schließ-lich im Westen und Osten verschiedene Ver-sionen der Deutschen Mark eingeführt.

Antwort 552

 b) Nachdem eine Einigung mit der Sowjetunion über eine Währungsre-form in Deutschland gescheitert war, führ-ten die Westalliierten am 20. Juni 1948 in ihren Zonen die D-Mark ein. Um dies wenigstens in Westberlin zu verhindern, be-gann die Sowjetunion am 24. Juni die Blo-ckade. Die DDR-Mark in der Ostzone wurde am 24. Juli eingeführt.

Antwort 553

 Am 20. Juni 1948 erhielt jeder Bewoh-ner der westlichen Besatzungszonen 40 Mark „Erstausstattung" und einen Monat später noch einmal 20 Mark. Trotzdem stimmt der viel zitierte Spruch, damals hät-ten „alle mit 40 Mark angefangen", nicht. Denn die alten Ersparnisse wurden in einem Verhältnis von 100 Reichsmark zu 6,5 DM umgestellt. Fein heraus waren alle, die Immobilien besaßen. Denn Mieten mussten genauso wie Löhne nach der Währungs-reform 1:1 gezahlt werden.

Antwort 554

 Alles, was das eingeschlossene West-berlin zwischen dem 24. Juni 1948 und dem 12. Mai 1949 brauchte. Über die Luft-brücke wurden über zwei Millionen Tonnen Güter eingeflogen. Rosinenbomber wurden die Flugzeuge genannt, nachdem der Pilot Gail Halvorsen (*1920) begonnen hatte, aus dem Cockpit kleine Fallschirmpäckchen mit Schokolade, Kau-gummi oder Rosi-nen für die Kinder abzuwerfen.

Ein Rosinenbomber landet auf dem Flughafen Berlin Tempelhof

Antwort 555

 Die Insulaner war zunächst der Name einer Kabarettsendung von Günter Neumann (1913–72), die während der Berlinblockade vom RIAS ausgestrahlt wurde und sich mit der Insellage der Stadt auseinandersetzte. Nach dieser Sendung wurde ein Trümmerberg in Schöneberg *Insulaner* genannt.

Antwort 556

Konrad Adenauer (1876–1967) war der erste Bundeskanzler der Bundesrepublik Deutschland. Der CDU-Politiker trat für eine Einbindung Deutschlands in den Block der Westmächte ein, auch wenn dies eine deutsche Wiedervereinigung in weite Ferne rücken ließ. Er trug aber auch dazu bei, die Isolierung Deutschlands in Europa zu überwinden, vor allem durch eine Aussöhnung mit Frankreich.

Antwort 557

Die ersten Bundestagswahlen fanden 1949 statt, die ersten Volkskammerwahlen 1950. Zuvor hatte es jedoch schon Wahlen in den Bundesländern gegeben. Die alliierten Militärbehörden setzten zunächst Ministerpräsidenten nach ihrem Gutdünken ein, ab 1946 fanden dann überall Landtagswahlen statt.

Antwort 558

a) Schumacher (1895–1952), der fast während der gesamten NS-Zeit im Kon-

Kurt Schumacher

zentrationslager war, war nach Kriegsende als autoritärer, aber charismatischer Führer wesentlich am Wiederaufbau der SPD beteiligt. Als er an den Spätfolgen seiner Lageraufenthalte starb, wurde Ollenhauer (1901–63) sein Nachfolger.

Antwort 559

Grundgesetz für die Bundesrepublik Deutschland.

Antwort 560

Die Bundesrepublik. Das Grundgesetz der Bundesrepublik Deutschland trat am 24. Mai 1949 in Kraft, die Verfassung der DDR am 7. Oktober des gleichen Jahres. Damit war die Teilung Deutschlands endgültig besiegelt.

Antwort 561

c) Der Parlamentarische Rat war ein Gremium, das extra zu dem Zweck eingesetzt worden war, eine Verfassung für Westdeutschland zu schaffen. Er bestand aus 65 Abgeordneten der westdeutschen Bundesländer und fünf nicht stimmberechtigten Westberliner Abgeordneten und tagte vom 1. September 1948 bis zum 8. Mai 1949. Nachdem das Grundgesetz in Kraft getreten war, bereitete der Parlamentarische Rat die ersten Bundestagswahlen vor, die am 14. August 1949 stattfanden.

Antwort 562

 Die Würde des Menschen ist unantastbar.

Antwort 563

 a), b), c) und d). Die freie Entfaltung der Persönlichkeit wird in Artikel 2 GG garantiert, die freie Entscheidung über die Teilnahme am Religionsunterricht in Artikel 7, das Recht auf Vereinsbildung in Artikel 9 und das Briefgeheimnis in Artikel 10.

Antwort 564

 Nein. Artikel 5 verbietet, Medien vor ihrer Veröffentlichung zu kontrollieren (Vorzensur). Werden allerdings Inhalte verbreitet, die gegen Gesetze verstoßen, dann dürfen diese verboten werden (Nachzensur).

Antwort 565

 Artikel 20 Absatz 4 des Grundgesetzes gewährt jedem Deutschen das Recht zum Widerstand gegen Personen, die es unternehmen, die freiheitlich-demokratische Grundordnung zu beseitigen, vorausgesetzt, es ist keine andere Abhilfe möglich.

Antwort 566

 Artikel 16a Absatz 1 GG: „Politisch Verfolgte genießen Asylrecht."

Antwort 567

 „Niemand darf wegen seines Geschlechts, seiner Abstammung, seiner Rasse, seiner Sprache, seiner Heimat und Herkunft, seines Glaubens, seiner religiösen oder politischen Anschauungen benachteiligt oder bevorzugt werden. Niemand darf wegen seiner Behinderung benachteiligt werden."

Antwort 568

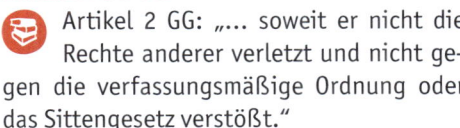 Artikel 2 GG: „... soweit er nicht die Rechte anderer verletzt und nicht gegen die verfassungsmäßige Ordnung oder das Sittengesetz verstößt."

Antwort 569

 Ja. Absatz 2 Artikel 14 lautet: „Eigentum verpflichtet. Sein Gebrauch soll zugleich dem Wohle der Allgemeinheit dienen." Deshalb sind Enteignungen zulässig, sofern sie der Allgemeinheit zugutekommen. Allerdings muss eine Entschädigung erfolgen.

Antwort 570

 Grundsätzlich nicht, außer an Mitgliedsländer der EU oder einen internationalen Gerichtshof. Aber auch dies nur, wenn entsprechende Gesetze vorliegen und ein rechtsstaatliches Verfahren gewährleistet ist.

Antwort 571

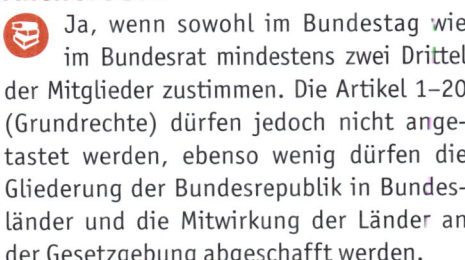 Ja, wenn sowohl im Bundestag wie im Bundesrat mindestens zwei Drittel der Mitglieder zustimmen. Die Artikel 1–20 (Grundrechte) dürfen jedoch nicht angetastet werden, ebenso wenig dürfen die Gliederung der Bundesrepublik in Bundesländer und die Mitwirkung der Länder an der Gesetzgebung abgeschafft werden.

Antwort 572

 a) Konrad Adenauer erhielt nur eine Stimme mehr als sein Gegenkandidat Kurt Schumacher. Zu den Stimmen, die ihm die Kanzlerschaft sicherten, gehörte auch seine eigene.

Antwort 573

Man führte 1953 die Fünfprozentklausel ein. Damit sind Parteien, die weniger als fünf Prozent aller abgegebenen Stimmen erhalten, nicht im Bundestag vertreten. Wer ein Direktmandat gewinnt, darf dieses aber in jedem Fall wahrnehmen.

Antwort 574

d) Volkskammer

Antwort 575

Zur Wahl stand nur eine Einheitsliste der Nationalen Front. Diese wurde von der SED dominiert. Weiter gehörten dazu: die vier „Blockparteien", der Frauenbund, die FDJ, der Gewerkschaftsbund, der Kulturbund und der Bauernverband. Darüber hinaus war es oft nicht möglich, geheim zu wählen, obendrein wurden Wahlfälschungen vorgenommen.

Antwort 576

a) Manfred von Ardenne (1907–97). Ardenne entwickelte die Fernsehtechnik weiter und konnte 1932 erstmals ein vollelektronisches Fernsehen mit guter Bildquali-

tät präsentieren. Nach dem Zweiten Weltkrieg arbeitete er an der Entwicklung der sowjetischen Atombombe mit. Danach gründete er in Dresden das größte private Forschungsinstitut der DDR und widmete sich vor allem der Medizintechnik. Insgesamt stammen von ihm etwa 600 Erfindungen.

Antwort 577

 c) Heidegger (1889–1976) ist ein Philosoph, der sich hauptsächlich mit der Ontologie (Lehre vom Sein) beschäftigte und 1927 sein Hauptwerk *Sein und Zeit* veröffentlichte. Nach dem Krieg wurde ihm mangelnde Distanz zum Nationalsozialismus vorgeworfen. Horkheimer (1895–1973) übernahm 1950 die Leitung des wieder eröffneten Frankfurter Instituts für Sozialforschung. Dort wurde eine autoritätskritische Philosophie gelehrt, die er und Adorno (1903–69) während ihres Exils in den USA entwickelt hatten. Diese beeinflusste später die 1968er-Bewegung. Nach dem Tod der beiden wurde Habermas (*1929) der führende Repräsentant der „Frankfurter Schule".

Antwort 578

 Nach dem Berliner Sänger und Schauspieler Ernst Busch (1900–80).

Antwort 579

a) Otto Grotewohl
b) Willi Stoph
c) Walter Ulbricht
d) Wilhelm Pieck

Antwort 580

d) Das Politische Büro des Zentralkomitees der SED wurde vom ZK gewählt und war das wichtigste politische Gremium der DDR. Was hier beschlossen wurde, musste von der Regierung umgesetzt werden. Geleitet wurde es vom Generalsekretär des ZK der SED; erst von Walter Ulbricht und dann von Erich Honecker.

Antwort 581

Den Friedenspreis des Deutschen Buchhandels. Diese international sehr angesehene Auszeichnung wird seit 1950 jeweils im Rahmen der Frankfurter Buchmesse an Menschen vergeben, die sich im wissenschaftlichen oder künstlerischen Bereich um den Frieden verdient gemacht haben.

Antwort 582

d) In der Bundesrepublik wurden die Lebensmittelmarken am 1. Mai 1950 abgeschafft (Ausnahme: Milch in Berlin), in der DDR im Mai 1958 (Ausnahme: Kartoffeln).

Antwort 583

c) Mit dem Karlspreis werden Menschen und Organisationen geehrt, die sich besonders um die europäische Einigung verdient gemacht haben.

Antwort 584

 Offiziell mussten sie überhaupt nicht beitreten. Die Mitgliedschaft galt als freiwillig, auch wenn starker sozialer Druck herrschte. Die FDJ stand erst für Jugendliche ab der achten Klasse offen. Für die jüngeren Kinder gab es die Pionierorganisation Ernst Thälmann. Die Pioniere trugen weiße Blusen und blaue oder rote Halstücher. Auch hier war die Mitgliedschaft offiziell freiwillig, doch kurz vor der Wende waren 98 Prozent aller Kinder im fraglichen Alter Pioniere, während es bei der FDJ rund 88 Prozent waren.

Antwort 585

Nur eine ideologische, da er längst tot war. Er galt jedoch als großes Vorbild, vor allem für die Jugend. Der 1886 in Hamburg geborene Thälmann war 1925 Vorsitzender der KPD geworden und hatte sie auf einen stalinistischen Kurs gebracht. Er führte einen vehementen Kampf gegen die SPD, die er als „Sozialfaschisten" bezeichnete, und trug so dazu bei, dass die Weimarer Republik politisch immer handlungsunfähiger wurde. Am 3. März 1933 wurde er von den Nazis verhaftet und 1944 im KZ Buchenwald erschossen.

Einziger Kandidat bei der Reichspräsidentenwahl 1932 gegen Hindenburg und Hitler: Ernst Thälmann

Antwort 586

„Auferstanden aus Ruinen und der Zukunft zugewandt, lass uns dir zum Guten dienen, Deutschland, einig Vaterland.' Der Text stammte von Johannes R. Becher

(1891–1958) und die Melodie von Hanns Eisler (1898–1962). Ab 1970 wurde meist nur noch die Melodie gespielt.

Antwort 587

 Soraya Esfandiary Bakhtiari (1932–2001), die zwischen 1951 und 1958 die zweite Ehefrau des Schahs von Persien war, war die Tochter einer Deutschen und eines iranischen Diplomaten. „Die Deutsche auf dem Pfauenthron" war derart häufig Gegenstand der bundesdeutschen Klatschpresse, dass diese „Sorayapresse" genannt wurde.

Antwort 588

Robert Schuman (1886–1963).

Antwort 589

Cornelia Froboess (*1943). In der Folge wurde sie mit weiteren Liedern, die ebenfalls ihr Vater, der Komponist Gerhard Froboess (1906–76), geschrieben hatte, zum Liebling der Nation. Später avancierte sie dann zusammen mit Peter Kraus (*1939) in Filmen wie *Peter und Conny machen Musik* (1960) zum Teeniestar. Erwachsen geworden, arbeitete sie vor allem am Theater.

Antwort 590

Auf der Berlinale, dem wichtigsten Filmfestival Deutschlands und einem der drei wichtigsten weltweit (zusammen mit Cannes und Venedig). Die Berlinale findet seit 1951 alljährlich im Februar statt.

Antwort 591

 ISO ist die Abkürzung für die Internationale Organisation für Normung, die 1947 von verschiedenen nationalen Normungsorganisationen gegründet wurde. Deutschland ist seit 1951 Mitglied. In jüngerer Zeit bekommen durch die Globalisierung die internationalen ISO-Normen gegenüber den deutschen DIN-Normen immer mehr Gewicht.

Antwort 592

Hildegard Knef (1925–2002).

Hand- und Fußabdruck der Knef in Hollywood

Antwort 593

Um den Comic. Erika Fuchs (1906–2005) übersetzte seit 1951 die Disneycomics ins Deutsche. Dabei baute sie nicht nur zahllose literarische Anspielungen mit ein, sondern erfand auch neue, dem Comic gemäße Ausdrucksformen wie „grübel", „freu" etc.

Antwort 594

Bei den Karl-May-Festspielen in Bad Segeberg. Die Nazis hatten dort in einem alten Gipstagebau ein riesiges Freilichttheater errichten lassen. Seit 1952 verwandelt sich dieses NS-Relikt jedes Jahr in die nordamerikanische Prärie.

Antwort 595

 Ja. 1952 wurde die faschistische Sozialistische Reichspartei verboten, 1956

die KPD. Außerdem wurden diverse rechtsextreme Vereinigungen wie die Wehrsportgruppe Hoffmann, die FAP, die Wikingjugend oder Blood&Honour verboten.

Antwort 596

 b) Die Nachrichtensendung des DDR-Fernsehens (DFF) war die *Aktuelle Kamera*. Sie wurde am 21. Dezember 1952 zum ersten Mal ausgestrahlt. Im *Schwarzen Kanal* zeigte Karl-Eduard von Schnitzler (1918–2001) ab 1960 Ausschnitte aus dem Westfernsehen, die er in eine antiwestliche Agitation einband. Teilweise lieferte er sich regelrechte Duelle mit Gerhard Löwenthal (1922–2002), dem Moderator des *ZDF-Magazins*.

Antwort 597

 In der DDR kam es zu einem Volksaufstand. Dieser entzündete sich daran, dass die Arbeitsnormen erhöht wurden, obwohl zu Beginn des Jahres die Proklamation eines „Neuen Kurses" Hoffnung auf Verbesserungen geweckt hatte. Der Aufstand begann am 16. Juni mit Streiks auf zwei Berliner Großbaustellen und breitete sich am nächsten Tag im ganzen Land aus. Besonders groß waren die Unruhen in Berlin und im Chemiedreieck um Halle. Die Aufstände wurden jedoch noch am Nachmittag von sowjetischen Truppen niedergeschlagen. Dabei kamen mindestens 50 Menschen um. Etwa 6000 wurden festgenommen. Von ihnen starben einige in der Haft, sieben wurden hingerichtet.

Antwort 598

 Der Auslandsrundfunk der ARD. Er wurde 1953 gegründet und produzierte ursprünglich Programme für Deutsche im Ausland. Heute, wo die „normalen" deutschen Sender rund um den Globus empfangen werden können, sind Informationen über Deutschland für Ausländer der Schwerpunkt. Es gibt Programme in 30 Sprachen.

Antwort 599

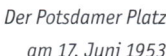 Der 17. Juni. Man gedachte damit des Volksaufstandes in der DDR am 17. Juni 1953, obwohl die Aufständischen vor allem Reformen und nicht die Wiedervereinigung gefordert hatten.

Der Potsdamer Platz am 17. Juni 1953

Antwort 600

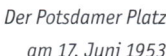 Chemnitz.

Antwort 601

 d) In das Goggomobil. Die Isetta und die Heinkel Kabine hatten eine Fronttür und beim Messerschmidt Kabinenroller musste man das Plexiglasdach zur Seite schwenken und dann über die niedrige Seitenwand steigen. Das Goggomobil sah dagegen aus wie ein kleines Auto, gilt aber auch als Kabinenroller, weil es von einem Motorradmotor angetrieben wurde und mit einem Motorradführerschein gefahren werden durfte.

Antwort 602

Die Deutsche Presse-Agentur, die größte deutsche Nachrichtenagentur. Sie sammelt Nachrichten, die sie ihren Abonnenten zur Verfügung stellt. Damit können auch Medien ohne großes Korrespondentennetz einen umfassenden Überblick über das Weltgeschehen bieten. Weitere Agenturen sind der Deutsche Depeschendienst (ddp), der Sportinformationsdienst (sid), die Katholische Nachrichtenagentur (KNA), der Evangelische Pressedienst (epd) und ausländische Agenturen wie Reuters (Großbritannien), AP (USA) oder AFP (Frankreich).

Antwort 603

Markus Wolf (1923–2006) war Spionagechef der DDR, Konrad (1925–82) einer der bekanntesten Regisseure, der Filme wie *Ich war neunzehn* (1968) oder *Solo Sunny* (1979) drehte.

Antwort 604

d) Torhüter Turek (1919–84) vereitelte mit seinen spektakulären Paraden im WM-Endspiel am 4. Juli 1954 in Bern mehrere hochkarätige Torchancen der Ungarn. Morlock (1925–94) erzielte das erste Tor, Rahn (1929–2003) die beiden anderen zum 3:2-Erfolg. Walter (1920–2002) war der Kapitän der Mannschaft.

Die WM-Elf von 1954

Antwort 605

Die bedeutendste Ausstellung zeitgenössischer Kunst, die seit 1955 alle fünf Jahre in Kassel stattfindet. Sie dauert 100 Tage und setzt sich aus vielen einzelnen Ausstellungen und Events zusammen.

Antwort 606

d) Als Unionsparteien werden CDU und CSU bezeichnet. Denn die CSU ist nicht etwa der bayerische Ableger der CDU, sondern es handelt sich um zwei Parteien, die sich aber darüber verständigt haben, dass in Bayern nur die CSU antritt, in allen anderen Bundesländern nur die CDU.

Antwort 607

Der Nierentisch. Dazu gehörten idealerweise Cocktailsessel mit gerundeten Rückenlehnen und Stehlampen in Tüten- oder Tulpenform.

Antwort 608

1955. Nach dem Zweiten Weltkrieg hatten die Siegermächte Deutschland zunächst verboten, wieder eine Armee aufzustellen. Aufgrund des Kalten Krieges änderten sie aber ihre Meinung und drängten auf eine deutsche Wiederbewaffnung. Diese war jedoch sehr unpopulär, da sie gleichzeitig eine Einbindung in die westlichen Verteidigungsbündnisse und damit ein Hindernis für eine Wiedervereinigung bedeutete. Nach sehr heftigen Debatten setzten sich die Befürworter, angeführt von Kanzler Adenauer, durch.

Antwort 609

 Doch. Sie dürfen jedoch nicht in Medien, die für Jugendliche zugänglich sind, beworben und auch nicht offen angeboten werden. Erlaubt ist jedoch, sie an Erwachsene auf Nachfrage zu verkaufen.

Antwort 610

d) In die NATO. Dies führte dazu, dass die Sowjetunion den Warschauer Pakt gründete. In die UNO wurden sowohl Bundesrepublik als auch DDR erst 1973 als Folge der neuen Ostpolitik der BRD aufgenommen. Die informelle G8-Gruppe gründete sich 1975 unter Beteiligung Deutschlands.

Antwort 611

Die Barbiepuppe.

Antwort 612

Sie spielten in den drei *Sissi*-Filmen Kaiser Franz Joseph I. von Österreich und seine Frau Elisabeth, genannt Sissi. Sowohl Böhm (*1928) als auch Schneider (1938–82) taten sich später schwer, das süßliche Image dieser Filme loszuwerden. Romy Schneider emigrierte nach Paris und spielte u. a. in *Der Swimmingpool* (mit Alain Delon), *Gruppenbild mit Dame* und *Die Spaziergängerin von Sans-Souci*.

Antwort 613

 d) Das Ministerium für Staatssicherheit fungierte sowohl als Auslands- wie auch als Inlandsgeheimdienst und war zudem als Ermittlungsbehörde aktiv, wenn jemand „politischer Straftaten" verdächtigt wurde.

Antwort 614

Nein. Die Jugendweihe wurde im 19. Jahrhundert von Freidenker-Verbänden erfunden. 1955 wurde sie auf Befehl der Sowjetunion als staatliches Jugendritual in der DDR eingeführt. Sie ging mit einem Gelöbnis zum Staat einher. Die Weihe war keine Pflicht. Es gab jedoch einen äußerst starken Druck, dass Schulklassen vollständig daran teilnahmen.

Antwort 615

b) Italien machte den Anfang. Doch der Bedarf an Arbeitskräften war so groß, dass 1960 ein ähnliches Abkommen mit Griechenland und 1961 eines mit der Türkei geschlossen wurde. 1964 kam der einmillionste Gastarbeiter, ein Portugiese. Ursprünglich war geplant, dass die Ausländer jeweils nur für wenige Jahre in Deutschland arbeiten. Doch das Rotationsprinzip stieß auf wenig Gegenliebe bei der Wirtschaft. Anfang der 1970er-Jahre zeichnete sich ab, dass die ausländischen Arbeitnehmer keine „Gäste", sondern größtenteils Zuwanderer auf Dauer sein würden.

Antwort 616

Der CDU-Minister Ludwig Erhard (1897–1977). Er war ab 1949 unter Adenauer Wirtschaftsminister und wurde 1963 sein

Nachfolger als Bundeskanzler. Er gilt als Mitbegründer und politischer Initiator des Konzepts der Sozialen Marktwirtschaft.

Antwort 617

 Dieter Hildebrandt (*1927).

Antwort 618

 b) In Ostberlin am 14. August 1956 durch einen Herzinfarkt. Brecht war als überzeugter Marxist 1933 – bereits wegen Hochverrats angeklagt – erst nach Skandinavien und später in die USA emigriert. 1947 aber geriet er dort ins Visier des „Kommunistenjägers" McCarthy. Auch nach Westdeutschland durfte er nicht einreisen. 1948 siedelte er in die DDR über, wo er und seine Frau Helene Weigel 1954 das Berliner Ensemble gründeten. Brecht genoss in der DDR Sonderrechte, machte dem Regime aber auch Konzessionen, was ihm viel Kritik einbrachte.

Antwort 619

 Damit wurde der Wehrdienst bei der Nationalen Volksarmee (NVA) bezeichnet. Die NVA wurde 1956 gegründet. Ab 1962 gab es eine allgemeine Wehrpflicht. Die Grundwehrzeit dauerte 18 Monate.

Antwort 620

 d) *Gruppenbild mit Dame* ist der Roman, der Heinrich Böll (1917–85) den Literaturnobelpreis gebracht hat. Er rekonstruiert das (fiktive) Leben einer Blumenbinderin, die während der Nazizeit einen sowjetischen Kriegsgefangenen liebte. Lenz (*1926) beschäftigte sich in vielen seiner Werke wie *So zärtlich war Suleyken* und *Heimatmuseum* mit seiner masurischen Heimat. In der *Deutschstunde* geht es um einen Dorfpolizisten, der während der Nazizeit einen Maler, der Berufsverbot hat, kontrolliert und jedes Schuldbewusstsein mit dem Verweis auf seine Pflicht ablehnt, während sein Sohn sich mit dem Maler anfreundet.

Heinrich Böll

Antwort 621

 b) 1956. Damals lag die wöchentliche Arbeitszeit bei 49 Stunden, verteilt auf sechs Tage. Der DGB dagegen forderte 40 Stunden an nur fünf Tagen pro Woche. Es dauerte allerdings bis Mitte der 1970er-Jahre, bis sich die Fünftagewoche flächendeckend durchgesetzt hatte.

Antwort 622

 Das Saarland. Bereits nach dem Ersten Weltkrieg hatte das Saarland bis 1935 unter französischer Verwaltung gestanden, damit seine Montanindustrie nicht einer neuen deutschen Aufrüstung dienen konnte. 1945 wurde es wieder ein eigener Staat unter französischer Verwaltung mit eigener Währung, eigener Staatsbürgerschaft sowie eigener Fußball- und Olympiamannschaft. 1955 fand erneut eine Volksabstimmung statt, in der sich über zwei Drittel für eine Wiedervereinigung mit Westdeutschland aussprachen, die 1957 vollzogen wurde.

Die Giftkammer

Jud Süß und ähnliche NS-Filme werden heute von der Friedrich-Wilhelm-Murnau-Stiftung in Wiesbaden verwaltet. Sie dürfen nur im Rahmen von geschlossenen Bildungsveranstaltungen mit einer sachkundigen Einführung gezeigt werden.

Antwort 623

 Römische Verträge.

Antwort 624

 Marlene Dietrich (1901–92).

Antwort 625

 Mielke (1907–2000) war ab 1957 der Minister für Staatssicherheit in der DDR, also der Chef der Stasi.

Antwort 626

 Mit *Jud Süß*. Harlan (1899–1964) drehte während der NS-Zeit mehrere Propagandafilme. Wegen des antisemitischen Hetzfilms *Jud Süß* wurde er nach dem Krieg wegen Verbrechen gegen die Menschlichkeit angeklagt, aber freigesprochen, da er behauptete, von Goebbels zur Produktion des Films gezwungen worden zu sein. Später ging Harlan gerichtlich gegen Menschen vor, die zum Boykott gegen seine neuen Filme aufriefen, und wollte sogar Entschädigung. Doch das Bundesverfassungsgericht sah in den Boykottaufrufen eine legitime, freie Meinungsäußerung.

Antwort 627

 Die Brücke. Die Geschichte um eine Jungengruppe, die in den letzten Kriegstagen bei der Verteidigung einer völlig wertlosen Brücke stirbt, war der erste Kriegsfilm der 1950er-Jahre, der sich nicht um heldenhafte Kämpfe drehte.

Antwort 628

 Eine Puppenfigur des DDR-Kinderfernsehens, die in verschiedenen Sendungen auftrat, unter anderem im *Sandmännchen*. Im Gegensatz zu anderen Figuren, etwa der lieben, braven Ente Schnatterinchen, durfte der Kobold etwas frecher sein und war deshalb besonders beliebt.

Antwort 629

 c) Bernhard Grzimek (1909–87) und sein Sohn Michael (1934–59), der bei den Filmarbeiten ums Leben kam. Heinz Sielmann (1917–2006) wurde u. a. durch die Fernsehreihe *Expeditionen ins Tierreich* bekannt, Horst Stern (*1922) durch *Sterns Stunde* und die Gründung der Zeitschrift *Natur*, Eugen Schumacher (1906–73) durch *Die letzten Paradiese*.

Antwort 630

 Die Schauspielerin Inge Meysel (1910–2004). Der Beiname blieb 1959 nach dem Volksstück *Fenster zum Flur* an ihr hängen. Meysel spielte bis unmittelbar vor ihrem Tod viele kämpferische Mutter- und Großmutterrollen. Außerdem engagierte sie sich politisch für Toleranz und Gerechtigkeit.

Antwort 631

Am 13. August 1961.

Antwort 632

c) Kilius (*1943) und Bäumler (*1942) waren als Eiskunstläufer sechsmal Europa- und zweimal Weltmeister im Paarlauf. 1960 und 1964 gewannen sie bei den Olympischen Spielen die Silbermedaille.

Antwort 633

Das Schlafmittel Contergan.

Antwort 634

 Von den Lebenswegen der 18 Kinder, die 1961 in dem Dorf im Oderbruch eingeschult wurden. Barbara und Winfried Junge machten über *Die Kinder von Golzow* bislang 20 Filme.

Antwort 635

Brühne (1910–2001) war 1962 angeklagt worden, einen Arzt und dessen Haushälterin ermordet zu haben. Der Prozess schlug riesige Wellen. Einerseits wurde die attraktive, aber schwer durchschaubare Frau von der Boulevardpresse vorverurteilt. Andererseits waren die Ermittlungen so unsauber verlaufen, dass ihre Verurteilung einen Justizskandal darstellte. Es wird heute noch darüber spekuliert, ob sie wirklich schuldig war.

Antwort 636

b) Der damalige Bundesverteidigungsminister und spätere bayerische Ministerpräsident Franz Josef Strauß (1915–88) ließ 1962 die Redaktion des Magazins *Spiegel* durchsuchen und Redakteure wegen Landesverrats verhaften, nachdem das Magazin einen kritischen Artikel über den desolaten Zustand der Bundeswehr veröffentlicht hatte. Strauß wollte damit den Informanten des *Spiegels* enttarnen. Die Aktion rief jedoch großen Protest hervor und auch der Bundesgerichtshof sah keinen Anlass für eine gerichtliche Verfolgung. Strauß musste schließlich zurücktreten.

Antwort 637

1957 war die 24-jährige Frankfurter Edelprostituierte Rosemarie Nitribitt ermordet aufgefunden worden. Was passiert war, weiß man bis heute nicht, aber da Wirtschaftsbosse, Politiker und andere einflussreiche Gesellschaftsgrößen zu Nitribitts Kunden zählten, blühten die Spekulationen. Der Film aus dem Jahr 1958 hat mit dem tatsächlichen Fall nur wenig zu tun, gilt aber als gelungene Persiflage auf die Wirtschaftswunderzeit und ihre Doppelmoral.

Antwort 638

 Beate Uhse (1919–2001). Die sehr liberal erzogene Uhse war in ihrer Jugend Stuntpilotin und überführte im Krieg Flugzeuge für die Luftwaffe. Danach schlug sie sich als junge Witwe mit Haustürgeschäften durch und begann bald, eine selbst verfasste Schrift über natürliche Empfängnisverhütung und später auch Kondome zu vertreiben. Ihr „Fachgeschäft für Ehehygiene" in Flensburg war vermutlich weltweit der erste Laden, der offen und ausschließlich Sexzubehör verkaufte, und sorgte für entsprechenden Wirbel.

Antwort 639

Der 18-jährige Peter Fechter wurde bei seinem Fluchtversuch von DDR-Grenzern angeschossen und verblutete dann im Niemandsland. Weder die DDR-Grenzsoldaten noch die US-Truppen wagten, ihm zu Hilfe zu kommen, weil sie jeweils fürchteten, die andere Seite könne das Feuer eröffnen.

Antwort 640

Adolf Eichmann (1906–62).

Antwort 641

Hochhuth (*1931) beschreibt darin, wie der SS-Mann Kurt Gerstein (1905–45) versucht, sein Wissen über den Massenmord an den Juden an den Papst weiterzugeben, in der Hoffnung, dieser werde seine Autorität für einen gewaltigen öffentlichen Protest nutzen. Pius XII. aber zieht es vor, neutral zu bleiben. Das Stück löste eine sehr emotionsgeladene Debatte um die Haltung des Vatikans während der Nazizeit aus, die bis heute nicht verstummt ist.

Antwort 642

d) Die 1963 eingeweihte, zeltartig gebaute, gelbe Philharmonie am Kulturforum nahe dem Potsdamer Platz und die gegenüber errichtete Staatsbibliothek sind Werke von Hans Scharoun (1893–1972). Bruno Taut (1880–1938) baute mehrere Berliner Modellsiedlungen wie die Hufeisensiedlung, „Onkel Toms Hütte" oder die Gartenstadt Falkenberg. Der Expressionist Erich Mendelsohn (1887–1953) konstruierte die Schaubühne (1928), Egon Eiermann (1904–70) Turm und Gebäude der neuen Gedächtniskirche, die die Ruine der alten ergänzen.

Antwort 643

In dem Sketch *Dinner for one*, den der NDR 1963 produzierte. Die vier genannten Herren sind die längst verstorbenen Freunde von Miss Sophie, die an diesem Tag 90 Jahre alt wird. Aus Anlass der Feier muss ihr Butler James die Anwesenheit der vier simulieren und für alle vier trinken. Der Sketch wird jedes Jahr zu Silvester gezeigt und gilt als die weltweit am häufigsten wiederholte Fernsehproduktion.

Szene aus Dinner for one

Antwort 644

 c) Gert Fröbe

Antwort 645

 Bei einem Grubenunglück am 24. Oktober 1963 in Lengede bei Salzgitter wurden 129 Menschen verschüttet, von denen 100 überlebten. Elf davon, die man schon für tot gehalten hatte, wurden erst am 3. November entdeckt und konnten einen Tag später geborgen werden.

Antwort 646

c) US-Präsident John F. Kennedy (1917–63) besuchte Deutschland im Sommer vor seiner Ermordung und kam am 26. Juni 1963 nach Westberlin, wo er seine berühmte Rede auf dem Balkon des Schöneberger Rathauses hielt.

Antwort 647

Seit der Spielzeit 1963/64. Davor hatte es fünf regionale Oberligen gegeben.

Antwort 648

Von Sepp Herberger (1897–1977). Herberger war 1936–42 und 1950–1964 deutscher Fußballnational-trainer. Für seine Rolle in der Nazizeit wurde er später als Mitläufer eingestuft. Sein

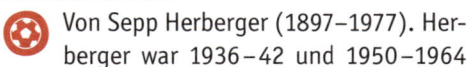

Sondermarke zum 100. Geburtstag Herbergers

größter Erfolg war der Gewinn der Weltmeisterschaft 1954. Weitere Kultsprüche von ihm sind: „Der nächste Gegner ist immer der schwerste" und „Nach dem Spiel ist vor dem Spiel".

Antwort 649

d) *Junge, komm bald wieder* (1963) ist eines von zehn Liedern von Freddy Quinn (*1931), die Nummer-1-Hits in Deutschland wurden. Mehr schafften nur die Beatles. Hans Albers (1891–1960) wurde vor allem bekannt durch den Film *Große Freiheit Nummer 7* (1944), der Lieder wie *Nachts auf der Reeperbahn um halb eins* enthält. Heino (*1938) sang später Coverversionen von *Junge, komm bald wieder*. James Last (*1929) ist kein Sänger, sondern Komponist, Produzent und Bandleader, der *Junge, komm bald wieder* für Quinn arrangierte.

Antwort 650

Nicht wirklich. Ab 1964 gab es auf Drängen der Kirchen die Möglichkeit, den Wehrdienst als „Bausoldat" ohne Waffe abzuleisten. Wer dies tat, musste jedoch mit Schwierigkeiten bei seiner späteren zivilen Laufbahn rechnen. Oft wurde z. B. ein Studienplatz verweigert. Wer auch den Dienst als Bausoldat verweigerte, wurde zu zwei Jahren Gefängnis verurteilt.

Antwort 651

„Aktion Mensch", die früher „Aktion Sorgenkind" hieß.

Antwort 652

Pillenknick. Die Antibabypille kam 1960 in den USA, 1961 in der Bundesrepublik und 1965 in der DDR auf den Markt.

Antwort 653

1966 bildeten Union und SPD eine große Koalition. Daneben saßen nur 49 Abgeordnete der FDP im Parlament. Die Studentenbewegung begann sich deshalb als außerparlamentarische Opposition zu bezeichnen, da ihrer Meinung nach keine echte parlamentarische Opposition, die der Regierung Paroli bieten konnte, mehr vorhanden war.

Antwort 654

b) Karl Schiller (1911–94) von der SPD, der 1966 Wirtschaftsminister der Großen Koalition wurde, und Finanzminister Franz Josef Strauß (1915–88) von der CSU. Die beiden äußerlich extrem unterschiedlichen Politiker arbeiteten eng zusammen, um der damaligen Wirtschaftskrise Herr zu werden, und wurden deshalb von der Öffentlichkeit mit zwei jungen Hunden aus einer Wilhelm-Busch-Bildergeschichte, die wie Pech und Schwefel aneinanderkleben, verglichen. Eine „konzertierte Aktion", die Politik, Arbeitnehmer und Arbeitgeber zusammenbrachte, führte tatsächlich zum Erfolg. Unter Kanzler Willy Brandt war Schiller Wirtschafts- und Finanzminister, trat aber 1972 aus Protest gegen die wachsende Staatsverschuldung zurück.

Antwort 655

„Tränenpalast" wurde im Berliner Jargon die Ausreisehalle am Bahnhof Friedrichstraße genannt, da es dort oft tränenreiche Abschiede zwischen DDR-Bürgern und ihren wieder in den Westen zurückkehrenden Freunden oder Verwandten gab. Nach der Wende war der Tränenpalast eine Kultureinrichtung, die 2006 jedoch geschlossen wurde. Nun ist geplant, den „Palast" etwas versetzt und saniert als Dokumentationsstätte neu zu eröffnen.

Antwort 656

a) – 3) Nationalsozialismus
b) – 4) männliches und weibliches Rollenverhalten
c) – 2) Gefahr eines Atomkrieges
d) – 1) Wiedervereinigung

Antwort 657

 a) Sepp Herberger; b) Helmut Schön; c) Jupp Derwall; d) Franz Beckenbauer; e) Berti Vogts; f) Erich Ribbeck; g) Rudi Völler; h) Jürgen Klinsmann; i) Joachim Löw

Antwort 658

So wurde der serbische Schauspieler Gojko Mitić (*1940) genannt, der Held mehrerer DDR-Indianerfilme. Diese Filme, wie *Die Söhne der Großen Bärin* (1966), waren mehr auf die Indianer und ihre Kultur fokussiert als die Indianerfilme des Westens. Nach der Wende spielte Mitić dann bei den Segeberger Festspielen tatsächlich den Winnetou.

Antwort 659

b) Im Westen wurde das Farbfernsehen am 25. August 1967 eingeführt, in der DDR am 3. Oktober 1969.

Antwort 660

d) Reinhard Mey (*1942), der das Französische Gymnasium in Berlin besucht hatte, veröffentlichte 1968 als Frédéric Mey seine erste französische Platte und war in Frankreich anfangs erfolgreicher als in Deutschland. Bis heute brachte er 24 deutsche und sieben französischsprachige Alben heraus. Sein bekanntestes Lied ist *Über den Wolken*.

Reinhard Mey

Antwort 661

c) Es ist der Name eines vietnamesischen Politikers. Ho Chi Minh (1890–1969) führte nach dem Zweiten Weltkrieg den Aufstand gegen die japanischen Besatzer an und danach den Kampf gegen die einstigen französischen Kolonialherren, die das Land wieder unter ihre Kontrolle bekommen wollten. Er errichtete in Nordvietnam eine kommunistische Volksrepublik.

Antwort 662

Gerd Müller (*1945). Müller, vom ehemaligen Bayerntrainer „Tschik" Cajkovski auch „kleines, dickes Müller" genannt, war dafür berüchtigt, seine Tore auf engstem Raum im Strafraum mithilfe aller möglichen (erlaubten) Körperteile zu erzielen.

Antwort 663

b) Rudi Dutschke (1940–79) war als Vorsitzender des Sozialistischen Studentenbundes (SDS) eine der Führungsfiguren der 68er-Proteste und für konservative Kreise Feindbild Nummer eins. Am 11. April 1968 wurde er von einem vermutlich rechtsradikalen Attentäter niedergeschossen. Er starb elf Jahre später an den Spätfolgen. Teufel und Langhans, Mitglieder der berühmtberüchtigten Wohngemeinschaft Kommune 1 wurden eher der „Spaßguerilla" zugerechnet, die den marxistisch orientierten Kreisen um Dutschke zu wenig ernsthaft war. Daniel Cohn-Bendit war ein französischer Studentenführer, der im Oktober 1968 ausgewiesen wurde, dann in Frankfurt am Main zusammen mit dem späteren Außenminister Joschka Fischer in der Spontiszene aktiv war und später Mitglied sowohl der deutschen als auch der französischen Grünen wurde.

Antwort 664

In der von Karl Friedrich Schinkel 1818 errichteten Neuen Wache unter den Linden in Berlin. Seit 1993 ist sie die zentrale Gedenkstätte der Bundesrepublik für die Opfer von Krieg und Gewaltherrschaft.

Antwort 665

c) 1970. Bis nach dem Zweiten Weltkrieg hatte es keinen nennenswerten Frauenfußballbetrieb gegeben. 1955 verbot der DFB dann allen angeschlossenen Vereinen, Frauenmannschaften zu gründen oder Sportplätze für Spiele und Training zur Verfügung zu stellen. Dieses Verbot wurde erst 1970 wieder aufgehoben.

Antwort 666

🌐 Nein. Uwe Seeler (*1936) debütierte im Herbst 1954 mit noch nicht ganz 18 Jahren in der Nationalmannschaft, wenige Monate nach dem Weltmeistertriumph von Bern. 1970, also vier Jahre vor dem nächsten Titelgewinn, beendete er seine Karriere. Der HSV-Spieler galt in seiner aktiven Zeit aber als einer der weltbesten Mittelstürmer und wurde mehrmals Fußballer des Jahres.

Antwort 667

🏛 a) Walter Richter (1905–85) gab in der allerersten *Tatort*-Folge *Taxi nach Leipzig* im Jahr 1970 den Hamburger Kommissar Paul Trimmel, einen kauzigen, aber doch einfühlsamen Typen, der es im Zweifelsfall mit den Dienstvorschriften nicht so genau nahm. *Der Kommissar* in der gleichnamigen ZDF-Serie hieß Herbert Keller, gespielt von Erich Ode (1910–83). Im DDR-*Polizeiruf* gab es wechselnde Ermittler, besonders häufig war Peter Borgelt (1927–94) als Hauptmann Peter Fuchs zu sehen. Auch die von 1958 bis 1968 ausgestrahlte Serie *Stahlnetz*, die sich an authentischen Fällen orientierte, arbeitete mit wechselnden Ermittlern.

Antwort 668

📧 Am 19. März 1970 trafen sich erstmals die Regierungschefs der beiden deutschen Staaten, Willy Brandt (1913–92) und

Willi Stoph (1914–99). Brandt wurde von der Bevölkerung enthusiastisch gefeiert, was für die DDR-Führung ein Schock war.

Brandt und Stoph 1970 in Erfurt

Antwort 669

🌐 b) Der Deutsch-Österreicher Jochen Rindt (1942–70). Graf Berghe von Trips verunglückte 1961, Winckelhock und Bellof innerhalb von drei Wochen 1985.

Antwort 670

📧 In Warschau. Willy Brandt legte dort einen Kranz vor dem Ehrenmal des jüdischen Gettos nieder. Danach fiel er für einige Sekunden auf die Knie. Später sagte er: „Ich hatte plötzlich das Gefühl, Stehen reicht nicht." In Polen und dem übrigen Ausland wurde diese Geste überaus positiv aufgenommen, in den konservativen Kreisen Deutschlands gab es teilweise auch Kritik.

Antwort 671

🏛 Von Thomas Mann (1875–1955).

Antwort 672

🏛 a) – 2) Robert Lemke
b) – 3) Hans Rosenthal
c) – 4) Wim Thoelke
d) – 1) Rudi Carrell

Antwort 673

Erich Honecker (1912–94) löste Walter Ulbricht (1893–1973) als Erster Sekretär des Zentralkomitees der SED ab und wurde so der neue mächtigste Mann im Staat. Ulbricht hatte den Rückhalt im ZK, aber auch den des neuen Sowjetführers Leonid Breschnew (1907–82) verloren. Die Öffentlichkeit erhoffte sich vom früheren FDJ-Vorsitzenden Honecker zunächst eine Liberalisierung.

Antwort 674

Die Sendung mit der Maus. Die Sendung für Kinder von etwa fünf bis zehn Jahren läuft seit 1971 nahezu jeden Sonntag um 11:30 Uhr und wird vor allem wegen ihrer gut erklärten „Sachgeschichten" auch von vielen Erwachsenen gern gesehen.

Antwort 675

Nein – Hammer und Zirkel umgeben von einem Ährenkranz. Damit sollten die Klassen der Arbeiter, der Bauern und der Intelligenz repräsentiert werden.

Antwort 676

c) Werner Herzog (*1942). Er drehte mit Kinski (1926–91) insgesamt fünf Filme. Dazu kam 1999 der Dokumentarfilm *Mein liebster Feind* über die schwierige Zusammenarbeit mit Kinski.

Werner Herzog

Wie die drei anderen genannten Regisseure wird auch er dem Neuen Deutschen Film der Nach-68er zugerechnet.

Antwort 677

Das Münchner Olympiagelände von oben. Die olympischen Sportstätten wurden von den Architekten um Günter Behnisch (*1922) auf dem ehemaligen Flugplatz Oberwiesenfeld errichtet. Sie modellierten eine künstliche Landschaft, in die die verschiedenen Sportstätten eingebettet wurden. Mit der geschwungenen Linienführung wollten sie sich bewusst von der Nazi-Ästhetik der Berliner Spiele von 1936 absetzen. Als Meisterleistung galten vor allem die transparenten Überdachungen von Frei Otto (*1925).

Antwort 678

a) – 4) Rainer Barzel
b) – 3) Helmut Kohl
c) – 2) Franz Josef Strauß
d) – 1) Hans-Jochen Vogel

Antwort 679

Eine Rockgruppe, die aus der Berliner Hausbesetzerszene stammte und mit politischen Protestsongs wie *Macht kaputt, was euch kaputt macht* (1971) und *Keine Macht für Niemand* (1972) polarisierte. Frontsänger war Rio Reiser (Ralph Christian Möbius, 1950–96). Die Grünenpolitikerin Claudia Roth (*1950) war von 1982 bis 1984 Managerin der „Scherben".

Antwort 680

 c) Schwarzer September nannte sich die palästinensische Terrororganisation, die während der Olympischen Spiele elf israelische Athleten und deren Betreuer entführte. Einige wurden sofort, die anderen bei einem missglückten Befreiungsversuch auf dem Flughafen Fürstenfeldbruck ermordet. Das Flugzeug Landshut wurde 1977 entführt, der Anschlag auf die Berliner Diskothek La Belle 1986 von libyschen Tätern verübt und der Anschlag auf das Münchner Oktoberfest 1980 durch einen deutschen Rechtsradikalen.

Antwort 681

Sie holte nicht nur überraschend die Goldmedaille im Hochsprung, sondern war mit 16 Jahren auch die bis dato jüngste Olympiasiegerin in einem Einzelwettbewerb und sprang einen neuen Weltrekord, wobei sie ihre bisherige persönliche Bestleistung um 7 Zentimeter steigerte.

Antwort 682

a) Die Staffel der Bundesrepublik rund um Heide Rosendahl gewann in neuer Weltrekordzeit 14 Zehntel vor der favorisierten DDR-Staffel rund um Renate Stecher. Die 400-Meter-Staffel gewann die DDR. Die Bundesrepublik wurde dabei Dritte.

Antwort 683

Königin Silvia von Schweden (*1943), die vor ihrer Heirat Silvia Sommerlath hieß. Sie war Dolmetscherin und lernte den schwedischen Kronprinzen Carl Gustaf bei den Olympischen Spielen 1972 kennen.

Königin Silvia von Schweden

Antwort 684

a) – 2) Scorpions (Gründung 1965)
b) – 3) Drafi Deutscher (1946–2006)
c) – 4) Pur (Gründung 1975)
d) – 5) Rio Reiser (1950–96)

Antwort 685

Den Schwangerschaftsabbruch. Generell ist er verboten, wogegen es Anfang der 1970er-Jahre massive Proteste seitens der Frauenbewegung gab. Heute ist eine Abtreibung rechtswidrig, aber unter bestimmten Bedingungen straffrei, etwa innerhalb der ersten zwölf Schwangerschaftswochen, wenn eine Konfliktberatung stattgefunden hat, sowie bei einer Vergewaltigung der Mutter oder schweren gesundheitlichen Folgen für sie durch die Schwangerschaft.

Antwort 686

d) Annemarie Renger (1919–2008). Die ehemalige Privatsekretärin von SPD-Chef Kurt Schumacher war weltweit eine der ersten Frauen, die einem Parlament vorstanden, als sie 1972 ihr Amt antrat. Hildegard Hamm-Brücher (*1921), ehemalige Staatssekretärin im Bildungs- und Außenministerium und erste deutsche Bundespräsidenten-kandidatin (1994), gilt als die „Grande Dame" der FDP. Petra Kelly (1947–92) war Mitbegründerin der Grünen. *Zeit*-Herausgeberin Marion Gräfin Dönhoff (1909–2002) war „Grande Dame" des bundesdeutschen Journalismus.

Antwort 687

Westberlin. Gemäß der Definition des Ostblocks war Westberlin eine selbstständige politische Einheit. Die Westalliierten sahen die halbe Stadt als politisches Gebilde mit starken Bindungen an die Bundesrepublik Deutschland an. Doch es war nicht wirklich Teil der Bundesrepublik und alle bundesdeutschen Gesetze mussten vom Berliner Abgeordnetenhaus abgesegnet werden, um Gültigkeit zu erlangen.

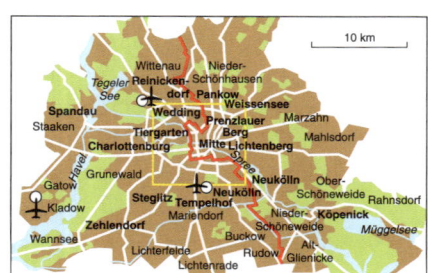

Die Teilung Berlins

Antwort 688

b) Das Viermächteabkommen wurde im Jahr 1971 angesichts der Entspannungspolitik zwischen der Sowjetunion, den USA, Großbritannien und Frankreich geschlossen. Sie einigten sich darin über den Rechtsstatus von Berlin und stellten Grundsätze auf, die in der Folge den Berlinern z. B. den Transitverkehr erleichterten.

Antwort 689

b) Da die DDR Westberlin nicht als Teil der Bundesrepublik anerkannte, erkannte es auch die von der Bundesrepublik ausgestellten Reisepässe der Bewohner Westberlins nicht an. Diese mussten sich deshalb bei Reisen in und durch die DDR mit dem Personalausweis ausweisen, während für alle Bürger der Bundesrepublik der Reisepass obligatorisch war.

Antwort 690

Grundlagenvertrag.

Antwort 691

Die Titelhelden in *Die Legende von Paul und Paula*. Die Liebesgeschichte um den verheirateten Paul und die alleinerziehende Mutter Paula, die am Ende bei der Geburt des gemeinsamen Kindes stirbt, war einer der erfolgreichsten Filme der DDR. Das Drehbuch stammte von Ulrich Plenzdorf. Regie führte Heiner Carow.

Antwort 692

Er war bis 1943 Deutscher. Er wurde als Heinz Kissinger 1923 in Fürth geboren. Doch seine jüdische Familie emigrierte 1938 vor den Nazis in die USA. US-Außenminister war er von 1973 bis 1977.

Antwort 693

⚽ Für Borussia Mönchengladbach. Netzer (*1944) war von 1965 bis 1973 Spielmacher der „Fohlen"-Elf, wie die Mönchengladbacher Mannschaft damals wegen der vielen jungen Spieler genannt wurde. Danach wechselte er zu Real Madrid und 1976 zu Grashoppers Zürich. Nach Netzer heißt das Maskottchen der Borussia „Fohlen Jünter".

Antwort 694

▦ c) Im Herbst 1973 drosselte die OPEC ihre Ölförderung um fünf Prozent. Dies genügte, um im Westen eine Panik zu entfachen. In der Bundesrepublik wurde an vier Sonntagen im November und Dezember

das Autofahren verboten. Das Embargo dauerte zwar nicht lange, dafür stieg jedoch der Ölpreis, was zu einer Wirtschaftskrise im Jahr 1974 führte.

Ölkrise in Deutschland: autofreie Sonntage

Antwort 695

🏛 *Drei Haselnüsse für Aschenbrödel*. Der Film wurde 1973 von der DEFA und dem Prager Filmstudio Barrandov gedreht. Schauplatz ist u. a. Schloss Moritzburg. Während Aschenbrödel und der Prinz von tschechischen Schauspielern gespielt wurden, verkörperten DEFA-Stars, z. B. Rolf Hoppe (*1930) als König, die ältere Generation.

Antwort 696

🖼 Sein persönlicher Referent Günther Guillaume (1927–95) wurde als DDR-Agent enttarnt. Politische Beobachter gehen jedoch davon aus, dass es nicht die Guillaume-Affäre direkt war, die Brandt zum Rücktritt veranlasste, sondern die Tatsache, dass die Spitzen der sozial-liberalen Regierungskoalition dem durch die Enthüllungen angeschlagenen Brandt nicht mehr zutrauten, die Regierungsgeschäfte weiterhin souverän zu bewältigen.

Antwort 697

🏛 d) In seinem 1974 erschienenen Roman *Die verlorene Ehre der Katharina Blum* schildert er, wie eine junge Frau ins Visier von Polizei und Presse gerät, weil sie eine kurze Beziehung zu einem Mann hatte, der wegen Terrorverdachts gesucht wird. Auch Böll (1917–85) selbst wurde u. a. von der Springer-Presse angefeindet, weil er für einen menschlichen Umgang mit den RAF-Terroristen plädierte.

Antwort 698

⚽ Franz Beckenbauer (*1945). „Der Kaiser" stand 1974 im erfolgreichen Weltmeisterschaftsteam und trainierte die Mannschaft, die 1990 den Titel holte. Beckenbauer, der vor allem bei Bayern München, gegen Ende seiner Karriere aber auch für Cosmos New York und den HSV spielte, galt seiner eleganten Spielweise wegen als Ausnahmefußballer. Bei einer Wahl zum Weltfußballer des 20. Jahrhunderts kam er hinter Pelé und Johann Cruyff auf Platz drei.

Antwort 699

 Heiner Brand (*1952). Der Spieler der VfL Gummersbach wurde 1978 in Dänemark Weltmeister, u. a. mit Kurt Klühspieß und Joachim Deckarm. 2007 führte Brand die deutsche Mannschaft als Trainer in Köln zur Weltmeisterschaft, worauf alle Spieler sich nicht nur goldene Kronen aufsetzten, sondern auch noch typische Heiner-Brand-Schnurrbärte anklebten.

Antwort 700

Jürgen Sparwasser (*1948).

Antwort 701

d) Die Krimiserie *Derrick*, die von 1974 bis 1988 im ZDF lief, wurde in mehr als 100 Länder verkauft. Die Drehbücher rund um den steifen Oberinspektor Stephan Derrick (Horst Tappert) und seinen „ewigen" Assistenten Harry (Fritz Wepper) schrieb der Journalist Herbert Reinecker (1914–2007), der auch die Vorgängerserie *Der Kommissar*, die Bücher für die deutschen Edgar-Wallace-Verfilmungen, die Krimiserie *Siska* sowie das *Traumschiff* geschrieben hatte.

Antwort 702

Rainer Werner Fassbinder (1945–82).

Antwort 703

d) Am 1. Januar 1975 wurde die Volljährigkeit von 21 auf 18 Jahre gesenkt. In der DDR war dies bereits 1950 geschehen.

Antwort 704

b) Peter Frankenfeld (1913–79). Kulenkampff (1921–98) wurde vor allem mit der Quiz- und Spieleshow *Einer wird gewinnen* bekannt, bei der Kandidaten aus acht europäischen Ländern gegeneinander antraten, Dieter Thomas Heck (*1937) durch die *Hitparade* und Ilja Richter (*1952) durch *Disco*.

Antwort 705

Der Bund für Umwelt und Naturschutz e. V., einer der größten deutschen Umweltverbände. Er existiert seit 1975. Ähnlich strukturiert und noch etwas größer ist der NABU (Naturschutzbund Deutschland) e. V., der auf den bereits 1899 gegründeten „Bund für Vogelschutz" zurückgeht.

Antwort 706

b) Der Berliner CDU-Politiker Peter Lorenz (1922–87) wurde am 27. Februar 1975 von der Berliner Terrorgruppe „Bewegung 2. Juni" entführt. Gegen die Freilassung von fünf inhaftierten Gesinnungsgenossen der Entführer wurde er wieder befreit. Zuvor hatte die Gruppe den Präsidenten des Berliner Kammergerichts, Günter von Drenkmann (1910–74), beim Versuch, ihn zu entführen, getötet.

Antwort 707

So wurde die Rote Armee Fraktion (RAF) anfangs in der Öffentlichkeit nach ihren beiden Gründungsmitgliedern Andreas Baader und Ulrike Meinhof genannt.

Antwort 708

 Als Loriot.

Antwort 709

Die Comicfiguren Abrax, Brabax und Califax. Sie wurden 1976 für das DDR-Comic-Heft *MOSAIK* erfunden, das auch heute noch monatlich erscheint. Ihre Vorgänger in der 1955 gegründeten *MOSAIK* waren die Digedags: Dig, Dag und Digedag.

Antwort 710

So wurde der 1976 errichtete Palast der Republik aufgrund seiner opulenten Lampenfülle im Foyer spöttisch genannt – oder auch „Palazzo Prozzo". Der Palast war sowohl Kulturhaus wie auch Sitz des Parlaments der DDR. 2006 wurde mit dem Abriss des stark asbestbelasteten Gebäudes begonnen, um das Berliner Stadtschloss wieder aufzubauen.

Antwort 711

d) Torhüter Sepp Maier (*1944) war von 1962 bis 1979 nur „Bayer". Uli Hoeneß (*1952), damals für seine Schnelligkeit berüchtigter offensiver Mittelfeldspieler und Flügelstürmer, kam 1972 aus Ulm und wechselte 1978 noch einmal kurz nach Nürnberg, bevor er seine Karriere wegen chronischer Kniebeschwerden aufgab und jüngster Klubmanager der Bundesliga wurde. Defensivchef Paul Breitner (*1951) und Stürmer Karl-Heinz Rummenigge (*1955) gingen nach ihrer Bayernzeit ins Ausland – Breitner zu Real Madrid, Rummenigge zu Inter Mailand und Servette Genf.

Antwort 712

 Kaffee. Da der Preis aufgrund von Missernten in die Höhe schoss, wurden in der DDR die Devisen zur Beschaffung knapp. Der Versuch, den Bohnenkaffee zu strecken, scheiterte. „Erichs Krönung", wie das Gemisch spöttisch genannt wurde, war ein glatter Fehlschlag. Der Unmut war so groß, dass die DDR-Führung letztendlich doch Gelder für den Kaffeeimport lockermachte. In der Folge begann sie eine Kooperation mit Vietnam, das dadurch zu einem der wichtigsten Kaffeeproduzenten der Welt wurde.

Antwort 713

 Heinz Erhardt (1909–79).

Antwort 714

1976 hatte der Liedermacher Wolf Biermann (*1936) die DDR bei einem Konzert in Köln in gewissen Punkten kritisiert. Daraufhin wurde ihm die Wiedereinreise in die DDR verwehrt. Für viele Künstler und Intellektuelle wurde mit der Ausbürgerung Biermanns die Hoffnung auf liberalere Reformen zerstört. Die Schriftsteller Stefan Heym (1913–2001) und Stephan Hermlin (1915–97) verfassten eine Petition, die von rund 100 Künstlern unterschrieben wurde. Die DDR-Regierung strafte auch die Unterzeichner mit Berufsverbot und anderen Schikanen. Einige von ihnen bemühten sich um die Ausreise, andere wurden von der DDR-Regierung sogar dazu gezwungen.

Antwort 715

 Die Skiläuferin Rosi Mittermaier (*1950) holte 1976 bei den Olympischen Spielen überraschend die Goldmedaille in Abfahrt und Slalom sowie Silber im Riesenslalom. Später heiratete sie ihren Kollegen Christian Neureuther. Ihr Sohn Felix wurde ebenfalls Skirennläufer.

Antwort 716

Der Regimekritiker Robert Havemann (1910–82).

Antwort 717

Der Enthüllungsjournalist Günter Wallraff (*1942). Mit seinem Bericht über die Methoden der *BILD*-Zeitung, wo er unter dem Namen „Hans Esser" gearbeitet hatte, wurde er 1977 berühmt. Ein weiterer großer Coup: Von 1983 bis 1985 arbeitete er als türkischer Leiharbeiter „Ali". Seine Erlebnisse wurden unter dem Titel *Ganz unten* zum Bestseller.

Antwort 718

a) Der DDR-Autor Heiner Müller (1929–95) gilt als einer der wichtigsten deutschen Dramatiker des 20. Jahrhunderts. In seiner *Hamletmaschine* entwickeln Hamlet und Ophelia ein Eigenleben und reagieren mit ungebremstem Ekel und Hass auf das Leben, das sie umgibt. Botho Strauss (*1944) schrieb u. a. *Trilogie des Wiedersehens*, Martin Sperr (1944–2002) *Jagdszenen aus Niederbayern* und Peter Weiss (1916–82) *Die Verfolgung und Ermordung Jean Paul Marats*, dargestellt durch die Schauspielgruppe des Hospizes zu Charenton unter Anleitung des Herrn de Sade.

Antwort 719

Dort wurden in den 1970er-Jahren die gefassten Mitglieder der RAF (Rote Armee Fraktion) gefangen gehalten. Die Prozesse gegen sie wurden in einer extra gebauten Halle direkt auf dem Gelände abgehalten, da man Befreiungsversuche fürchtete. Am 9. Mai 1976 wurde dann Ulrike Meinhof erhängt in ihrer Zelle aufgefunden. In der Nacht zum 18. Oktober 1977 starben auch Andreas Baader, Jan-Carl Raspe und Gudrun Ensslin an Schussverletzungen. Vermutlich handelte es sich in allen Fällen um Selbstmord, doch da es zahlreiche Unklarheiten gibt, reißen die Gerüchte um Fremdverschulden nicht ab.

Antwort 720

So wird der Herbst des Jahres 1977 bezeichnet, in dem der RAF-Terror einen Höhepunkt erreichte. Am 5. September entführte die RAF den Arbeitgeberpräsidenten Hanns Martin Schleyer, um die in Stammheim inhaftierten Gesinnungsgenossen freizupressen. Als sich die Bundesregierung weigerte, auf einen Austausch einzugehen, entführten Mitglieder der mit der RAF verbündeten Palästinenserorganisation PFLP das Flugzeug Landshut. Dieses konnte jedoch in der Nacht vom 17. auf den 18. Oktober in der somalischen Hauptstadt Mogadischu von einer GSG-9-Einheit befreit werden. Am nächsten Tag wurde Schleyer tot aufgefunden. Zum „deutschen Herbst" gehörte aber auch die aufgeheizte Atmosphäre dieser Tage. Viele Bürger waren geschockt über dieses Ausmaß des Terrors, die Medien überschlugen sich in der Berichterstattung und die Verfolgung des Staates gegen angebliche „Sympathisanten" weitete sich immer mehr aus.

*Der entführte
Hanns Martin
Schleyer*

Antwort 721

 In *Spur der Steine* von Frank Beyer (1966).

Antwort 722

Mit dem blauen Umweltengel werden Produkte und Dienstleistungen ausgezeichnet, die deutlich umweltschonender als ähnliche Konkurrenzprodukte sind, also z. B. Papierprodukte, die aus Recyclingpapier hergestellt wurden, energiesparende Elektroprodukte oder Waren, die weniger Giftstoffe enthalten. Der „Engel" entstand 1977 auf Initiative des Bundesinnenministeriums und der Umweltminister der Bundesländer. Auf europäischer Ebene hat die „Euro-Blume" eine vergleichbare Funktion.

Antwort 723

Die *Emma* wurde 1977 von der Feministin Alice Schwarzer (*1942) gegründet.

Antwort 724

c) Sigmund Jähn (*1937), Jagdfliegerpilot und Militärwissenschaftler, flog 1978 mit der sowjetischen Sojus 31 die Mission zur Raumstation Saljut 6. Sie dauerte sieben Tage lang und machte Jähn in der DDR zum Volkshelden.

Antwort 725

d) Ulf Merbold (*1941). Er machte zwischen 1983 und 1994 insgesamt drei Flüge. Geboren ist er allerdings in Thüringen und siedelte erst 1960 in den Westen über. Messerschmid und Furer machten 1985 jeweils einen Flug, Reiter zwei (1995 und 2006). Weitere deutsche Raumfahrer waren bisher Reinhold Ewald (1997), Klaus-Dietrich Flade (1992), Hans Wilhelm Schlegel (1993 und 2008), Gerhard Thiele (2000) und Ulrich Walter (1993).

Antwort 726

VW-Käfer. Der Käfer wurde schon in der Weimarer Zeit entworfen, aber erst ab 1938 als „Kraft durch Freude"-Wagen gebaut. Die Produktion wurde jedoch bald zugunsten militärischer Projekte zurückgestellt. In der Nachkriegszeit wurde er zum Symbol des deutschen Wirtschaftswunders. 1955 rollte bereits das millionste Exemplar vom Band. In Deutschland wurde die Produktion 1978 zugunsten des VW-Golf eingestellt, in Mexiko und Brasilien jedoch erst 2003. Insgesamt wurden etwa 21,5 Millionen Käfer hergestellt.

Damit war er bis 2002 das am meisten verkaufte Auto der Welt. Heute ist es der Toyota Corolla vor dem VW-Golf.

Ein VW-Käfer

Antwort 727

Seine Tätigkeit als Kriegsmarinerichter in der NS-Zeit, in deren Rahmen er auch Todesurteile gegen Deserteure fällte. Als dies 1978 bekannt wurde, musste Filbinger (1913–2007) als Ministerpräsident zurücktreten.

Antwort 728

Wir Kinder vom Bahnhof Zoo. Der 1978 erschienene Bestseller beruht auf Interviews von zwei *Stern*-Reportern mit der 16-jährigen, heroinsüchtigen Prostituierten Christiane F.

Antwort 729

Die *taz*. Die linksalternative Zeitung wird von einer Genossenschaft getragen. Die Einheitslöhne wurden 1991 aufgegeben und mittlerweile auch angehoben, sind aber immer noch niedriger als branchen-

üblich. Die *taz* stand gelegentlich kurz vor der Insolvenz, hat sich aber als siebtgrößte überregionale Tageszeitung in der deutschen Medienlandschaft etabliert.

Antwort 730

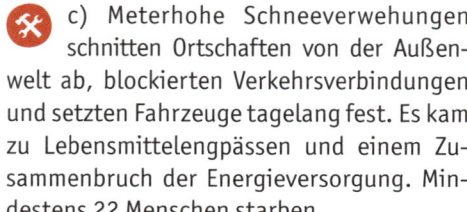 c) Meterhohe Schneeverwehungen schnitten Ortschaften von der Außenwelt ab, blockierten Verkehrsverbindungen und setzten Fahrzeuge tagelang fest. Es kam zu Lebensmittelengpässen und einem Zusammenbruch der Energieversorgung. Mindestens 22 Menschen starben.

Antwort 731

Martin Walser (*1927). Walser wurde durch Werke um sehr unheldische, scheiternde „Helden" bekannt. Die am Bodensee spielende Geschichte *Ein fliehendes Pferd* wurde 2007 mit Ulrich Noethen, Ulrich Tukur und Katja Riemann verfilmt. Walser sorgt aber auch immer wieder für öffentliche Diskussionen, etwa 2002 durch den Roman *Tod eines Kritikers*, der sich gegen Marcel Reich-Ranicki richtete, oder 1999 durch die Warnung, den Holocaust nicht zur „Moralkeule" zu machen.

Antwort 732

 Harald Juhnke (1929–2005).

Antwort 733

 b) Das Album *Über sieben Brücken* mit dem gleichnamigen Hit wurde 1979 von der Gruppe Karat rund um den Sänger Herbert Dreilich veröffentlicht. Ein Jahr später wurde es im Westen von Peter Maffay gecovert. Karat existiert heute unter dem Namen „K...!" weiter. Noch erfolgreicher waren die Puhdys, die u. a. die Musik zum Kultfilm *Paul und Paula* spielten. Die Klaus Renft Combo und die Sputniks dagegen wurden von der DDR-Führung verboten, haben sich aber beide nach der Wiedervereinigung neu gegründet.

Antwort 734

Vom Pumuckl. Der freche Kobold wurde 1961 von der Autorin Ellis Kaut (*1920) für eine Hörspielserie erfunden. Ab 1965 erschienen Pumuckls Streiche dann auch in Buchform. Endgültig bekannt wurde der Kobold dann durch die Fernsehserie mit Gustl Bayrhammer als Meister Eder. Die Pumuckl-Stimme sprach Hans Clarin.

Ellis Kaut und „ihr" Pumuckl

Antwort 735

Das Oktoberfest beginnt am ersten Samstag nach dem 15. September und endet am ersten Sonntag im Oktober. Es geht auf ein Pferderennen anlässlich der Hochzeit des bayerischen Kronprinzen Ludwig (später Ludwig I.) mit Therese von Sachsen-Hildburghausen am 12. Oktober 1810 zurück. Heute ist das Oktoberfest mit jähr-

lich rund sechs Millionen Besuchern das größte Volksfest der Welt.

Antwort 736

Volker Schlöndorff (*1939). Für die *Blechtrommel* mit David Bennet in der Hauptrolle erhielt er 1979 die Goldene Palme von Cannes und den Oscar für den besten ausländischen Film.

Die deutschen Oscar-Filme

1960 *Serengeti darf nicht sterben*
(B. u. M. Grzimek)
Bester Dokumentarfilm
1980 *Die Blechtrommel*
(Volker Schlöndorff)
Bester fremdsprachiger Film
1989 *Balance*
(Christoph und Wolfgang Lauenstein)
Bester animierter Kurzfilm
2003 *Nirgendwo in Afrika*
(Caroline Link)
Bester fremdsprachiger Film
2007 *Das Leben der Anderen*
(Florian Henckel von Donnersmarck)
Bester fremdsprachiger Film
2009 *Spielzeugland*
(Jochen Alexander Freydank)
Bester Kurzfilm

Antwort 737

Natürlich die DDR (47 Goldmedaillen, 126 Medaillen insgesamt). Die BRD tl. hatte sich dem Boykott der Spiele in Moskau

wegen des russischen Einmarsches in Afghanistan angeschlossen. Dafür boykottierte die
DDR dann die Spiele 1984 in Los Angeles.

Antwort 738

a) – 4) Nena
b) – 3) Peter Schilling
c) – 2) Spider Murphy Gang
d) – 1) Ideal

Antwort 739

Greenpeace. Die Umweltorganisation
wurde 1971 in Vancouver gegründet
und wurde neun Jahre später erstmals in
Deutschland
aktiv.

*Die Arctic
Sunrise aus der
Greenpeaceflotte*

Antwort 740

Der Bösewicht aus der Fernsehserie
Dallas, gespielt von Larry Hagman
(*1931). *Dallas* und die ähnlich gestrickte
Serie *Denver Clan* um zwei superreiche, aber
höchst intrigante US-Sippen, waren zu Beginn der 1980er für die einen Serien mit
Suchtpotenzial, für die anderen Inbegriff
des schlechten Fernsehens.

Antwort 741

Die Grünen.

Antwort 742

c) „Schwerter zu Pflugscharen" war
seit 1980 Symbol und Slogan der kirchlich geprägten Friedens- und Widerstands-
bewegung der DDR, aus der u. a. das Mon-
tagsgebet in der Leipziger Nikolaikirche
entstand. Von den drei Bürgerrechtsgruppen
entstand die „Initiative Frieden und Menschenrechte" schon 1986, die anderen beiden 1989. Alle drei schlossen sich 1990 zum
Bündnis 90 zusammen.

Antwort 743

Es waren Flüchtlinge, die in untaug-
lichen Booten vor dem kommunistischen Regime in Vietnam flohen. Der Journalist Rupert Neudeck (*1939) gründete
einen Verein, der mit dem Schiff Cap Anamur
Tausende von ihnen rettete.

Antwort 744

Es handelt sich um *Wetten, dass..?*. Die
Show wurde von Frank Elstner (*1942)
erfunden, der sie auch bis 1987 moderierte.
Seitdem ist mit kurzer Unterbrechung Thomas Gottschalk (*1950) Moderator. *Wetten,
dass..?* wird in mehreren Ländern kopiert.
Anfangs waren die Prominenten in erster
Linie nicht Talkgäste, sondern Wettpaten.
Ging ihr Tipp für „ihre" Wette daneben, leisteten sie oft einen Tag ehrenamtliche Arbeit
oder Ähnliches. Der Schauspieler Karlheinz
Böhm (*1928) gründete nach einer Wette
sogar das Hilfswerk *Menschen für Menschen*,
das sein Lebenswerk wurde.

Antwort 745

 Sie erschoss 1981 den mutmaßlichen Vergewaltiger und Mörder ihrer siebenjährigen Tochter Anna im Gerichtssaal. Der Fall schlug damals große Wellen, weil viele Menschen mit der Tat sympathisierten. Bachmeier (1950–96) wurde zu sechs Jahren Gefängnis verurteilt, aber nach drei Jahren vorzeitig entlassen.

Antwort 746

 Duisburg.

Antwort 747

 c) *Die unendliche Geschichte* ist ein Fantasyroman von Michael Ende (1929–95) um den Jungen Bastian, einen Außenseiter, der beim Lesen eines Buches über das Land Phantasien selbst zum Teil der Geschichte wird und die Aufgabe bekommt, Phantasien zu retten. Das Buch wurde 1984 von Wolfgang Petersen verfilmt. Weitere bekannte Werke von Ende sind *Momo* und *Jim Knopf und Lukas, der Lokomotivführer.* Krüss (1926–97) schrieb gereimte Bilderbücher (*Der blaue Autobus*, *Henriette Bimmelbahn*), aber auch Jugendromane (*Timm Thaler oder das gekaufte Lachen*). Janosch (*1931) wurde mit Bilderbüchern rund um den kleinen Bären, den kleinen Tiger und die Tigerente bekannt. Otfried Preußlers (*1923) bekannteste Bücher sind *Krabat*, *Der Räuber Hotzenplotz* und *Die kleine Hexe*.

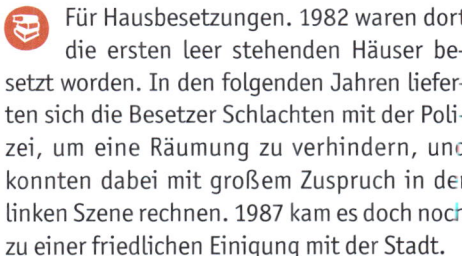

Michael Ende

Antwort 748

 Flick-Affäre, nach dem Unternehmer Friedrich Karl Flick (1927–2006).

Antwort 749

 a) Willy Brandt
b) Helmut Kohl
c) Helmut Schmidt
d) Gerhard Schröder

Antwort 750

 Für Hausbesetzungen. 1982 waren dort die ersten leer stehenden Häuser besetzt worden. In den folgenden Jahren lieferten sich die Besetzer Schlachten mit der Polizei, um eine Räumung zu verhindern, und konnten dabei mit großem Zuspruch in der linken Szene rechnen. 1987 kam es doch noch zu einer friedlichen Einigung mit der Stadt.

Antwort 751

 c) Lothar Matthäus (*1961) spielte zwischen 1980 und 2000 insgesamt 150-mal für die deutsche Nationalmannschaft. Klinsmann liegt mit 108 Spielen auf Platz zwei, gefolgt von Jürgen Kohler (105), Franz Beckenbauer (103) und Thomas Häßler (101). Gerd Müller ist mit 68 Toren Rekordtorschütze, kam aber nur auf 62 Spiele, Fritz Walter auf 61.

Antwort 752

 Von Udo Lindenberg (*1946). Er ist Teil seines Hits *Sonderzug nach Pankow*

und geht weiter: „... warum lässt du mich nicht singen im Arbeiter- und Bauernstaat?" Am 25. Oktober 1983 durfte Lindenberg dann aber doch im Palast der Republik auftreten.

Udo Lindenberg

Antwort 753

 Naturland, Bioland und Demeter. Weitere ökologische Anbauverbände sind: Biokreis, Biopark, Ecoland, Ecovin und Gäa.

Antwort 754

Dieter Bohlen (*1954). Modern Talking, das aus Bohlen und Thomas Anders (*1963) bestand, spielte eingängige, leicht tanzbare Discomusik und ist mit 120 Millionen Tonträgern die bis heute erfolgreichste deutsche Band, wurde aber auch als „seicht" und „kommerziell" angefeindet. Heute arbeitet Bohlen als Musikproduzent und gibt in der Show *Deutschland sucht den Superstar* den Rüpelkritiker.

Antwort 755

Joseph Beuys (1921–86). Beuys war einer der bedeutendsten, aber auch umstrittensten Künstler des 20. Jahrhunderts.

Mit seinen schwer verständlichen Kompositionen und eigenwilligen Aktionskunst-Events propagierte er einen politisch-soziologischen Anspruch und stieß bei seinen Anhängern auf enthusiastische Begeisterung, während sich die Mehrheit der Bevölkerung fragte, ob das, was er machte, überhaupt noch Kunst sei. Deshalb wurde die Geschichte von der *Fettecke*, die von einer Putzfrau beseitigt wurde, sehr populär.

Ossi und Wessi
Die Begriffe sind kein Wendeprodukt, sondern stammen aus dem alten Westberlin. Vor allem Besucher und Zugezogene aus Westdeutschland, die sich noch nicht an die Insellage der Stadt gewöhnt hatten, wurden gerne als „Wessis" abgetan.

Antwort 756

d) Die 16 Amtsjahre des Helmut Kohl (*1930) von 1982 bis 1998 konnte bisher noch kein deutscher Kanzler toppen. Auch Adenauer (1876–1967) brachte es zwischen 1949 und 1963 nur auf 14 Jahre. Willy Brandt (1913–92) war von 1969 bis 1974 gar nur fünf Jahre Kanzler, sein Vorgänger Kurt Georg Kiesinger (1904–88) schließlich, der Kanzler der ersten Großen Koalition, weist mit nur drei Jahren von 1966 bis 1969 die kürzeste Regierungszeit aller deutschen Kanzler auf.

Antwort 757

Nein. 1982 schieden die FDP-Minister wegen interner Streitigkeiten mit dem

Koalitionspartner SPD aus der Regierung aus. Bundeskanzler Brandt führte zunächst eine Minderheitenregierung weiter. Als sich FDP und Union aber auf eine neue Koalition geeinigt hatten, stürzten sie Brandt durch ein konstruktives Misstrauensvotum und wählten Helmut Kohl zum neuen Kanzler. Da Kohl aber durch Wahlen bestätigt werden wollte, brachte er seine Koalition dazu, eine Vertrauensfrage negativ zu beantworten. Da er in Wahrheit das Vertrauen der Unions- und FDP-Abgeordneten besaß, war das Verfahren äußerst umstritten.

Antwort 758

Die Sängerin Nicole (*1964) heimste mit diesem Titel 1982 den bislang einzigen deutschen Erfolg beim „Grand Prix", dem Eurovision Song Contest, ein.

Nicole

Antwort 759

Um die Stationierung von neuen atomaren Mittelstreckenraketen in Deutschland. 1979 beschloss die NATO, dem Warschauer Pakt einerseits Verhandlungen über eine Begrenzung der atomaren Mittelstreckenraketen anzubieten, andererseits bei einem Scheitern neue Pershing-II- und Cruise-Missile-Raketen in Westeuropa zu stationieren. Dieser Beschluss führte zu einem breiten Engagement der Friedensbewegung in Deutschland, erst recht, als 1983 die Raketen wirklich stationiert wurden.

Antwort 760

Der *Stern* hatte angebliche Tagebücher Adolf Hitlers für über neun Millionen Mark angekauft und mit großem Publicityaufwand veröffentlicht. Sie entpuppten sich jedoch als Fälschungen des Künstlers Konrad Kujau (1938–2000). 1992 verfilmte Helmut Dietl eine Persiflage auf den Skandal unter dem Titel *Schtonk!*.

Antwort 761

c) Bettina Wegner (*1947) wurde zwar in Westberlin geboren, doch nach Gründung der DDR siedelten ihre Eltern in den Osten über. 1968 protestierte sie gegen den Einmarsch in die Tschechoslowakei, sodass auch ihre Musikerkarriere von Anfang an durch staatliche Repressalien behindert wurde, vor allem, als sie dann auch noch den Protest gegen die Ausbürgerung Wolf Biermanns 1976 unterschrieb. 1983 wurde sie zur Ausreise in den Westen gezwungen.

Antwort 762

a) – 2) Käpt'n Blaubär
b) – 1) Fuchur, der Glücksdrache
c) – 4) das Sams
d) – 3) Urmel

Antwort 763

Die Chemnitzer Eisläuferin Katarina Witt (*1965). Die Goldmedaillengewinnerin von Sarajewo (1984) und Calgary (1988) hatte auch im Westen zahllose Fans.

Antwort 764

 a) privat (ProSiebenSat.1 Media AG, gegründet von Leo Kirch)

b) öffentlich-rechtlich (ARD, ZDF, ORF, Schweizer Fernsehen)

c) privat (RTL Group, über 90 Prozent Bertelsmann)

d) privat (ProSiebenSat.1 Media AG, gegründet von Leo Kirch)

e) öffentlich-rechtlich (ARD, ZDF, Französisches Fernsehen)

f) privat (EM.Sport Media AG)

g) privat (TF1, französischer Privatsender)

Antwort 765

 Richard von Weizsäcker (*1920). So deutlich wie kein deutscher Politiker zuvor würdigte er den 8. Mai als einen Tag der Befreiung vom Nationalsozialismus, nicht als Niederlage Deutschlands. Weizsäcker war von 1984 bis 1994 Bundespräsident und gehört zu denen, die das Amt am meisten für politisch deutliche Worte nutzten.

Antwort 766

b) Die Pädagogikprofessorin Rita Süssmuth (*1937) wurde 1985 Ministerin für Gesundheit und Familie. Gleichzeitig wurde ihr Ministerium um den Fachbereich „Frauen" erweitert.

Rita Süssmuth

Antwort 767

In der *Lindenstraße*. Die *Lindenstraße* wurde 1985 als erste deutsche Seifenoper gestartet und hat mittlerweile weit über 1000 Folgen erreicht. Zu den wenigen Darstellern der fiktiven Nachbarschaft in der Münchner Lindenstraße, die schon seit Serienbeginn mit von der Partie sind, gehören die der Familie Beimer. Vor allem Marie-Luise Marjan (*1940) als Helga Beimer genießt bei den Anhängern Kultstatus. Helga Beimer hat inzwischen zwei gescheiterte Ehen und mehrere Existenz erschütternde Probleme mit Kindern und Enkeln hinter sich.

Antwort 768

d) Der Film *Männer* war 1985 eine erfolgreiche Komödie von Dorris Dörrie (*1955) mit Uwe Ochsenknecht und Heiner Lauterbach in den Hauptrollen. Das Lied *Männer* dagegen, eine Auskoppelung des Albums *Bochum* (1984), ist der bekannteste Hit von Herbert Grönemeyer (*1955). Seine bekannteste Filmrolle spielte er 1981 in Wolfgang Petersens *Das Boot*.

Antwort 769

Joschka Fischer (*1948). 1985 kam in Hessen die erste Regierungskoalition unter Beteiligung der Grünen zustande. Fischer machte Schlagzeilen, als er zur Vereidigung als Umweltminister in weißen Turnschuhen antrat. Umso überraschter waren viele, ihn 20 Jahre später als Bundesaußenminister in eleganten dreiteiligen Anzügen zu sehen.

Antwort 770

 b) Michael Schumacher (*1969) gewann sieben Weltmeistertitel in der Formel 1. Damit ist er der erfolgreichste Rennfahrer der Formel-1-Geschichte. Er fuhr zuerst für die Teams Jordan und Benetton und ab 1996 zehn Jahre lang für Ferrari.

Antwort 771

Der Schauspieler Klausjürgen Wussow (1929–2007) als Doktor Brinkmann in der TV-Serie *Die Schwarzwaldklinik*. Die Serie war extrem erfolgreich und hatte teilweise fast 28 Millionen Zuschauer – eine Quote, die ansonsten bisher nur von einigen Sportübertragungen erreicht wurde. Gleichzeitig wurden die Herz-Schmerz-Dramen um Professor Brinkmann, seine Frau, die ehemalige „Schwester Christa" (Gabi Dohm), und den Playboy-Sohn Udo (Sascha Hehn) von der Kritik in Grund und Boden verrissen.

Antwort 772

Das Parfum. Der Roman um das selbst geruchlose Findelkind Jean-Baptiste Grenouille, das aus dem Geruch getöteter junger Mädchen das betörendste Parfum der Welt kreiert, stand von seinem Erscheinen 1985 an neun Jahre lang auf der *Spiegel*-Bestsellerliste. In der ZDF-Sendung *Unsere Besten* wurde es als bestes deutschsprachiges Buch überhaupt auf Platz vier gewählt. Insgesamt wurde es in 46 Sprachen übersetzt, 15 Millionen Mal verkauft und 2006 auch verfilmt.

Antwort 773

a) – 2) Die Toten Hosen
b) – 3) Udo Lindenberg
c) – 4) BAP
d) – 1) Herbert Grönemeyer

Antwort 774

Das Unglück ereignete sich am 26. April 1986. Am 29. April wurden auch in Deutschland stark erhöhte radioaktive Werte gemessen. Dass Bundesinnenminister Friedrich Zimmermann zunächst abwiegelte, verschärfte die Panik der Bevölkerung noch.

Antwort 775

Dort sollte eine Wiederaufbereitungsanlage für Brennstäbe aus Atomkraftwerken gebaut werden, die jedoch auf massiven Widerstand der einheimischen Bevölkerung und der Atomkraftgegner stieß. 1989 wurde der Bau schließlich eingestellt.

Antwort 776

b) Die Fantastischen Vier. Die Band (Michi Beck, Thomas D, And.Ypsilon, Smudo) wurde 1986 gegründet und gilt als Vorreiter des deutschsprachigen Rap, wobei auf die sonst im Rap übliche „Gangsta"-Attitüde verzichtet wurde. Die Ärzte (Farin Urlaub, Bela B., Rod) und Die Toten Hosen rund um Leadsänger Campino sind Punkrock-Bands. Die Prinzen (u. a. Sebastian Krumbiegel, Tobias Künzel) werden im weitesten Sinne dem Pop-Rock zugerechnet. Da die Mitglieder in ihrer Jugend zu DDR-Zeiten im

Leipziger Thomanerchor mitwirkten, pflegen sie als Besonderheit auch den A-cappella-Gesang.

Antwort 777

d) Als Reaktion auf das Reaktorunglück in Tschernobyl wurde ein Bundesumweltministerium eingerichtet. Erster Umweltminister wurde der Frankfurter Bürgermeister Walter Wallmann (*1932), der nach elf Monaten von Klaus Töpfer (*1938), dem späteren Umweltdirektor der Vereinten Nationen, abgelöst wurde.

Antwort 778

Der Minister für Arbeit und Sozialordnung, Norbert Blüm (*1935).

Antwort 779

Mit Günther Jauch. Gottschalk (*1950) und Jauch (*1956) moderierten die Radioshow zwar nacheinander, entwickelten aber legendäre Übergaben. Gottschalk moderiert seit 1987 *Wetten, dass..?*, Jauch seit 1999 *Wer wird Millionär?*.

Antwort 780

Nein, es gibt auch noch eine Reihe kleinerer Klubs. Eine besondere Rolle spielt der VCD (Verkehrsclub Deutschland), der zwar auch Pkw-Schutzbriefe anbietet, aber politisch für einen ökologischeren Verkehr kämpft, z. B. für schadstoffärmere Autos, den Ausbau der Bahn und die Rechte von Bahnkunden, Fahrradfahrern und Fußgängern.

Antwort 781

c) Der 1988 geschaffene Deutsche Aktienindex DAX errechnet sich aus dem aktuellen Wert der im Streubesitz befindlichen Aktien der 30 umsatzstärksten an der Frankfurter Börse gehandelten deutschen Unternehmer. Seine Entwicklung gilt als Trendbarometer für den gesamten deutschen Aktienmarkt.

Antwort 782

Für den VfB Stuttgart. Dort war Klinsmann (*1964) von 1984 bis 1989 aktiv und machte 156 Bundesligaspiele. Danach spielte er noch für Inter Mailand, den AS Monaco, die Tottenham Hotspurs, Bayern München, Sampadoria Genua und den kalifornischen Klub Orange County Blue Star.

Jürgen Klinsmann jubelt bei der WM 1990

Antwort 783

Kurz vor der Landtagswahl in Schleswig-Holstein deckte das Nachrichtenmagazin *Spiegel* auf, dass Reiner Pfeifer, ein Journalist aus dem Stab von Ministerpräsident Uwe Barschel, Verleumdungskampagnen gegen die politische Gegenseite initiierte und den SPD-Kandidaten Björn Engholm bespitzeln ließ, um eventuelle Angriffspunkte zu finden. Pfeifer behauptete, im Auftrag Barschels gehandelt zu haben. Dieser gab sein Ehrenwort, dass die Vorwürfe haltlos seien. Als sich die Indizien gegen ihn aber verdichteten, trat er zurück. Wenige Tage später wurde er tot in einer Hotelbadewanne in der Schweiz aufgefunden. Die Ermittlungen ergaben Selbstmord als wahrscheinlichste Todesursache, schlossen aber auch einen Mord nicht aus, weshalb es zu wilden Spekulationen über mögliche Hintergründe kam. Außerdem entspann sich die heftige öffentliche Diskussion, ob es vertretbar sei, das illegal geschossene Foto des toten Politikers zu veröffentlichen.

Antwort 784

 Der damals 19-jährige Sportflieger landete am 28. Mai 1987 mit einer Cessna auf dem Roten Platz in Moskau. Er wurde dafür zu vier Jahren Arbeitslager verurteilt, aber nach 14 Monaten Gefängnisaufenthalt begnadigt.

Antwort 785

 a) – 1) Johannes Rau
b) – 2) Oskar Lafontaine
c) – 4) Rudolf Scharping
d) – 3) Edmund Stoiber

Antwort 786

Gegen die Teilnahme an einer Volkszählung des Bundes. Die Zählung war ursprünglich für 1981 geplant gewesen, musste aber wegen zahlreicher gerichtlicher Einsprüche immer wieder hinausgeschoben werden. Auch die Durchführung stieß auf erheblichen Widerstand. Die staatliche Drohung, bei einem Boykott Bußgelder bis zu 10.000 D-Mark zu erheben, heizte die öffentliche Auseinandersetzung noch an. Welchen Wert die Ergebnisse der 350 Millionen Mark teuren Aktion schließlich hatten, wurde nie befriedigend geklärt.

Antwort 787

c) Mit diesem Buch, das 1988 großes Aufsehen erregte, geißelte Uta Ranke-Heinemann (*1927), Tochter des früheren Bundespräsidenten Gustav Heinemann und weltweit erste Professorin für katholische Theologie, die Sexualmoral der katholischen Kirche. Bereits ein Jahr zuvor hatte sie wegen ihrer undogmatischen Ansichten ihren Lehrstuhl verloren. Auch den Theologen Küng (*1928) und Drewermann (*1940) war wegen kirchenkritischer Äußerungen die Lehrerlaubnis entzogen worden. Deschner (*1924) dagegen ist ein dezidiert antikirchlicher Sachbuchautor.

Antwort 788

Bei einem Flugtag auf dem US-Militärstützpunkt stießen zwei Maschinen zusammen und stürzten ab. Dabei starben 70 Menschen. Im gleichen Jahr gab es noch zwei andere spektakuläre Unglücke. In Remscheid stürzte ein Kampfflugzeug ab und tötete sechs Menschen und bei einem Grubenunglück in Borken kamen 51 Menschen um.

Antwort 789

 Marcel Reich-Ranicki (*1920).

Antwort 790

d) Ulrike Folkerts spielt seit 1989 die Ludwigshafener Kommissarin Lena Odenthal. Ihr Kollege Andreas Hoppe als Mario Kopper ist allerdings erst seit 1996 dabei. Miroslav Nemec und Udo Wachtveitl verkörpern seit 1991 die Münchner Kommissare. Klaus J. Behrendt war als Max Ballauf seit 1992 Assistent im Düsseldorfer *Tatort*, seit 1997 bildet er mit Dietmar Bär das Kölner Team. Peter Sodann und Bernd Michael Lade waren ab 1992 aktiv, wurden 2007 allerdings durch Simone Thomalla und Martin Wuttke ersetzt.

Antwort 791

Steffi Graf (*1969). Sie gewann insgesamt 107 Titel, davon 22 bei Grand-Slam-Turnieren. 1988 holte sie als dritte Spielerin der Tennisgeschichte alle vier Grand-Slam-Titel innerhalb eines Jahres und dazu noch eine Goldmedaille bei den Olympischen Spielen in Seoul. Insgesamt war sie in ihrer Karriere 377 Wochen Nummer eins der Weltrangliste, so lange wie bisher kein anderer Tennisspieler. Boris Becker (*1967) gewann 49 Einzeltitel, davon sechs Grand Slams, sowie bei den Olympischen Spielen 1992 in Barcelona zu-

Steffi Graf

sammen mit Michael Stich eine Goldmedaille. Allerdings war es Becker, der 1985 mit seinem überraschenden Wimbledonsieg als 17-jähriger Nobody den Tennisboom in Deutschland auslöste.

Antwort 792

b) Der Mainzer Bischof Kardinal Karl Lehmann (*1936). Lehmann gilt als liberaler Theologe. Der Kölner Erzbischof Joachim Meisner (*1933), der Augsburger Bischof Walter Mixa (*1941) und der ehemalige Bischof von Fulda, Johannes Dyba (1929–2000), machen oder machten dagegen immer wieder durch äußerst konservative Positionen auf sich aufmerksam. Seit Lehmanns Rücktritt ist der Freiburger Erzbischof Robert Zollitsch (*1938) Vorsitzender der Deutschen Bischofskonferenz.

Antwort 793

Eine Nachrichtensendung für Kinder. Sie existiert seit 1988 und ist wochentags um 15:50 und 19:50 Uhr im Kinderkanal KI.KA zu sehen.

Antwort 794

Ein 20-jähriger Lehrling aus Ostberlin, der am 6. Februar 1989 als letzter Mensch bei einem Fluchtversuch in den Westen von DDR-Grenztruppen erschossen wurde. Im März verunglückte dann noch der 32-jährige Winfried Freudenberg, der beim Versuch, die Mauer mit einem Ballon zu überfliegen, abstürzte.

Antwort 795

In der Nikolaikirche fanden seit 1981 jeden Montag Friedensgebete statt. Am 4. September 1989 schloss sich erstmals eine politische Demonstration an. Im Oktober wurden diese Montagsdemonstrationen zu Massenveranstaltungen, die auch auf andere Städte übergriffen. Hunderttausende Menschen skandierten „Das Volk sind wir" und forderten politische Reformen in der DDR. Die Angst vor einem gewaltsamen Eingreifen von staatlicher Seite war damals groß.

Antwort 796

c) Am 30. September 1989 verkündete der ehemalige Bundesaußenminister Hans Dietrich Genscher (*1927) den DDR-Bürgern, die sich während des Sommers in die westdeutschen Botschaften in Prag und Warschau geflüchtet hatten, dass ihre Ausreise genehmigt sei. Die erste Öffnung des Eisernen Vorhangs hatte bereits am 19. August im ungarischen Sopron anlässlich eines „Paneuropäischen Picknicks" stattgefunden. Während dieser drei Stunden waren etwa 600 DDR-Bürger nach Österreich geflüchtet. Die Bürgerrechtsbewegung Neues Forum wurde am 10. September gegründet.

Antwort 797

Die Grenzübergänge an der Berliner Mauer wurden am 9. November 1989 kurz vor 23 Uhr geöffnet, nachdem Politbüromitglied Günter Schabowski kurz vor 19 Uhr auf einer Pressekonferenz angekündigt hatte, dass ab sofort Reisefreiheit herrsche.

Checkpoint Charlie am 10. November 1989

Antwort 798

„Glasnost" bedeutet Offenheit bzw. Informationsfreiheit und „Perestroika" steht für Umgestaltung. Mit diesen beiden Schlagworten charakterisierte der sowjetische Staatschef Michail Gorbatschow den neuen Kurs, den er ab 1985 einschlug.

Antwort 799

c) Angela Merkel war Mitglied im Demokratischen Aufbruch, einer Gruppe, die im Juli 1989 gegründet worden war, u. a. von den DDR-Oppositionellen Rainer Eppelmann und Friedrich Schorlemmer. Bei den Volkskammerwahlen 1990 ging der DA ein Bündnis mit der CDU ein. Im August fusionierte er mit ihr. Die SDP dagegen war die am 7. Oktober 1989 gegründete Sozialdemokratische Partei in der DDR. Prominente Mitglieder waren Gründer Markus Meckel, Wolfgang Thierse, Regine Hildebrandt, Reinhold Höppner und der Vorsitzende Ibrahim Böhme, der jedoch aufgrund von Stasi-Vorwürfen zurücktrat. Das Neue Forum, dem u. a. Bärbel Bohley, Jens Reich, Katja Havemann und Joachim Gauck angehörten, war eine der profiliertesten Oppositionsgruppen der Wendezeit. Teile davon gingen später im Bündnis 90 auf, der Rest existiert als Kleinstpartei weiter.

Antwort 800

 c) Nach der Öffnung der Mauer und dem Machtverzicht der SED wurden für den 18. März 1990 Volkskammerwahlen angesetzt. Diese Wahlen waren durch einen runden Tisch, der seit dem 7. Dezember 1989 tagte, vorbereitet worden. Sieger war ein CDU-dominiertes Bündnis, das für die Wiedervereinigung eintrat.

Antwort 801

Seit der Wirtschafts-, Währungs- und Sozialunion vom 1. Juli 1989. Vorausgegangen war eine heftige Debatte über den Kurs zwischen DDR-Mark und D-Mark. Schließlich wurden Löhne, Gehälter, Mieten, Renten und Sparguthaben von – je nach Alter – 2000 bis 5000 Mark 1:1 umgestellt, Schulden und größere Sparguthaben 2:1.

Antwort 802

Es war der CDU-Politiker Lothar de Maizière (*1940), dessen Regierungsbündnis am 18. März 1990 die Wahlen gewann. Seine Amtszeit endete mit der Wiedervereinigung. Sein Vorgänger Hans Modrow (*1928)

war nach dem Rücktritt Willi Stophs (1914–99) anlässlich der Maueröffnung von der SED ernannt worden, weil er als für Reformen offen galt. Erich Honecker (1912–94) und sein Nachfolger Egon Krenz (*1937) dagegen waren keine Regierungschefs, sondern Generalsekretäre der SED.

Lothar de Maizière

Antwort 803

In den Zwei-plus-Vier-Gesprächen zwischen dem 5. Mai und dem 12. September 1990 verhandelten die beiden deutschen Staaten mit den vier Siegermächten des Zweiten Weltkrieges über die Wiedervereinigung. Im Vertrag über die abschließende Regelung in Bezug auf Deutschland, der auch als Zwei-plus-Vier-Vertrag bezeichnet wird, verzichteten die Siegermächte schließlich auf jegliche Rechte, die sie seit dem Kriegsende noch gehabt hatten, und gaben Deutschland damit seine volle politische Souveränität zurück.

Antwort 804

Am 3. Oktober 1990.

Antwort 805

Sechs. Zu den „fünf neuen Ländern" Brandenburg, Mecklenburg-Vorpommern, Sachsen, Sachsen-Anhalt und Thüringen kam auch noch das aus Ost- und Westberlin neu gebildete Bundesland Berlin.

Antwort 806

 Er fand zunächst bei einem evangelischen Pfarrer in der Nähe von Bernau Zuflucht. Als im Dezember 1990 Haftbefehl gegen ihn erlassen wurde, floh er in ein russisches Militärhospital. Von dort wurde er – angeblich aus humanitären Gründen – von den Sowjets 1991 nach Moskau ausgeflogen. Als Honecker merkte, dass auch sein Rückhalt in Moskau schwand, flüchtete er sich dort in die chilenische Botschaft, wurde aber 1992 verhaftet und in Deutschland vor Gericht gestellt. 1993 erreichte der tödlich an Krebs erkrankte Honecker eine Einstellung des Verfahrens und zog sich nach Chile zurück, wo er am 29. Mai 1994 starb. Seine Frau Margot (*1927), ehemalige Bildungsministerin der DDR, lebt noch immer in Chile bei ihrer Tochter.

Antwort 807

Treuhand.

Antwort 808

Orkane, die Deutschland heimsuchten. Wiebke wütete vom 28. Februar bis 1. März 1990 und forderte insgesamt 35 Todesopfer. Außerdem richtete sie immense Waldschäden an. Kyrill war in der Nacht vom 18. auf den 19. Januar 2007 aktiv. Er forderte 47 Menschenleben, davon 13 in Deutschland. Diesmal war frühzeitig vor dem Unwetter gewarnt worden, sodass die Menschen in ganz Deutschland ihre Häuser nicht verließen und die Bahn zum ersten Mal in der Geschichte den Fernverkehr komplett einstellte. Ein weiterer sehr heftiger Orkan war Lothar, der am 2. Weihnachtsfeiertag des Jahres 1999 über Deutschland zog.

Antwort 809

Argentinien. Das Spiel endete dank eines verwandelten Foul-Elfmeters von Andreas Brehme 1:0 für Deutschland. Guido Buchwald gelang es, den argentinischen Kapitän Diego Maradona weitgehend zu neutralisieren. Außerdem verloren die Argentinier in der 64. und 86. Minute gleich zwei Spieler durch Rote Karten.

Antwort 810

Fluorchlorkohlenwasserstoff (FCKW). Das Gas war mitverantwortlich für das 1985 entdeckte Loch in der Ozonschicht, die die Erde vor zu viel UV-Einstrahlung schützt. 1990 wurde beschlossen, es ab dem Jahr 2000 zu minimieren. Aber schon in den 90er-Jahren verschwand es allmählich aus Alltagsprodukten wie Spraydosen. 1992 kam der erste FCKW-freie Kühlschrank auf den Markt, den das kleine sächsische Unternehmen dkk Scharfenstein (später Foron) mit Unterstützung von Greenpeace entwickelt hatte, während die großen Firmen FCKW in Kühlmitteln noch für unverzichtbar erklärten.

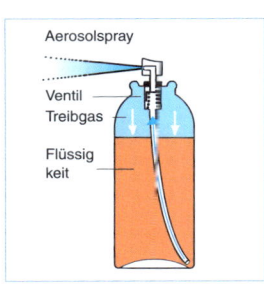

Aerosolspray

Ventil
Treibgas

Flüssigkeit

Antwort 811

 Heinz Galinski (1912–92).

Antwort 812

 Sie alle wurden Anfang der 1990er-Jahre von Rechtsradikalen ermordet. Nach der Wiedervereinigung kam es zu einer großen Zahl von Gewalttaten. Bahide Arslan starb mit zwei Enkelinnen bei einem Brandanschlag auf ihr Haus in Mölln (1992). Bei einem ähnlichen Anschlag in Solingen kamen 1993 fünf Mädchen und junge Frauen der türkischen Familie Genç um. Der aus Angola stammende Arbeiter Amadeu Antonio Kiowa wurde 1990 in Eberswalde zu Tode geprügelt, der algerische Asylbewerber Omar Ben Noui (auch Farid Guendoul) 1999 in Guben in den Tod gejagt und der linke Aktivist Silvio Meier 1992 in Berlin erstochen. Außerdem gab es 1991 in Hoyerswerda und 1992 in Rostock-Lichtenhagen pogromartige Ausschreitungen gegen Asylbewerberunterkünfte.

Antwort 813

Der Solidaritätszuschlag wird seit 1990 von jedem Steuerzahler erhoben. Er macht derzeit 5,5 Prozent der Einkommensteuer aus. Obwohl in der Öffentlichkeit vielfach der Glaube herrscht, er werde nur für den Aufbau Ost verwendet, sind die Gelder in Wahrheit nicht zweckgebunden, sondern einfach zusätzliche Steuereinnahmen.

Antwort 814

a) Bremen d) Baden-Württemberg
b) Sachsen e) Berlin
c) Bayern f) Nordrhein-Westfalen

Antwort 815

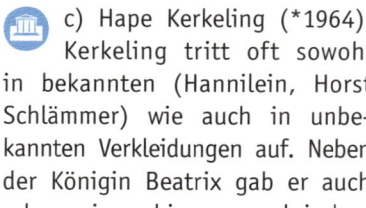

c) Hape Kerkeling (*1964). Kerkeling tritt oft sowohl in bekannten (Hannilein, Horst Schlämmer) wie auch in unbekannten Verkleidungen auf. Neben der Königin Beatrix gab er auch schon einen bizarren polnischen Opernsänger, einen iranischen Schachgroßmeister und einen finnischen Rapper. Daneben wurde sein Erfahrungsbericht über eine Pilgerreise auf dem Jakobsweg *Ich bin dann mal weg* mit mehr als drei Millionen verkauften Exemplaren zu einem der erfolgreichsten deutschen Sachbücher überhaupt.

Antwort 816

Ob Berlin neue Hauptstadt des wiedervereinigten Deutschlands werden sollte. Befürworter erinnerten an die historische Rolle Berlins und sahen in der Verlegung ein Entgegenkommen gegenüber den ostdeutschen Mitbürgern. Gegner warnten vor den Kosten des Umzugs und sahen in der Verlegung ein Anknüpfen an die verhängnisvolle Geschichte der Kaiserzeit und der NS-Diktatur und damit ein negatives Signal in Richtung Ausland. Letztendlich siegten die Berlin-Befürworter im Bundestag mit 338 zu 320 Stimmen.

Antwort 817

Die Europäische Union hat sich 1991 auf eine allgemeingültige Verordnung geeinigt, welche Bedingungen Lebensmittel erfüllen müssen, um als „Öko" oder „Bio" bezeichnet zu werden (u. a. keine Chemie, keine Gentechnik, artgerechte Tierhaltung, Verbot von zahlreichen Zusatzstoffen, wirksame Kontrollen). Diese Verordnung ist der Mindeststandard, den der Kunde erwarten darf, wenn er Biolebensmittel kauft.

Heide Simonis (*1934), die von 1993 bis 2005 Schleswig-Holstein regierte.

Heide Simonis

Antwort 818

 Gute Zeiten, Schlechte Zeiten, die erste sogenannte Daily Soap im deutschen Fernsehen, eine auf endlose Folgen angelegte Serie, die – im Gegensatz zur *Lindenstraße* etwa – an jedem Werktag läuft. RTL zeigt die Wirren um eine Clique junger Berliner seit Mai 1992. Die ARD folgte im Oktober mit *Marienhof*. Weitere Soaps: *Unter uns* (seit 1994, RTL) und *Verbotene Liebe* (seit 1995, ARD).

Antwort 819

 Der deutsche Geheimdienst, der Bundesnachrichtendienst (BND), hat seinen Hauptsitz in Pullach bei München. Derzeit ist aber ein Umzug nach Berlin im Gange. Trotzdem dient „Pullach" noch oft als Umschreibung für Dinge, die aus der BND-Zentrale stammen.

Antwort 820

Seit ihrer Gründung am 1. November 1993.

Antwort 821

c) Es gab bislang nur eine einzige deutsche Ministerpräsidentin, nämlich

Antwort 822

 Bündnis 90 / Die Grünen. Die westdeutschen Grünen fusionierten 1993 mit dem ostdeutschen Wahlbündnis 90.

Antwort 823

Der Baulöwe Jürgen Schneider (*1934).

Antwort 824

 a) – 3) Exekutive
b) – 2) Legislative
c) – 1) Judikative

Antwort 825

Nein. Man kann sich auch mit einem Reisepass ausweisen. Eines der beiden Dokumente muss aber jeder Deutsche ab dem 16. Lebensjahr besitzen. Allerdings ist man nicht verpflichtet, immer einen Ausweis bei sich zu haben. Da im Reisepass keine Adresse vermerkt ist, akzeptieren ihn manche Stellen nur in Verbindung mit einer Meldebescheinigung.

Antwort 826

 Joseph Ratzinger (*1927). Er war zuvor Theologieprofessor und ab 1977 Erzbischof von München und Freising. 1982 wurde er nach Rom berufen, wo er einer der engsten Mitarbeiter seines Vorgängers Johannes Paul II. (1920–2005) war.

Antwort 827

d) Der Hamburger Zoo wurde 1863 von Carl Hagenbeck (1810–87) als erster Zoo der Welt gegründet, in dem die Tiere nicht in Käfigen, sondern in offenen Gehegen zu sehen sind. Der älteste Zoo Deutschlands ist der Berliner, der 1844 eröffnet wurde. Der Tierpark Hellabrunn befindet sich in München, die Wilhelma in Stuttgart.

Antwort 828

d) In der Regel gehören alle Mitglieder einer Fraktion in einem Parlament derselben Partei an. Parteien, die bei der Wahl aber nicht als Konkurrenten antreten, sondern bereits zuvor eine Zusammenarbeit vereinbart haben, gehören derselben Fraktion an. Das gilt z. B. für die Abgeordneten von CDU und CSU, aber auch für PDS und WASG, bevor sie sich 2007 zur Linkspartei zusammenschlossen. Schließen zwei Parteien dagegen erst nach der Wahl eine Koalition, dann gehören ihre Abgeordneten verschiedenen Fraktionen an.

Antwort 829

0049.

Antwort 830

 c) Ein Abstimmungsverfahren im Bundestag. Wenn bei einer offenen Abstimmung die Mehrheiten knapp sind und sich das Bundestagspräsidium beim Auszählen der Handzeichen unsicher ist, kann es die über 600 Abgeordneten auffordern, den Saal entweder durch eine Ja- oder eine Nein-Tür zu verlassen. Dieses Verfahren ist seit 1874 üblich.

Antwort 831

a) Bayern
b) Hessen
c) Sachsen, Sachsen-Anhalt, Thüringen
d) Hamburg, Mecklenburg-Vorpommern, Niedersachsen, Schleswig-Holstein
e) Bremen
f) Berlin, Brandenburg
g) Saarland
h) Baden-Württemberg, Rheinland-Pfalz
i) Nordrhein-Westfalen

Antwort 832

d) Dem Bundestag steht der Bundestagspräsident vor, der die Sitzungen leitet. Obwohl dies vor allem ein formales Amt ist, ist es im Staatsprotokoll nach dem Bundespräsidenten und

Norbert Lammert

noch vor dem Bundeskanzler das zweithöchste, da der Bundestagspräsident der Repräsentant des Bundestages und damit der Volksvertretung ist.

Antwort 833

 Der Staatshaushalt wird von der Regierung aufgestellt und muss dann vom Parlament genehmigt werden.

Antwort 834

 Der Föderalismus. Die Bundesrepublik Deutschland ist ein Bund (Föderation) aus 16 Ländern. Diese haben eigene Landesregierungen und auch gewisse hoheitliche Befugnisse. Die Souveränität nach außen liegt aber allein beim Bund. Damit unterscheidet sich ein Bundesstaat wie Deutschland von einem Staatenbund, der ein Zusammenschluss von eigenständigen Ländern ist.

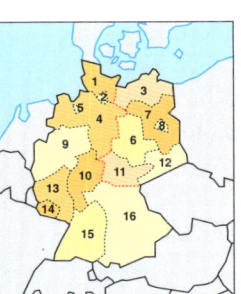

Die deutschen Bundesländer

Antwort 835

 a) b) c) d) Alle genannten Dinge werden vom Gesetzgeber als so essenziell für den täglichen Bedarf gesehen, dass sie durch den reduzierten Mehrwertsteuersatz von 7 Prozent vom Staat preislich privilegiert werden.

Antwort 836

 Vertreter der 16 Bundesländer. Je nach Bevölkerungszahl hat jedes Land drei bis sechs Stimmen. Welche Personen konkret im Bundesrat sitzen, entscheiden die Landesregierungen. Es müssen jedoch Regierungsmitglieder sein. Jedes Land ernennt so viele ordentliche Mitglieder, wie es Stimmen hat, darunter immer den Ministerpräsidenten. Alle übrigen Länderminister sind stellvertretende Mitglieder und können im Bedarfsfall einspringen.

Antwort 837

 Nicht mehr. Das Staatsunternehmen Deutsche Bundespost wurde 1995 privatisiert. Dabei entstanden drei Aktiengesellschaften: die Deutsche Post AG, die Deutsche Postbank AG und die Deutsche Telekom AG. Ein Großteil der Aktien wurde an der Börse verkauft. Ein Rest ist allerdings noch in Staatsbesitz.

Antwort 838

 Bundesrat.

Antwort 839

Vor allem Musikvideos. Der deutsche Sender Viva und der amerikanische Sender MTV, die heute beide demselben US-amerikanischen Medienkonzern gehören, sorgten Anfang der 1990er-Jahre für einen Boom des Genre Musikvideo. Zuvor hatte schon die ARD-Sendung *Formel 1* ab 1983 Musikvideos gezeigt.

Antwort 840

 Es enthielt die neu eingeführten fünfstelligen Postleitzahlen. Diese Reform war durch die Wiedervereinigung notwendig geworden, da es nun viele vierstellige Nummern doppelt gab.

Antwort 841

 Durch den 1993 beschlossenen Solidarpakt erhalten die sechs ostdeutschen Bundesländer gesonderte Finanzmittel, um sie auf einen mit den westlichen Ländern vergleichbaren wirtschaftlichen Stand zu bringen. Die Zahlungen aus dem Solidarpakt betragen derzeit rund zehn Milliarden Euro pro Jahr und werden noch bis 2019 weitergehen, jedoch kontinuierlich sinken.

Antwort 842

Marianne Buggenhagen (*1953).

Antwort 843

b) Der Bundestag darf den Kanzler nicht einfach in die Wüste schicken, weil die Mehrheit ihn nicht mehr mag. Ein Bundeskanzler kann nur gestürzt werden, indem ein Nachfolger gewählt wird.

Antwort 844

Es war die erste deutsche Beteiligung an einer militärischen Aktion im Ausland nach dem Ende des Zweiten Weltkrieges. Mit der Wiedervereinigung hatte Deutschland seine volle Souveränität wiederbekommen, was in der Folge auch zu Forderungen von NATO und UNO führte.

Antwort 845

Nein. Eheringe sind ein traditionelles Symbol, aber weder für eine standesamtliche noch eine kirchliche Heirat Pflicht.

Antwort 846

Eine Änderung im Asylrecht aus dem Jahr 1993. Sie besagt, dass Asylbewerber, die über ein Land eingereist sind, in dem sie vor Verfolgung sicher gewesen wären, nicht das Recht haben, in Deutschland Asyl zu beantragen. Diese Regelung wurde sowohl von Menschenrechtsaktivisten als auch von den europäischen Nachbarländern kritisiert, da das Asylproblem damit auf Länder abgewälzt wird, die – im Gegensatz zu Deutschland – Nachbarländer haben, in denen es politische Verfolgung gibt.

Antwort 847

d) Am 29. Mai 1991 begann das Zeitalter des ICE in Deutschland. Die Fahrzeiten für Fernreisen reduzierten sich durch die stromlinienförmigen, weißen Hochgeschwindigkeitszüge teilweise drastisch. Der Intercity, der erste zuschlagpflichtige Fernzug, ist bereits seit 1971 unterwegs und Eurocitys gibt es seit 1987.

Antwort 848

a) Nürnberg. Das Germanische Nationalmuseum enthält Kunst und Kultur aus dem deutschsprachigen Raum von der Frühgeschichte an.
b) Berlin. Das Deutsche Historische Museum zeigt eine Ausstellung zur deutschen Geschichte.
c) Köln. Das Römisch-Germanische Museum präsentiert archäologische Funde aus der Antike.
d) Bonn. Das Haus der Geschichte umfasst eine Ausstellung zur Geschichte der Bundesrepublik.

Antwort 849

Nein. Er liegt mit einem jährlichen Umschlag von fast zehn Millionen Containern hinter Rotterdam und Antwerpen an dritter Stelle.

Antwort 850

Ja, einer. 1994 wurde der Volkswirt und Mathematiker Reinhard Selten (*1930) zusammen mit zwei US-Amerikanern für seine Forschungen zur Spieltheorie ausgezeichnet. Selten lehrte in Berkeley/USA, Berlin, Bielefeld und Bonn.

Antwort 851

Eigentlich nicht. Das Grundgesetz (Artikel 38) sieht vor, dass Abgeordnete einzig und allein ihrem Gewissen verpflichtet sind. Tatsächlich aber ist es in der Praxis eine äußerst heikle – und seltene – Sache, sich bei einer Abstimmung gegen die Mehrheit in der eigenen Partei zu stellen. Abweichlern wird dann gerne Verrat vorgeworfen.

Antwort 852

In den anderen Bundesländern wurde der Buß- und Bettag mit der Einführung der Pflegeversicherung abgeschafft. Dies war ein politisches Zugeständnis an die Arbeitgeber, die durch den Arbeitgeberanteil an dieser Versicherung finanziell belastet wurden. In Sachsen blieb der Feiertag, dafür müssen die Arbeitnehmer einen höheren Versicherungsbeitrag zahlen. Allerdings hat jeder Arbeitnehmer das Recht, aus religiösen Gründen unbezahlten Urlaub zu nehmen.

Antwort 853

b) Ein Feuerlöscher ist in Deutschland nur für Busse und Gefahrenguttransporte vorgeschrieben. Wer dennoch einen im Auto hat, muss ihn – wie auch Feuerlöscher im Haus – alle zwei Jahre überprüfen lassen.

Antwort 854

 Franziska van Almsick (*1978).

Antwort 855

d) Görlitz. Wer der Gönner der Stadt ist, ist weiterhin unbekannt. Die Million (bzw. nun 511.000 Euro) wird regelmäßig durch ein Anwaltsbüro überwiesen. Auch dank dieser Spenden hat das vom Krieg wenig zerstörte Görlitz nun einen der am besten erhaltenen Stadtkerne Deutschlands.

Antwort 856

Nein. Nur die zu anderen Staaten, die ebenfalls dem Abkommen beigetreten waren. Das waren zunächst Frankreich und die Beneluxländer. Nach und nach folgten aber alle deutschen Nachbarstaaten, im Dezember 2008 als Letztes die Schweiz.

Antwort 857

Xavier Naidoo (*1971). Naidoo, der u. a. indische Vorfahren hat, begann seine Sängerkarriere in einem Gospelchor. 1995 gründete er zusammen mit Freunden die Söhne Mannheims. Sowohl Naidoo als auch seine Band singen oft christliche Inhalte und decken eine große musikalische Bandbreite mit Schwerpunkt Soul ab.

Antwort 858

Die Pflegeversicherung. Sie wurde eingeführt, weil die Kosten der Pflege weder durch die Kranken- noch durch die Rentenversicherung gedeckt waren. Die gesetzliche Krankenversicherung wurde in Deutschland bereits 1883 eingeführt, die Unfallversicherung 1884, die gesetzliche Rentenversicherung 1889 und die Arbeitslosenversicherung 1927. Diese fünf Sozialversicherungen werden staatlich geregelt, damit auch Menschen Versicherungsschutz bekommen, die ihn sich bei privaten Versicherungen nicht leisten könnten.

Antwort 859

c) Dreimal. 1972 in Belgien mit einem Finalsieg über Russland, 1980 in Italien mit einem Sieg über Belgien und 1996 in England mit einem Sieg über Tschechien.

Antwort 860

Eine Regelung, die der Fußballweltverband FIFA zwischen 1993 und 2002 eingeführt hatte. Ging ein Fußballspiel in die Verlängerung, dann endete diese bei einem Tor vorzeitig. 1996 holte sich Deutschland den Europameistertitel durch ein Golden Goal von Oliver Bierhoff.

Oliver Bierhoff

Antwort 861

Die Abgasuntersuchung AU (bis 1999: Abgassonderuntersuchung, ASU) ist bei einem Pkw alle zwei Jahre fällig. Ab 2010 soll sie jedoch im Rahmen der ebenfalls zweijährlichen TÜV-Inspektion durchgeführt werden.

Antwort 862

a) 1997 kam es zum bislang schlimmsten Hochwasser an der Oder. Noch dramatischer waren die Hochwasser von 2002, zunächst an der Donau, wovon vor allem Österreich und Osteuropa betroffen wurden, dann entlang der Elbe. Die letzten großen Rheinhochwasser gab es 1993 rund um Köln und 1995 am Niederrhein.

Antwort 863

 Es handelt sich jeweils um berühmt gewordene *Tatort*-Folgen. *Reifezeugnis* machte 1977 Hauptdarstellerin Nastassja Kinski (*1961) wie auch Regisseur Wolfgang Petersen (*1941) berühmt. *Frau Bu lacht* (1995) und *Manila* (1998) befassten sich mit den Themen Heiratshandel und Sextourismus.

Antwort 864

Er verlor zunächst die Bundestagswahl 1998. Ein Jahr später wurde offenbar, dass die CDU in der „Ära Kohl" Parteispenden in Millionenhöhe nicht versteuert, sondern in „Schwarzen Kassen" geführt hatte. Kohl geriet immer mehr unter Druck, vor allem, da er sich weigerte, die Namen der Spender zu nennen, und musste schließlich von allen Parteiämtern zurücktreten.

Antwort 865

a) Mönchengladbach   c) München
b) Leverkusen   d) Schalke

Antwort 866

Eigentlich nicht. Diese Möglichkeit gibt es nur, wenn die Kinder sich eines schweren Vergehens, etwa schwerer körperlicher Misshandlung oder gar eines Mordversuchs gegen die Eltern schuldig gemacht haben. Ansonsten haben alle gesetzlichen Erben (Kinder, Ehepartner, eventuell auch Eltern) mindestens Anspruch auf das Pflichtteil. Das ist die Hälfte des Anteils, der ihnen gesetzlich zusteht, wenn kein Testament vorliegt.

Antwort 867

b) Der Bundespräsident ist der „erste Mann im Staat", auch wenn er wenige wirkliche Befugnisse hat. Seine Aufgabe ist es vor allem, das Land nach außen zu repräsentieren. Daneben ernennt und entlässt er die Regierung und muss jedes Gesetz unterschreiben. Hat er Zweifel, dass ein Gesetz verfassungsgemäß ist, kann er die Unterschrift verweigern und Nachbesserungen fordern.

Bundespräsident Horst Köhler

Antwort 868

a) Karl Carstens
b) Walter Scheel
c) Heinrich Lübke
d) Theodor Heuss
e) Gustav Heinemann
f) Richard von Weizsäcker

Antwort 869

In der französischen Wiederaufbereitungsanlage La Hague kann ein Teil der abgebrannten Brennstäbe aus Atomkraftwerken recycelt werden. Der atomare Rest wird für die Endlagerung in Glas gegossen. Dieser Müll wird dann in speziellen Behältern, den CASTORen, nach Deutschland zurücktransportiert und derzeit in einem Zwischenlager, einer Halle bei Gorleben, gelagert. Atomkraftgegner protestieren regelmäßig dagegen, weil sie weder das Zwischenlager noch das geplante Endlager im Salzstock für sicher halten.

Antwort 870

b) und c). Für das Bundespräsidenten-amt dürfen nur deutsche Staatsbürger, die mindestens 40 Jahre alt sind, kandidieren. Darüber hinaus müssen sie selbst das allgemeine Wahlrecht haben, dürfen also nicht entmündigt sein, im Gefängnis sitzen oder die bürgerlichen Ehrenrechte aberkannt bekommen haben.

Antwort 871

Ja. Stirbt ein Elternteil, dann erhält in der Regel der überlebende Ehegatte ein Viertel des Vermögens des Toten als Zugewinnausgleich. Von dem restlichen Erbe bekommt der Ehegatte dann noch einmal ein Viertel. Der Rest wird unter den Kindern aufgeteilt.

Antwort 872

Der ICE „Wilhelm Conrad Röntgen" entgleiste bei Eschede und prallte gegen eine Straßenbrücke. Dieser Unfall war das größte Unglück der Deutschen Bundesbahn. Ursache war ein gebrochener Radreifen.

Antwort 873

Seit 1998 gibt es die DNA-Analyse-Datei. In ihr sind die genetischen Fingerabdrücke von Straftätern sowie DNA-Spuren, die von Tatorten stammen, gespeichert. Derzeit enthält sie fast 600.000 Personendaten. Kritiker monieren, dass nicht nur beim Verdacht schwerer Straftaten wie Mord oder Vergewaltigung, sondern teilweise auch bei Diebstahl, Beleidigung oder Betrug DNA-Material gespeichert wird.

Antwort 874

b) und c). Formel-1-Rennen gibt es nur in der Eifel auf dem Nürburgring und in Nordbaden auf dem Hockenheimring. Auf dem im Jahr 2000 eröffneten EuroSpeedway-Kurs in der Lausitz werden u. a. Rennen der Deutschen Tourenwagen-Meisterschaften gefahren und auf dem seit 1927 bestehenden Sachsenring vor allem Motorradrennen.

Antwort 875

Gegen Serbien. Eine NATO-Koalition, zu der auch Deutschland gehörte, griff das Land an, um serbische Gewalttaten gegen die albanische Bevölkerung in der abtrünnigen Provinz Kosovo zu stoppen. Dies gelang. Der Krieg ist dennoch völkerrechtlich umstritten, da die Koalition kein Mandat der UNO hatte.

Antwort 876

c) 2001 vereinbarten die Bundesregierung und die deutschen Energiekonzerne den Atomkonsens, den schrittweisen Ausstieg aus der Atomkraft.

Antwort 877

Ver.di, die Vereinigte Dienstleistungsgewerkschaft. Sie entstand aus der Deutschen Angestellten-Gewerkschaft, der Deutschen Postgewerkschaft, der Gewerkschaft Handel, Banken und Versicherungen, der IG Medien und der Gewerkschaft Öffentliche Dienste, Transport und Verkehr.

Antwort 878

b) Jan Ullrich (*1973) war bislang der einzige deutsche Radrennfahrer, der die Tour de France gewinnen konnte (1997), was ihn ungeheuer populär machte. Er musste aber 2007 wegen schwerer Dopingvorwürfe seine Karriere beenden. Gustav-Adolf „Täve" Schur (*1931) war als zweimaliger Gewinner der Straßenrad-WM der Amateure einer der populärsten Sportler der DDR. Eddy Merckx (*1945) gewann die Tour zwar fünfmal und gilt als einer der erfolgreichsten Radfahrer überhaupt, ist aber nicht Deutscher, sondern Belgier.

Antwort 879

b) Borussia Mönchengladbach. Der FC Bayern München gewann 1974, 1975 und 1976 den Pokal der Landesmeister und 2001 den Nachfolgewettbewerb Champions League. Der HSV wurde 1982 Pokalsieger der Landesmeister und Borussia Dortmund gewann 1997 die Champions League.

Antwort 880

Im Rahmen des Program for International Student Assessment untersucht die Organisation für wirtschaftliche Zusammenarbeit und Entwicklung (OECD) die Kompetenzen im Bereich Lesen, Mathematik und Naturwissenschaften in 31 ausgewählten Län-

dern. Deutschland hatte mit Platz 20 (Mathematik und Naturwissenschaften) bzw. 21 (Lesen) ein unerwartet schlechtes Ergebnis.

Antwort 881

b) Wilhelm Furtwängler (1886–1954) war der bedeutendste Dirigent der Weimarer Zeit. Nach der Machtübernahme der Nazis protestierte er zunächst gegen Aufführungsverbote und die Diskriminierung jüdischer Musiker. Dann aber passte er sich an und diente dem Regime als Aushängeschild. Zwar wurde er nach dem Krieg dank der Unterstützung des Violinisten Yehudi Menuhin (1916–99) entnazifiziert, doch in den USA war er aufgrund fehlender Distanzierung zu seiner NS-Vergangenheit unerwünscht. Auch der Österreicher Herbert von Karajan (1908–89) machte schon unter den Nazis Karriere. 1955 wurde er Furtwänglers Nachfolger als Leiter der Berliner Symphoniker.

Antwort 882

Der Untergang der *Wilhelm Gustloff* am 20. Januar 1945. Bei der Torpedierung des Flüchtlingsschiffes in der Danziger Bucht starben vermutlich 9000 Menschen. Im Zweiten Weltkrieg wurden jedoch mehr als zwei Dutzend Passagierschiffe mit Tausenden von Passagieren von beiden Seiten versenkt, darunter u. a. 1941 das sowjetische Lazarettschiff *Armenija* (rund 5000 Tote) durch die Deutschen. In seinem Buch macht Grass deutlich, wie er sich angesichts der deutschen Kriegsgräuel dem Leid der Gustloffopfer nur „im Krebsgang" annähern kann.

Antwort 883

 Ja. Die NATO wertete die Terroranschläge vom 11. September 2001 als Angriff auf die USA und verpflichtete die übrigen Mitglieder daraufhin, dem Bündnispartner beizustehen. Zu den Maßnahmen, die die Mitglieder beschlossen, gehörte der Krieg gegen das Talibanregime in Afghanistan, das sich weigerte, den mutmaßlichen Drahtzieher der Anschläge, Osama bin Laden, auszuliefern.

Antwort 884

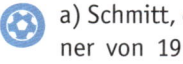 Letztendlich stimmt der Bundestag darüber ab.

Antwort 885

a) Schmitt, der Gesamtweltcup-Gewinner von 1999 und 2000, konnte die Tournee bislang nie gewinnen.
b) Hannawald gewann nur 2002, aber dafür als bisher einziger Springer alle vier Wettbewerbe.
c) Weißflog ist mit vier Siegen nach dem Finnen Janne Ahonen (fünf Siege) bislang erfolgreichster Tournee-Springer.
d) Helmut Recknagel (DDR) gewann die Tournee 1958, 1959 und 1961.

Antwort 886

Deutschland sucht den Superstar. Seit 2002 kreiert der Sender RTL in dieser Sendung neue Popstars. Je Staffel treten etwa zwölf Kandidaten gegeneinander an. Zum Unterhaltungswert gehören dabei peinliche Auftritte vollkommen untalentierter Aspiranten genauso wie die vernichtenden und von Zoten gespickten Urteile von Jurymitglied Dieter Bohlen.

Antwort 887

b) Die Deutsche Bank, das größte Kreditinstitut Deutschlands. Die Deutsche Bundesbank ist kein Unternehmen der Privatwirtschaft, sondern als Zentralbank der BRD eine Institution öffentlichen Rechts.

Antwort 888

Gegen den geplanten Irakkrieg der USA. Auch der deutsche Kanzler Gerhard Schröder hatte sich sehr frühzeitig und deutlich von den Kriegsplänen der USA distanziert.

Antwort 889

Cornelia Funke (*1958).

Tintenherz-Autorin Cornelia Funke

Antwort 890

BSE (Bovine spongiforme Enzephalopathie), landläufig auch Rinderwahnsinn genannt, war eine neue Rinderseuche, die in den 1990er-Jahren auftrat. Vermutlich wurde die Krankheit durch die Verfütterung von Tiermehl ausgelöst. BSE ist höchstwahrscheinlich für eine neue Variante der Creutzfeld-Jakob-Krankheit beim Menschen verantwortlich. Inzwischen ist die Seuche dank zahlreicher Vorsichtsmaßnahmen (Verbot von Tiermehlfütterung, Kontrollen, Importverbote) stark rückläufig.

Antwort 891

b) Die Regierung wird durch das Bundeskabinett gebildet. Das sind der Bundeskanzler und die von ihm ausgewählten Bundesminister. Die Abgeordneten der Regierungskoalition im Bundestag tragen zwar die Regierung, sind aber nicht Teil von ihr. Ebenso wenig die Parteien, der Kanzler und Minister angehören.

Antwort 892

c) 1999. Allerdings traf dies nur für den Süden der Republik zu. Dort herrschte jedoch bedecktes Wetter, sodass man nur mit Glück beobachten konnte, wie sich der Mondschatten vor die Sonne schob.

Antwort 893

In der Bundesversammlung, die den Bundespräsidenten wählt. Sie setzt

sich aus den Abgeordneten des Bundestages zusammen und noch einmal aus genauso vielen Stimmberechtigten aus den Bundesländern. Diese werden von den Regierungen der Länder nominiert. Manche schicken nicht nur Politiker, sondern auch prominente Bürger, von denen sie wissen, dass sie in ihrem Sinne abstimmen.

Antwort 894

c) Der Rat der Europäischen Union. Der Rat setzt sich je nach Bedarf aus den Regierungschefs oder den jeweiligen Fachministern der Mitgliedsländer zusammen. Alle sechs Monate führt ein anderes Land als Ratspräsident den Vorsitz, hat deswegen aber nicht mehr Entscheidungsgewalt. Das Europaparlament wirkt an der europäischen Gesetzgebung zwar mit, hat aber weniger Macht als der Ministerrat. Die Europäische Kommission, die seit 2004 von Manuel Barroso geführt wird, muss die Beschlüsse von Ministerrat und Parlament umsetzen.

Antwort 895

Beide Städte wurden im Zweiten Weltkrieg Opfer verheerender Bombardements. In den 1950er-Jahren trugen deutsche Spendengelder dazu bei, die fast vollständig zerstörte Kathedrale von Coventry wieder aufzubauen. Im Gegenzug wurden in Großbritannien für den Wiederaufbau der Dresdner Frauenkirche zwischen 1994 und 2005 über eine Million Euro an Spenden gesammelt. Zudem sind die beiden Städte Partnerstädte.

Antwort 896

 d) Die *Süddeutsche Zeitung* mit etwa 450.000 verkauften Exemplaren. Die *FAZ* kommt auf etwa 350.000 Exemplare, der *Tagesspiegel* nur auf 135.000 und wird in Berlin sogar von der *Berliner Zeitung* (165.000) übertroffen. Von jeder Ausgabe der *BILD* werden etwa 3,3 Millionen Exemplare verkauft. Sie ist jedoch eine Boulevard- und keine Abonnementzeitung.

Antwort 897

Frank Schätzing (*1957).

Antwort 898

c) Die Kanutin Birgit Fischer (*1962) gewann zwischen 1980 und 2004 insgesamt acht Gold- und vier Silbermedaillen für DDR und BRD. Die Eisschnellläuferin Claudia Pechstein (*1972) ist mit bislang fünf Gold-, zwei Silber- und zwei Bronzemedaillen die erfolgreichste Wintersportlerin. Der Dressurreiter Reiner Klimke (1936–99) brachte es auf sechs Gold- und zwei Bronzemedaillen, die Schwimmerin Kristin Otto (*1966) auf sechs goldene für die DDR, die sie ausnahmslos 1988 in Seoul holte.

Antwort 899

c) Jeder deutsche Kanzler wird vom Bundestag gewählt. Das Volk wählt nur die Abgeordneten des Bundestages. Mit der Kür des Spitzenkandidaten legen die Abgeordneten einer Partei sich allerdings vor der Wahl fest, wen sie zum Kanzler wählen würden.

Antwort 900

c) Jörg Immendorff (1945–2007). Das goldfarbene Bild Schröders für die Kanzlergalerie im Bundeskanzleramt machte ebenso Schlagzeilen wie eine Kokain-Affäre des todkranken Malers. Er starb 2007 an der Nervenkrankheit ALS.

Antwort 901

Hartz IV. Das Hartzkonzept über „Moderne Dienstleistungen am Arbeitsmarkt" wurde von einer Expertenkommission unter Vorsitz des ehemaligen Personalvorstands von VW, Peter Hartz, entwickelt. Sie umfasste u. a. die Einführung von Minijobs, Ich-AGs und die Umstrukturierung des Arbeitsamtes. Mit der vierten Stufe wurde der Bezug von Arbeitslosengeld drastisch reduziert. Nach meist nicht mehr als einem Jahr folgt das sehr niedrige Arbeitslosengeld II, das praktisch der früheren Sozialhilfe entspricht. Umgangssprachlich hat sich für den Bezug des ALG II der Ausdruck „auf Hartz IV sein" durchgesetzt.

Antwort 902

Euromünzen und -banknoten wurden zum 1. Januar 2002 gesetzliches Zahlungsmittel. Aber der Umrechnungskurs war schon zum 1. Januar 1999 bindend festgelegt worden.

Antwort 903

 Birgit Prinz (*1977).

Antwort 904

d) Der US-Architekt Peter Eisenman (*1932) schuf das Denkmal für die ermordeten Juden Europas als „Feld" aus grauen Betonstelen. Darunter befindet sich der „Ort der Information". Die Gedenkstätte Deutscher Widerstand befindet sich im sogenannten Bendlerblock, wo die Attentäter des 20. Juli 1944 hingerichtet wurden, die Gedenkstätte für die Opfer von Krieg und Gewaltherrschaft in der Neuen Wache. Als Gedenkstätte für die Stasi-Opfer dient der ehemalige Stasi-Knast in Berlin-Hohenschönhausen.

Antwort 905

Die Band Tokio Hotel. Die vier zwischen 1987 und 1989 geborenen Mitglieder aus Magdeburg wurden im Sommer 2005 gleich mit ihrer Debütsingle *Durch den Monsoon* die Nummer eins der Charts. In der Folge entwickelte sich Tokio Hotel zu einer der erfolgreichsten Bands, die es auch im Ausland auf Spitzenplätze der Hitparaden brachte.

Antwort 906

a) Borussia Dortmund. Michael Ballack (*1976) spielte in seiner Jugend für den Chemnitzer FC. Von dort wechselte er 1997 nach Kaiserslautern. Ab 1999 spielte er für Bayer Leverkusen, ab 2002 für Bayern München und seit 2006 für Chelsea London. Kapitän der deutschen Nationalmannschaft wurde er 2004 als Nachfolger von Oliver Kahn.

Antwort 907

Für den Personalausweis bislang noch nicht. Für Reisepässe wird jedoch ein Passbild gefordert, mit der eine automatische Erkennung anhand biometrischer Daten möglich ist.

Antwort 908

b) Der siebte. Seine Vorgänger waren Konrad Adenauer (1949–63), Ludwig Erhard (1963–66), Kurt Georg Kiesinger (1966–69), Willy Brandt (1969–74), Helmut Schmidt (1974–82) und Helmut Kohl (1982–98).

Antwort 909

Oliver Kahn (*1969), der ehemalige Torhüter des FC Bayern München. Kahn war von 1998 bis 2006 Stammtorhüter der deutschen Nationalmannschaft und wurde dreimal zum Welttorhüter des Jahres gewählt (1999, 2001, 2002). Vor der WM 2006 musste er seinen Stammplatz nach einem dramatischen, öffentlich viel diskutierten Konkurrenzkampf für Jens Lehmann räumen, glänzte aber im „kleinen Finale" um Rang drei und gab danach seinen Rücktritt bekannt.

Antwort 910

c) Die Abstimmung der Bürger über ein Gesetz wird als Volksentscheid (auch Referendum oder Plebiszit) bezeichnet. Diese

Möglichkeit gibt es derzeit nur auf Landes-, nicht auf Bundesebene. Die Volksinitiative stellt einen Antrag dar, einen Volksentscheid durchzuführen. Damit er Erfolg hat, muss die Initiative je nach Bundesland eine bestimmte Anzahl an Unterschriften vorlegen. Wird dem Antrag stattgegeben, so findet ein Volksbegehren statt. Für ein erfolgreiches Volksbegehren muss sich während einer festgelegten Zeit eine Mindestanzahl von Bürgern in Unterschriftenlisten eintragen. Erst dann kommt es zum Volksentscheid.

Antwort 911

Zwei Kofferbomben, die jedoch nicht explodierten. Das enthaltene Gas hätte jedoch ausgereicht, die Züge zum Entgleisen zu bringen und ein Blutbad anzurichten. Als Täter wurden zwei junge Libanesen gefasst, die erklärten, sie hätten die Bomben aus Wut über den Nachdruck dänischer Mohammedkarikaturen in deutschen Zeitungen gebaut. Einer der Täter wurde im Libanon zu zwölf Jahren Haft verurteilt, der andere in Deutschland lebenslänglich.

Antwort 912

 Normalerweise der Bundesadler. Es gibt jedoch Sonderprägungen. Im Jahr 2006 wurde eine Serie gestartet, in der jedes Jahr das Symbol eines anderen Bundes-

landes die Rückseite der Münzen ziert. Den Anfang machte Schleswig-Holstein mit dem Holstentor. Es folgte 2007 das Schweriner Schloss, 2008 der Hamburger Michel und 2009 die Saarbrücker Ludwigskirche. Auch in anderen Ländern gibt es zahlreiche Sonderprägungen.

Antwort 913

 a) – 3) Lea Sommer   c) – 1) Rosa Roth
b) – 4) Jo Obermaier d) – 2) Bella Block

Antwort 914

In der Regel nicht. Die Hälfte geht an die Verwandten. Erbberechtigt sind die Eltern des Verstorbenen; falls diese nicht mehr leben, deren Nachkommen (Geschwister des Verstorbenen oder deren Nachkommen), ebenso die Großeltern, nicht aber deren Nachkommen. In einem Testament kann der Erblasser allerdings den Anteil der Verwandten – oder des Ehegatten – auf den Pflichtteil halbieren.

Antwort 915

Bei der Legislaturperiode handelt es sich um die Amtszeit der gewählten Legislative, also des Bundestags. Zerbricht die Regierung nicht vorzeitig, sind das vier Jahre.

Antwort 916

 b) Die Zweitstimme. Der Anteil der Sitze, die eine Partei im Bundestag erhält, errechnet sich aus der Summe der Zweitstimmen, die sie erhalten hat. Die Erststimme hat normalerweise keinen Einfluss auf das Gesamtergebnis, sondern stellt nur sicher, dass jeder Wahlkreis mit mindestens einem Abgeordneten im Bundestag vertreten ist, denn die Sieger der Wahlkreise ziehen auf jeden Fall in den Bundestag ein.

Antwort 917

a) Hamburg. Angela Merkel wurde am 17. Juli 1954 als Angela Dorothea Kasner in Hamburg geboren. Aber schon wenige Wochen später siedelten ihre Eltern nach Brandenburg über, wo ihr Vater als evangelischer Pfarrer arbeitete. Angela Merkel wuchs hauptsächlich in Templin auf und studierte später in Leipzig Physik. Stralsund ist Teil ihres Wahlkreises.

Antwort 918

Normalerweise 18 Jahre. In Ausnahmefällen kann das Familiengericht die Erlaubnis auch schon geben, wenn einer der Partner erst 16 oder 17 Jahre alt ist. Dazu muss der Richter jedoch zu der Einsicht kommen, dass der Minderjährige reif genug ist, seine Entscheidung zu überblicken. Außerdem dürfen keine triftigen Gründe der Erziehungsberechtigten gegen die Ehe vorliegen. Grundsätzlich ist es jedoch möglich, einem Jugendlichen die Heirat gegen den Willen seiner Eltern zu gestatten. Wer noch nicht 16 Jahre alt ist, darf unter keinen Umständen heiraten.

Antwort 919

d) Die Sinti und Roma sind in Deutschland als nationale Minderheit anerkannt, da sie schon seit dem Mittelalter in Deutschland leben. Die dänische Kultur im Norden von Schleswig-Holstein, die friesische an der Nordseeküste und die sorbische in der Lausitz sind dort sogar ursprünglicher als die deutsche. Dagegen werden große Einwanderergruppen wie Polen oder Türken, die erst im 19. und 20. Jahrhundert nach Deutschland kamen, nicht als nationale Minderheiten anerkannt. Auch landsmannschaftliche Gruppen, die einen deutschen Dialekt sprechen, sind keine Minderheiten. Die anerkannten Minderheiten haben spezielle garantierte Rechte, um ihre Sprache und Kultur zu pflegen.

Antwort 920

d) Der 1989 gegründete Deutsche Fernsehpreis. Bambi ist ein Medienpreis des Burdaverlags, die Goldene Kamera von der Fernsehzeitschrift *HÖRZU*. Der renommierte Adolf-Grimme-Preis dagegen wird von dem gemeinnützigen Grimme-Institut für Medien, Bildung und Kultur vergeben. Sein Pate Adolf Grimme (1889–1963) hatte sich sowohl in der Weimarer Republik als auch in der jungen Bundesrepublik als Politiker um die Kultur verdient gemacht. Zur Nazizeit hatte er im Zuchthaus gesessen.

Antwort 921

Mit dem konstruktiven Misstrauensvotum stürzt das Parlament einen Kanzler. Die Vertrauensfrage stellt der Kanzler selbst, wenn er das Gefühl hat, keine Mehrheit für seine Politik mehr zu haben. Aber selbst wenn ihm die Mehrheit nicht das Vertrauen ausspricht, muss er nicht zwangsläufig zurücktreten, sondern kann – theoretisch – versuchen, weiterzuregieren. In der Regel allerdings wird er den Bundespräsidenten um die Auflösung des Bundestages und Neuwahlen bitten.

Antwort 922

d) Jedes Ministerium hat einen beamteten Staatssekretär, der Stellvertreter des Ministers ist und sein Amt auch bei einem Regierungswechsel behält. Außerdem gibt es – je nach der Größe des Ministeriums – ein oder zwei parlamentarische Staatssekretäre. Diese wählt der Minister unter den Parlamentsmitgliedern aus. Sie sind quasi seine „rechte Hand". Ihre Anstellung endet automatisch mit der „ihres" Ministers.

Antwort 923

Es tritt automatisch eine Zugewinngemeinschaft in Kraft. Jeder der Partner behält sowohl das, was er vor der Ehe besaß, als auch das, was er währenddessen verdient hat. Bei einer Scheidung aber wird ein Zugewinnausgleich durchgeführt. Das heißt: Das, was beide während der Ehe verdient haben, wird durch zwei geteilt. Was sie bereits vorher besaßen, bleibt davon unberührt. Paare, denen diese Regelung nicht gefällt, können im Ehevertrag andere Lösungen vereinbaren.

Antwort 924

Wenn man nicht in Gütergemeinschaft lebt oder mit unterschrieben hat, nicht. Denn in einer Zugewinngemeinschaft ist jeder persönlich für seine Finanzen verantwortlich. Ausgenommen sind Dinge, bei denen offensichtlich ist, dass sie für den gemeinsamen Haushalt angeschafft wurden. Wird also die Wohnzimmereinrichtung auf Pump gekauft, haften beide, nicht aber für den Zweitwagen, den nur einer fährt.

Antwort 925

Bislang gibt es auf der ganzen Welt noch kein Endlager für Atommüll. Der Salzstock in Gorleben im Wendland gilt jedoch als Kandidat für ein deutsches Endlager. Doch die Prüfung über seine Eignung ist noch nicht abgeschlossen. Derzeit befindet sich in Gorleben nur ein Zwischenlager.

Antwort 926

b) Die oberste Instanz der ordentlichen Gerichtsbarkeit und damit die letzte Instanz in Zivil- und Strafrechtsprozessen. Das Bundesverfassungsgericht dagegen ist kein Bestandteil des Instanzenweges, sondern prüft nur, ob Gesetze oder gerichtliche Entscheidungen verfassungsgemäß sind. Wer sich in seinen Grundrechten verletzt sieht, kann hier Verfassungsklage einreichen. Beide Gerichte sitzen in Karlsruhe.

Antwort 927

 Die Rechnungshöfe. Für den Haushalt des Bundes ist der Bundesrechnungshof zuständig, für die Länder sind es die Landesrechnungshöfe.

Antwort 928

 a) Der Auslandsgeheimdienst der BRD ist der BND oder Bundesnachrichtendienst. Das Bundesamt für Verfassungsschutz hat die Aufgabe, gegen Staat und Verfassung gerichtete Aktivitäten im Inneren aufzuspüren.

Antwort 929

 Birthler-Behörde (früher Gauck-Behörde).

Antwort 930

 a) mit der Geburt   c) mit 14 Jahren
b) mit sieben Jahren d) mit 18 Jahren

Antwort 931

 Im Prinzip nicht. Der Duden ist nur für Ämter und für Schulen verbindlich. Ansonsten kann jeder so schreiben, wie es ihm gefällt. Allerdings können auch Arbeitgeber von ihren Mitarbeitern verlangen, die Rechtschreiberegeln des Duden zu beachten.

Antwort 932

 a) Das BGB regelt Rechtsstreitigkeiten der Bürger untereinander. Dies wird als Zivilrecht bezeichnet. Das Strafrecht dagegen befasst sich mit Rechtsstreitigkeiten zwischen dem Staat (öffentlicher Gewalt) und seinen Bürgern. Es ist u. a. im Strafgesetzbuch geregelt.

Antwort 933

 a) und b). Oskar Lafontaine (*1943) wurde 1985 Ministerpräsident des Saarlandes. 1990 war er Kanzlerkandidat der SPD, erlitt aber mit seiner skeptischen Haltung gegenüber der Wiedervereinigung eine Niederlage gegen Helmut Kohl. 1995 stürzte er mit einer begeisternden Rede auf dem SPD-Parteitag den glücklos agierenden Vorsitzenden Rudolf Scharping und übernahm dessen Amt. Bei der Nominierung zum Kanzlerkandidaten 1998 zog er den Kürzeren gegenüber Gerhard Schröder. Nach der Wahl wurde er Bundesfinanzminister, gab aber nach einem halben Jahr seinen Rücktritt bekannt. 2005 trat er aus der SPD aus und wurde Mitglied der neu gegründeten WASG.

Antwort 934

 a) Es ist der 1997 errichtete Commerzbank-Tower in Frankfurt am Main mit 259 Meter Höhe bzw. inklusive Antenne sogar 300 Meter. Der Fernsehturm in Berlin ist mit 368 Metern zwar höher, doch

Der Commerzbank-Tower (rechts)

Sendemasten und Fernsehtürme werden als Bauwerke, nicht aber als Gebäude gewertet. Das Ulmer Münster hat zwar den höchsten Kirchturm der Welt, der ist mit 161,5 Metern aber vergleichsweise klein.

Antwort 935

a), c) und d). Das Standesamt ist für Änderungen des Personenstandes zuständig. Umzüge werden auf dem Einwohnermeldeamt registriert.

Antwort 936

Die Arena am Rennsteig, die seit Dezember 2007 allerdings den Namen eines Sponsors trägt, ist ein Biathlonstadion. Ein weiterer Biathlon-Weltcup wird in Deutschland in Ruhpolding ausgetragen.

Antwort 937

a) – 4) Daniel Libeskind (*1946) gab dem Gebäude des Jüdischen Museums durch viele Brüche in der Architektur den Charakter eines Mahnmals.
b) – 1) Norman Foster (*1935) realisierte den Umbau des Reichstags samt der begehbaren Kuppel. 2005 baute er auch die Philologische Bibliothek der Freien Universität.
c) – 2) Ieoh Ming Pei (*1917) fügte dem Historischen Museum einen Anbau in Form einer Glasspirale an.
d) – 3) Renzo Piano (*1937) baute am Potsdamer Platz u. a. das debis-Hochhaus mit dem charakteristischen grünen Würfel an der Spitze.

Antwort 938

Neo Rauch (*1960).

Antwort 939

b) Zwei Jahre. Es handelt sich hier um die sogenannte Gewährleistung, die nur Mängel betrifft. Sie gilt nicht, wenn die Ware einwandfrei ist, der Käufer sie aber aus anderen Gründen zurückgeben möchte. Hier ist man auf die Kulanz der Geschäfte angewiesen. Die meisten räumen zwei Wochen ein.

Antwort 940

Öffentlich-rechtliche Rundfunksender werden zwar vom Staat initiiert, doch nicht von ihm betrieben oder finanziert. Als Aufsichtsgremien fungieren die Rundfunkräte, in denen zwar Vertreter der Regierung und des Bundestages, aber auch Vertreter anderer gesellschaftlich relevanter Gruppen (Kirchen, Gewerkschaften, Jugendvertretungen, Seniorenverbände, Wohlfahrtsverbände etc.) sitzen.

Antwort 941

a) – 2) Erwin Strittmatter (1912–94)
b) – 4) Bernhard Schlink (*1944)
c) – 1) Uwe Tellkamp (*1968)
d) – 3) Daniel Kehlmann (*1975)

Antwort 942

 c) An dritter Stelle. Im Jahr 2007 konstatierte der IWF für Deutschland ein Bruttoinlandsprodukt von 3322 Milliarden US-Dollar. Nur die Vereinigten Staaten (13.843 Milliarden) und Japan (4383 Milliarden) waren noch produktiver. Auf Rang vier kam China mit 3250 Milliarden Dollar.

Antwort 943

 Die Linke. Sie entstand durch den Beitritt der 2005 von der SPD abgespaltenen „Wahlalternative Arbeit und Soziale Gerechtigkeit" zur SED-Nachfolgepartei „Linkspartei PDS".

Antwort 944

d) Seit Jahren führt Karl Albrecht (*1920) in den Wirtschaftsmagazinen die Liste der reichsten Deutschen vor seinem Bruder Theo (*1922) an. Ihr geschätztes Vermögen beläuft sich nach Angaben des *Forbes*-Magazins derzeit auf 27 bzw. 23 Milliarden US-Dollar. Dieter Schwarz (*1939) und Michael Otto (*1943) liegen laut dem *Manager Magazin* auf den Plätzen vier und fünf. Platz drei nimmt die Familie Porsche ein.

Antwort 945

c) Der HSV. Bayern München stieg erst 1965 in die Bundesliga auf. Der VfB Stuttgart stieg 1975 ab und erst 1977 wieder auf. Schalke 04 war in den 1980er-Jahren sogar eine echte „Fahrstuhlmannschaft". Sie stieg 1981, 1983 und 1988 ab und schaffte den dritten Wiederaufstieg erst 1991.

Stadion des HSV

Antwort 946

Ulrich Mühe (1953–2007), der wenig später an Krebs starb.

Antwort 947

Um die Belastung durch Feinstaub zu senken. Feinstaub ist nach Ansicht der Weltgesundheitsorganisation WHO für etwa 370.000 Todesfälle im Jahr zuständig. In vielen Innenstädten wurden in der Vergangenheit die erlaubten Höchstmengen oftmals überschritten. Deshalb dürfen nun nur noch Autos die Innenstädte befahren, die durch eine Plakette nachweisen, dass sie nur geringe Feinstaubmengen emittieren.

Antwort 948

Der Schacht diente seit 1967 als Testlager für radioaktive Abfälle. 2008 wurde bekannt, dass weder der Stollen noch die Fässer mit dem Atommüll dicht sind und sich radioaktive Salzlauge bildete.

Antwort 949

Mäzen Dietmar Hopp (*1940) war 1972 einer der Mitbegründer des Softwareherstellers SAP. Heute ist das Unternehmen, das vor allem Software zur Abwicklung von Geschäftsprozessen wie Buchhaltung, Logistik und Personalwesen entwickelt, viertgrößter Softwarehersteller der Welt. Allerdings ist nicht SAP, sondern der Privatmann Hopp, der sich 2005 aus dem Tagesgeschäft zurückgezogen hat, bei seinem Jugendclub Hoffenheim engagiert.

Antwort 950

 82,218 Millionen (Statistisches Bundesamt am 31. Dezember 2007).

Deutschlandstatistik

Zum 31. Dezember 2007 zählte das Statistische Bundesamt 1,6 Millionen mehr Frauen als Männer in Deutschland. Bei den in Deutschland lebenden Ausländern überwogen allerdings die Männer um knapp 200.000. Gut 34 Millionen Menschen waren ledig, knapp 36 Millionen verheiratet und zwölf Millionen verwitwet oder geschieden. Katholiken und Protestanten hielten sich mit je 25 Millionen Mitgliedern in etwa die Waage. Insgesamt schrumpft die Bevölkerung seit 2002 jährlich um etwa 0,1 Prozent, im Osten deutlich schneller (2007: 0,8 Prozent).

Antwort 951

 a) – 4) Schwarzwald
b) – 2) Erzgebirge
c) – 1) Harz
d) – 3) Bayerischer Wald

Antwort 952

Flüsse, die nördlich der Wasserscheide entspringen, fließen in die Nord- oder Ostsee, Flüsse, die südlich davon entspringen, über die Donau in das Schwarze Meer.

Antwort 953

d) Mit 2962 Meter Höhe verpasst die Zugspitze die 3000-Meter-Marke knapp.

Die nächsthöheren Massive sind der bei Mittenwald gelegene Hochwanner (2744 m) und der Watzmann bei Berchtesgaden (2713 m).

Antwort 954

Roland. Die Statue stellt einen legendären Ritter Karls des Großen dar und galt im Mittelalter als Symbol für die Stadtrechte (Marktrecht, eigene Gerichtsbarkeit). Heute sind noch 20 Rolandstatuen vorhanden, vor allem in Sachsen-Anhalt, der Bremer Roland ist jedoch der größte und berühmteste.

Antwort 955

b) 230. Antwort a) ist die Bevölkerungsdichte von Österreich, Antwort c) von München und Antwort d) der Durchschnitt in der Europäischen Union.

Antwort 956

Neun: Belgien, Dänemark, Frankreich, Luxemburg, Niederlande, Österreich, Polen, Schweiz, Tschechien. Damit ist es das europäische Land mit den meisten direkten Nachbarn.

Antwort 957

c) Mit 773 Metern ist der Vogelsberg in Hessen der größte ehemalige Vulkan in Deutschland. Genau genommen handelt es sich dabei um ein Massiv mit mehreren Gipfeln, die die ehemaligen Nebenschlote des Vulkans darstellen. Der Kaiserstuhl in Baden ist auch ein ehemaliger Vulkan, mit 557 Metern aber sehr viel niedriger. Die Wasserkuppe (950 m) in der Rhön und der Hohe Meißner bei Kassel (753 m) sind nicht vulkanischen Ursprungs.

Antwort 958

 Die Königsallee, die mondänste Einkaufsstraße in Düsseldorf, vergleichbar mit dem Berliner Kudamm, der mit vollem Namen Kurfürstendamm heißt.

Antwort 959

Die Spree mündet in die Havel.

Antwort 960

d) Die Deutsche Bucht erstreckt sich vor der Elbmündung zwischen den Ostfriesischen und den Nordfriesischen Inseln. Vor Kiel befindet sich die Kieler Bucht, vor Lübeck die Lübecker Bucht, die Teil der Mecklenburger Bucht ist. Bei Ueckermünde östlich von Usedom mündet die Uecker in das Stettiner Haff.

Antwort 961

Urstromtäler sind breite Täler, die während der Eiszeiten in die Landschaft gefräst wurden. Sie entstanden durch abfließende Schmelzwasser, das sich seinen Weg parallel zur Eiskante Richtung Nordsee bahnte.

Antwort 962

Im Schwarzwald.

Antwort 963

 c) Etwa 7,2 Millionen. Nicht berücksichtigt sind deutsche Staatsbürger mit ausländischen Wurzeln.

Antwort 964

Bayern. Der Freistaat bezeichnet sich zwar gerne als „Bayerischen Löwen", doch betrachtet man die Umrisse des Landes, so ähnelt Bayern eher einer Hexe mit einer imposanten Hakennase, die im Nordwesten durch die Mainlinie gebildet wird. Oberfranken im Nordosten bildet einen Buckel und bei Lindau am Bodensee im Südwesten bzw. rund um Berchtesgaden im Südosten befinden sich die Füße der weit ausschreitenden Unholdin.

Antwort 965

b) Allein dieser Teil des Schwarzwaldes umfasst 3750 Quadratkilometer. Daneben gibt es noch den Naturpark Südschwarzwald mit 3300 Quadratkilometern. Die Lüneburger Heide ist nur 1130 Quadratkilometer groß, aber der älteste deutsche Naturpark (1921). Der erst 2007 entstandene Naturpark Zittauer Gebirge (133 km²) ist der zweitkleinste, das Siebengebirge (48 km²) südöstlich von Bonn der kleinste.

Antwort 966

c) Sylt gehört zusammen mit Föhr, Amrum, Pellworm, den Halligen und einigen dänischen Inseln (u. a. Fanø, Rømø) zu den Nordfriesischen Inseln. Die Ostfriesischen (Borkum, Juist, Norderney,

Baltrum, Langeoog, Spiekeroog, Wangeroog und einige unbewohnte) befinden sich vor der deutschen, die Westfriesischen (u. a. Texel, Terschelling) vor der niederländischen Küste. Südfriesische Inseln gibt es nicht.

Antwort 967

 c) Der Schwarzwald. Er erstreckt sich entlang des Rheins nach Norden. Die Schwäbische Alb verläuft entlang der Donau nach Nordosten, das Rothaargebirge befindet sich im südöstlichen Nordrhein-West-

falen zwischen Siegen und Brilon und der Kellerwald liegt östlich davon im nordwestlichen Hessen rund um den Edersee.

Traditionelle Tracht im Schwarzwald

Antwort 968

Der Neckar mündet in den Rhein.

Antwort 969

Auf Sylt. Zu Beginn des 20. Jahrhunderts entdeckten Künstler und Intellektuelle wie Thomas Mann den Ort. Nach dem Zweiten Weltkrieg traf sich dort die Schickeria. Auch das Nacktbaden kam hier in Mode. Inzwischen lebt Kampen aber eher von seinem mondänen Ruf als von tatsächlichen Jetset-Events.

Antwort 970

Das größte Bundesland ist Bayern (70.552 km²), das bevölkerungsreichste Nordrhein-Westfalen (18 Millionen Einwohner).

Antwort 971

Zehn flache, uneingedeichte Inseln vor der nordfriesischen Küste. Sie gehörten teilweise früher zum Festland, teilweise entstanden sie durch aufgeschwemmte Sedimente. Auf fünf der Inseln – Nordstrandischmoor, Gröde, Oland, Langeneß und Hooge – leben etwa 400 Menschen. Bei Sturmfluten können sie überspült werden (Land unter). Deswegen stehen alle Gebäude auf künstlichen Anhöhen, den Warften.

Antwort 972

a) Deutschland ist 357.104,07 Quadratkilometer groß. Antwort b) ist die Größe von Frankreich (ohne Überseegebiete), Antwort c) die von Großbritannien und Antwort d) die von Österreich.

Antwort 973

Lausitz. Die nördliche Niederlausitz gehört zu Brandenburg, die südliche, gebirgigere Oberlausitz größtenteils zu Sachsen. Außerdem ist ein Teil der historischen Lausitz polnisch. Der Name der Region kommt aus dem Slawischen und bedeutet „sumpfige Wiesen".Bekannt ist die Lausitz auch deshalb, weil hier die sorbische Minderheit lebt.

Antwort 974

 d) Mit 80 Quadratkilometer Fläche ist der Chiemsee bei Weitem der größte bayerische See. Der Bodensee ist mit 571 Quadratkilometern zwar noch viel größer, doch lediglich die Gegend rund um Lindau gehört zu Bayern.

Antwort 975

Eine Region im südlichen Westerwald zwischen Montabaur und dem Rhein. Hier gab es seit dem 15. Jahrhundert wegen der reichhaltigen Tongruben eine blühende Keramikindustrie, die u. a. die hessischen „Äppelwoi-Bembel" anfertigte.

Antwort 976

a) – 3) Fichtelgebirge
b) – 1) bei Ankershagen im Müritz-Nationalpark
c) – 4) durch einen Zusammenfluss der Werra, die aus dem Thüringer Schiefergebirge kommt, und der Fulda, die an der Wasserkuppe entspringt
d) – 2) bei Donaueschingen am Ostrand des südlichen Schwarzwaldes

Antwort 977

Diesen Beinamen trägt Mainau, die kleinste der drei Bodenseeinseln (neben Reichenau und Lindau). Sie wurde im 19. Jahrhundert von den badischen Großherzögen als Park gestaltet. 1928 fiel sie durch Erbschaft an das schwedische Königshaus und kam 1951 in den Besitz des Prinzen Lennart Bernadotte (1909–2004), der sie zum Gartenparadies ausbaute.

Antwort 978

c) Deutschland ist mit 357.104 Quadratkilometern das viertgrößte europäische Land. Frankreich ist 674.843 Quadratkilometer groß, Spanien 504.782 und Schweden 449.964. Finnland (338.145), Norwegen (323.802) und Polen (312.679) sind etwas kleiner. Deutschland hat jedoch die meisten Einwohner.

Antwort 979

Die größte deutsche Metropolregion ist die Rhein-Ruhr-Region mit etwa 11,5 Millionen Einwohnern. Es folgen Berlin/Brandenburg mit rund 6 und Frankfurt/Rhein-Main mit etwa 5,3 Millionen Einwohnern.

Antwort 980

Rechnet man auch die unbewohnten Inseln, dann schlägt die Nordsee mit 37 Inseln die Ostsee (33 Inseln) knapp. Auch wenn man nur die bewohnten Inseln rechnet, hat die Nordsee die Nase vorn, da über die Hälfte der Ostsee-Inseln unbewohnt sind. Viele von ihnen dienen als Vogelschutzgebiete.

Antwort 981

Bielefeld (Ostwestfalen-Lippe), Düsseldorf (Rheinland), Leverkusen (Bergisches Land/Rheinland), Mönchengladbach

Der Siegfriedplatz in Bielefeld, Ostwestfalen-Lippe

(Niederrhein), Wuppertal (Bergisches Land). Bis auf Bielefeld gehören sie aber alle zur Metropolregion Rhein-Ruhr.

Antwort 982

d) Bremen ist sowohl das kleinste wie auch das bevölkerungsärmste Bundesland. Auf den Plätzen davor liegen das Saarland, Mecklenburg-Vorpommern und Hamburg.

Antwort 983

b) Wettersteingebirge. Der Karwendel befindet sich östlich davon und die Lechtaler Alpen, die schon zu Österreich gehören, westlich. Das wesentlich niedrigere Ammergebirge (bis 2340 m) ist dem Wetterstein im Norden vorgelagert.

Antwort 984

Auf Rügen. Das 45 Meter hohe Kap ist ein Stück Kreidesteilküste im Norden der Insel. Auf dem Kap befinden sich zwei Leuchttürme, von denen einer 1826 von Karl Friedrich Schinkel entworfen wurde, sowie die Jaromarsburg, eine alte slawische Kultstätte.

Antwort 985

Die Lüneburger Heide.

Antwort 986

b) Hamburg. Die Hansestadt hat 1,7 Millionen Einwohner. München hat 1,3 Millionen, Köln 900.000 und Leipzig gut 500.000.

Antwort 987

d) Die barocke Wallfahrtskirche St. Bartholomä liegt unterhalb des Watzmannmassivs am Westufer des Königssees südlich von Berchtesgaden.

Antwort 988

Berlin (3834 Einwohner pro Quadratkilometer), gefolgt von den anderen beiden Stadtstaaten Hamburg (2344) und Bremen (1640). Das am dichtesten besiedelte Flächenland ist Nordrhein-Westfalen (528). Am wenigsten Einwohner (72) pro Quadratkilometer leben in Mecklenburg-Vorpommern.

Antwort 989

Ähnlich wie ein Haff ist ein Boddengewässer durch Landzungen oder Halbinseln vom Meer abgetrennt und hat nur einen schmalen Meerzugang. An der Ostseeküste gibt es zwischen dem Festland und den Inseln Usedom und Rügen bzw. der Halbinsel Fischland-Darß-Zingst zahlreiche Boddengewässer.

Antwort 990

a) Stuttgart; b) München; c) Potsdam; d) Wiesbaden; e) Schwerin; f) Hannover; g) Düsseldorf; h) Mainz; i) Saarbrücken; j) Dresden; k) Magdeburg; l) Kiel; m) Erfurt

Antwort 991

c) und d). Die Isar entspringt im Tiroler Teil des Karwendelgebirges, die Mosel in den Vogesen in Frankreich. Die Spree kommt aus dem Oberlausitzer Bergland, der Main aus dem Fichtelgebirge.

Antwort 992

Oberbayern, Niederbayern, Oberpfalz, Oberfranken, Mittelfranken, Unterfranken, Schwaben.

Antwort 993

Eine Felsenformation im Elbsandsteingebirge. Sie ist 305 Meter hoch, fällt steil zur Elbe hin ab und ist der am meisten besuchte Aussichtspunkt der Sächsischen Schweiz.

Antwort 994

c) Die Havel mündet in die Elbe. Außer Oder, Ems und Weser münden von den deutschen Flüssen noch Rhein, Donau und Elbe ins Meer.

Antwort 995

Rund um die mittelfränkische Stadt Nördlingen. Über die Entstehung des Nördlinger Rieses, eines fast kreisrunden Beckens von über 20 Kilometer Durchmesser, wurde lange Zeit gerätselt. Seit 1960 gilt aber als gesichert, dass der Krater durch den Einschlag eines Meteoriten vor knapp 15 Millionen Jahren entstand.

Antwort 996

Sie alle sind Nebenflüsse des Rheins.

Antwort 997

 d) In Deutschland leben etwa 1,7 Millionen Türken, 1 Million ehemalige Jugoslawen, 520.000 Italiener und 380.000 Polen.

Antwort 998

Usedom mit 445 Quadratkilometern, wovon allerdings 72 zu Polen gehören. An dritter Stelle steht Fehmarn (185 km²) und an vierter Sylt (99 km²). Es folgen Föhr (82 km²), Pellworm (37 km²), Poel (36 km²), Borkum (31 km²), Norderney (26 km²) und Amrum (20 km²).

Antwort 999

Der Brocken im Harz. Früher glaubte man allgemein, dass sich Hexen in der Walpurgisnacht (30. April) auf Berggipfeln treffen. Ab dem 17. Jahrhundert galt der Brocken als „der" Hexenberg. Bereits ab dem 18. Jahrhundert begann man den Hexenmythos für den Tourismus auszuschlachten.

Antwort 1000

Der Funtensee. Dort wurde die bislang tiefste Temperatur in Deutschland gemessen: -45,9 Grad am Heiligabend 2001.

REGISTER